Bette M. Ross

RICHTERIN IN ISRAEL

Bette M. Ross

Richterin in Israel

LEUCHTER

Leuchter-Verlag eG · Erzhausen

Titel der Originalausgabe: SONG OF DEBORAH
Übersetzung: KH. Neumann
Umschlaggestaltung: Bonnert Werbegrafik, Rosbach

1. Auflage September 1998

ISBN 3-87482-209-5

Gesamtherstellung: Schönbach-Druck GmbH, 64390 Erzhausen

Meinem Gatten gewidmet

Anerkennung

Dank sagen möchte ich den nachstehend Aufgeführten für die Hilfe, die mir beim Schreiben dieses Buches von ihnen zuteil geworden ist:

Dem Reverend Larry Boles für sein großes Interesse an politischer Geschichte der Antike.

Paula de Jonge für Karten, Material und andere Dinge, die sie im Heiligen Land sammelte und mir zur Verfügung stellte.

Leta Fischer für Forschungsmaterial.

Dr. Victor L. Oliver, von dem ich die ursprüngliche Inspiration erhielt, mich mit einer Erzählung über Deborah zu beschäftigen.

Bette M. Ross
West Covina, Kalifornien

1. Kapitel

„Hallo! Du! Junge Frau!“

Das Mädchen unterbrach ihr Lied und drehte sich um. „Mein Herr?“ fragte sie, während sie aus dem Wasser herauswatete. Ihr Kopftuch öffnete sich dabei und ließ eine Fülle von rotem Haar auf ihre Schultern herabfallen. Der nasse Rand ihres langen hellen Gewands schmiegte sich an ihre schlanken Knöchel. Ein glänzender Gürtel aus grünem Leder schlang sich um ihre Taille.

Seine Augen betrachteten anerkennend ihre schlanke Figur. Sie war wie eine Weide mit einer feurigen Krone.

Sie warf ihren Kopf zurück, um den Mann auf dem Pferd anzusprechen. „Ja, mein Herr?“ fragte sie.

„Bist du nicht ein wenig zu weit von der Stadt entfernt, um hier im Wasser allein zu sein?“ mahnte der Reiter.

„Oh, ich bin nicht allein“, antwortete sie.

König Sisera sah sich nach allen Seiten um. Seit etwa einer Stunde war er auf dem Grat der Berge bis nach hier geritten, hatte aber in dieser Zeit niemand weiter gesehen als eine Karawane, die in der Ferne durch die Täler der Vorberge zog. Das Mädchen beobachtete ihn aufmerksam, als er jetzt fragte: „Man hat mir gesagt, Schamer, der Gerber, soll hier irgendwo arbeiten?“

„Das stimmt, Herr“, nickte sie. „Zur Zeit ist er allerdings damit beschäftigt, Fische zu fangen. Aber da ein Sturm heraufzieht, wird er wohl bald zurückkommen.“

Sisera lachte. „Und wieso weißt du so gut über diesen Gerber Bescheid?“

„Ich weiß auch über dich Bescheid“, gab sie zurück, während sie ihn mit einer herausfordernden Armbewegung einlud, abzusteigen und mit ihr zu warten.

„Wirklich?“ wunderte er sich und betrachtete sie noch aufmerksamer als zuvor. „Wer bin ich denn?“

„Du bist König Sisera aus der Stadt der Kanaaniter. Und der lederne Brustpanzer, den du trägst, ist noch fast neu; und es ist der anschmiegsamste und zugleich festeste Brustpanzer, den du je hattest.“ Ihre Lippen verzogen sich ein wenig spöttisch bei dieser Erklärung.

Überrascht sprang Sisera von seinem Pferd. Er war groß und breitschultrig. Das gebräunte Gesicht unter seinem Broncehelm war glattrasiert. Um seine tiefsitzenden Augen zogen sich viele kleine Fältchen. Es waren Augen, die es gewöhnt waren, in die Ferne zu schauen. Er ergriff ihren Arm. „Wer bist du, Mädchen?“

„Laß mich los!“ rief sie empört. Sie war stärker, als er geglaubt hatte, denn es wäre ihr fast gelungen, sich loszureißen. „Ich bin doch nur Deborah, die Tochter des Gerbers. Dein Brustpanzer wurde in der Gerberei meines Vaters hergestellt. Er hat für deine Offiziere ja schon Dutzende davon angefertigt.“

„Ich möchte deine Hände sehen!“ forderte er. Ihre Hände lagen ruhig in den seinen, wie ein kräftiger brauner Vogel. Er drehte sie um. Ihre Nägel waren teilweise von harter Arbeit abgebrochen und trugen halbmondförmige blasse Farbringe. Sisera drückte ihre Hände leicht, ehe er sie losließ. „Ich wünschte mir, unsere kanaanitischen Frauen hätten solche Hände“, murmelte er.

Nun wandte er sich wieder an das Mädchen und sagte: „Hör mir gut zu, Deborah! Du solltest in Zukunft nicht so herausfordernd mit fremden Männern umgehen, das wird dich sonst noch in große Schwierigkeiten bringen.“

Als er nun zurücktrat, bekam seine Nase einen Hauch des Duftes mit, der von dem Mädchen ausging. Es war nicht von Parfüm, sondern eine Art würziger Duft, als ob sich beim Durchstreifen der Wiesen das Aroma des wilden Senfs und anderer Würzkräuter auf ihr Gewand übertragen hätte.

„Ich bin keine Sklavin, Herr", erklärte sie. Ihr Blick war dabei genauso ruhig und fest wie ihre Stimme. „Unser Haus ist nicht sehr weit entfernt." Deborah zeigte in die Richtung. „Wenn du möchtest, kannst du auf meinen Vater warten oder später zurückkommen. Halte es, wie es dir beliebt."

Sisera verbeugte sich leicht. „Ich werde später zu deinem Vater kommen", antwortete er. Dann bestieg er sein Pferd und blickte auf sie herunter. Sie blieb ganz ruhig stehen. Der Wind wurde stärker, und eine Strähne ihres roten Haars wurde ihr ins Gesicht geweht. Anerkennend blickte er sie immer noch an, als wäre es ihm nicht recht, diesen Augenblick abzubrechen. Endich sagte er: „Eine Karawane kommt gezogen." Er nickte ihr nochmals zu und lenkte sein Pferd auf Hammath zu. Als er wieder auf der Straße war, spornte er es zum Galopp an.

Eine Karawane, dachte Deborah. Sie legte die Hand über ihre Augen, um gegen das glitzernde Wasser und den weißen Sand besser sehen zu können. Doch alles, was sie erkennen konnte, war eine kleine Staubwolke am südlichen Ende des galiläischen Meeres, das auch als *See Genezareth* bekannt war. Ach, wäre doch Gemalli hier, um sie mit in die Stadt zu nehmen. Doch warum sollte sie auf ihren Bruder warten und darüber vielleicht versäumen, die Karawane zu sehen? Sie zog die Sandalen über ihre nassen Füße. Wenn sie sich beeilte, konnte sie das Stadttor noch erreichen, wenn die Karawane einzog.

Als Deborah ziemlich atemlos Hammath erreichte, zogen gerade die ersten Esel der Karawane durch das Stadttor in die Stadt hinein. Deborah war sich ziemlich sicher, daß die Karawane von Damaskus kam. Welche Schätze mochten wohl in all den Paketen und Körben verborgen sein, mit denen die Kamele und Esel hoch beladen waren? Sie hatte sich an eine Mauer aus Kalkstein gelehnt, nahe genug, um noch den Geruch der schweißbedeckten Pferde in die Nase zu bekommen. Die wild aussehenden Männer in ihren Sätteln waren schwer bewaffnet und trugen Kleidung in bunten Farben. Plötzlich fiel ihr ein Mann auf, der auf einem riesigen Rotschimmel saß.

„Da ist Lapidoth, der Philister!" rief ein Mann und deutete auf den Reiter auf dem Rotschimmel. „Es ist Lapidoths Karawane!"

Lapidoth zügelte sein Pferd nur wenige Schritte von Deborah entfernt. Seine Augen waren von durchdringendem Blau. Seinen Lederhelm hatte er unter dem Kinn festgebunden. Haar und Bart hatten die Farbe von getrockneter Gerste. Deborah hatte noch nie einen Mann mit so breiten Schultern gesehen. Aus seiner Tunika ragten mächtige Beine heraus wie Baumstämme, die von den Knien bis zu den Sohlen in lange lederne Stiefel gehüllt und mit ledernen Bändern befestigt waren.

„Lapidoth!" rief eine Frau neben Deborah. Ihr Kopftuch hatte sie herausfordernd weit zurückgeschoben, und unter dem fließenden Gewand, das in der Taille mit einem Gürtel eng zusammengehalten wurde, waren die Formen eines wohlgestalteten Körpers zu erkennen.

Lapidoths Augen wanderten über die drängende Menschenmenge. „Hallo, Bithia", rief er mit breitem Lächeln, „halte für heute abend deine gefüllten Weinschläuche bereit!"

„Sonst noch etwas, mein Herr?" In ihrer Stimme schwang ein Unterton mit, den Deborah hier und da schon gehört hatte, selbst aber nicht kannte.

Leise lachend beugte sich Lapidoth herab, ergriff Bithia, hob sie zu sich herauf und gab ihr einen lauten, schmatzenden Kuß. Als er sie zurücksetzte, überraschte er mit seinem Blick Deborahs Augen, die staunend auf ihm lagen. Sein Blick umfaßte nun das ganze Mädchen und kehrte dann zu ihren Augen zurück. Mit verändertem Ton in der Stimme fragte er: „Ist das eine Neue, Bithia?“

Deborah fühlte, wie sich ihr Magen zusammenzog und es ihr kalt über den Rücken lief. Bithia bedachte sie mit einem verächtlichen Blick. „Dieses dürre Gestell?“ bemerkte sie ironisch. „Du bist zu lange in der Wüste gewesen, Lapidoth.“

Deborah wurde ganz rot und machte sich davon. Ihre Ohren brannten, als sie hinter sich das Lachen der Frau hörte. Sie stellte sich vor, daß der Mann sein Gesicht in ein ähnliches verächtliches Lächeln verzog. Ihr Vater würde ärgerlich sein, wenn er hörte, daß sie allein in die Stadt gegangen war. Sicher waren sie in der Zwischenzeit vom Fischen zurück. Sie mußte sich beeilen heimzukommen und das Feuer zum Kochen in Gang zu bringen.

2. Kapitel

Mit fünfzehn Jahren hatte Deborahs Körper noch keine fraulichen Formen entwickelt, wie das bei den meisten ihrer Freundinnen schon geschah. In letzter Zeit war sie oft allein, da die meisten ihrer Freundinnen schon geheiratet hatten. Schon im letzten Jahr war Deborah lieber auf die Jagd gegangen, während es ihren Freundinnen besser gefiel, mit Müttern und Tanten im angenehmen Schatten der Dattelpalmen zu sitzen.

Sie liebte es, mit ihrem Bruder Gemalli die Hügel zu durchstreifen. Der Wind schien mit ihr reden zu wollen. Oft vergaß sie darüber sogar, daß sie eigentlich Ausschau hielten nach Rehen und Hirschen. Sie stand dann einfach da und wandte ihr Gesicht dem Wind zu. Oft hob sie dann wie automatisch ihre Arme zum Himmel und spürte die Gegenwart Jahwes. Ein stummes Loblied erhob sich in ihrem Herzen zum Preise dessen, der die Welt geschaffen hatte.

Deborah summte leise ein Lied vor sich hin, als sie jetzt die Gerberei erreichte. Sie warf Zweige und getrockneten Mist von Kühen und Kamelen in den steinernen Herd vor dem Haus. Es war die Schuld der Stadtältesten, daß die Gerberei ein ganzes Stück außerhalb der Stadtmauern lag. Eines Morgens, als sie, wie es üblich war, wieder am Stadttor von Hammath saßen und ihre Beratungen abhielten, hatten sie entschieden, daß der Geruch der Tierhäute, die in den verschiedenen Abschnitten der Zubereitung zu Leder waren, die Luft der Stadt zu sehr verpesteten. Von da an hatten sie ihren Vater Schamer gedrängt, bald umzuziehen.

Deborah hatte der Umzug nichts ausgemacht. Außerhalb der Mauern hatte sie mehr Freiheit als die anderen jungen Mädchen. Sie liebte ihren Bruder und ihren Vater sehr. Nicht für allen Reichtum von Hammath hätte sie ihre Familie für einen Ehemann in einem anderen Haushalt eingetauscht. Seit ihre Mutter vor drei Jahren gestorben war, schien ihre Arbeit im Haus nie ein Ende zu nehmen, doch sie hatte Freude daran. Und ihr Vater überließ ihr großzügig die gesamte Führung des Haushalts.

Das Haus des Gerbers war ein ausgedehntes, aber nur ebenerdiges Gebäude aus sonnengetrockneten Ziegeln. Stufen, die an der Außenmauer des Hauses emporgingen, führten zu einem kleinen Raum auf dem flachen Dach. Hier saßen sie meist des Abends, um den Windhauch zu genießen, der vom See Genezareth herüberstrich. In sehr warmen Nächten brachten sie auch ihre Decken nach oben und schliefen auf dem Dach.

Hinter dem Haus hatte Schamer seine Gerberei aufgebaut. Es war ein an zwei Seiten offener großer Schuppen, für den er die hintere Mauer des Hauses benutzte, um dem Schuppendach einen festen Halt zu geben.

Als es dämmerte, hatte Deborahs Feuer heiße Glut erzeugt. Sie hörte die Stimme Gemallis und blickte auf. Ihr Bruder trug eine Leine, auf der er viele gefangene Fische aufgereiht hatte. „Sieh, Vater, das ist Glaube!“ rief er. „Deborah hat schon Feuer gemacht, noch ehe sie wußte, ob wir etwas gefangen hatten.“

Deborah umarmte ihren Vater und nahm Gemalli die Fische ab. „Ich hatte Sorge, der Sturm würde euch überraschen“, sagte sie.

„Es ist nicht so schlimm geworden, Tochter. Ich fürchte, es wird wieder keinen Regen geben.“ Schamer war ein kaum mittelgroßer, aber kräftiger Mann mit ausgeprägten Gesichtszügen. Seine Schultern und Arme waren von den vielen Jahren der Arbeit mit den zähen Tierhäuten muskulös geworden. Und die chemischen Laugen, die er zur Zubereitung der Häute brauchte, hatten seine Fingerkuppen glatt wie Marmor gemacht.

„Hast du die Karawane gesehen, Vater? Sie ist den weiten Weg von Babylon gekommen. Vater, vielleicht könnten wir einige neue Farbstoffe bekommen und einige von diesen harten Metallstempeln, um Muster in unser Leder zu stanzen. Ich bin sicher, wir könnten unsere Erzeugnisse noch viel besser verkaufen."

„Langsam, Tochter, kann das nicht warten? Dein armer Vater ist hungrig, sieh zu, daß du uns satt bekommst." Schamer gab ihr einen liebevollen Klaps auf den Rücken.

Als sie zum Herd lief, sagte er nachdenklich zu Gemalli: „Andere Mädchen würden betteln, ihnen neue Kleider oder irgendwelches unnütze Zeug zu kaufen."

Gemalli hatte Wasser gebracht, das sie vom Stadtbrunnen holen mußten, um sich zu waschen, und streifte sein Obergewand ab. Er war kräftig und untersetzt wie sein Vater. „Sie hat nicht unrecht, Vater", bemerkte er. „Die Karawanen bringen Leder mit feinen Mustern darin aus Ägypten, und die Leute fallen darüber her, um es zu kaufen. Mit dem richtigen Werkzeug könnten wir es genauso herstellen."

„Sicher", nickte Schamer, während er sich wusch.

Mit einem Blick zum Haus hin fügte Gemalli hinzu: „Ich glaube außerdem, Deborah sollte ein neues Kleid haben. Sie ist zu alt, um noch unverheiratet zu sein."

Schamer lachte. „Glaubst du, ein neues Gewand würde da helfen? Ich glaube, sie wird *mir sagen,* wenn sie jemand gefunden hat, den sie bereit ist zu heiraten."

„Du solltest das nicht erlauben. Es war ein Fehler, auf ihren Willen einzugehen, als jemand sie zur Frau haben wollte."

Nachdenklich trocknete Schamer seine Hände. „Deine Mutter liebte stets den blauen Stoff aus Phönizien sehr. Sie sagte, er würde nicht verblassen. Glaubst du, Deborah würde in einem blauen Gewand gut aussehen?“

„Na ja, vielleicht würde sie dann nicht so dünn und groß aussehen. Jedenfalls müssen wir etwas tun in dieser Richtung.“

Schamer lachte laut: „Hast du auch bedacht, wer uns dann so feine Mahlzeiten kochen wird? Oder bringst du bald eine eigene Frau ins Haus?“

Gemalli blickte seinen lachenden Vater zweifelnd an. Es schien hoffnungslos zu sein. Schamer machte sich offensichtlich keine Gedanken darum, ob Deborah je heiraten würde.

Nach dem Abendessen saßen sie noch eine Zeitlang am Tisch. Schamer suchte sich eine dicke Fischgräte aus und begann damit seine Zähne zu säubern. „Jahwe sei Dank für den guten Fang, den wir heute hatten“, sagte er. „Und dir, Tochter, auch vielen Dank. Eine Frau, die eine so gute Mahlzeit zubereiten kann, ist wirklich ein Segen.“

„Hat Mose dies auch gesagt, Vater?“

Schamer kicherte. „Vielleicht sagte er tatsächlich so etwas ähnliches.“

„Vielleicht hat er aber auch gesagt: Eine Frau, die gelobt wird, schweigt dazu“, bemerkte Gemalli.

Deborah boxte ihm scherzhaft in die Seite. „Vor dem Essen hättest du das sicher nicht gesagt.“

Gemalli lachte: „Deborah, du hättest heute mit uns zum Fischen gehen sollen.“

„Ich bin spazieren gegangen. Ich wollte allein sein.“

„Du möchtest scheinbar immer allein sein. Aber wie willst du dann je einen Ehemann finden?“

„Vielleicht ist meine eigene Gesellschaft besser für mich als die mancher anderen, die ich kenne.“ Plötzlich erinnerte sich Deborah an den einsamen Reiter. „Vater, ein

Soldat kam heute nach hier, weil er dich sofort sprechen wollte. Als hättest du nichts besseres zu tun, als hier auf Soldaten zu warten, die etwas von dir wollen."

„Ein Soldat?"

„Ja, es war ..."

In diesem Augenblick wurde laut an die Tür geklopft. Gemalli erhob sich, um nachzusehen. Zwei Soldaten standen im Dunklen vor der Tür. Ohne eingeladen zu sein, betraten sie den Raum und blickten sich aufmerksam um. Dann gingen sie wieder. An der Tür blieben sie stehen und verkündigten laut: „König Sisera!"

Schnell erhob sich Schamer und wischte sich mit dem Ärmel seines Gewands den Mund ab. „Mein Herr Sisera!" rief er, als dieser in der Tür erschien.

Sisera betrat den Raum. „Du bist Schamer, der Gerber?"

„Dein Diener, Herr. Mein Haus ist auch das deine. Deborah", wandte er sich mit einer Handbewegung an seine Tochter, „räume den Tisch ab und bringe Wein."

Sisera schien von den Anwesenden weiter keine Notiz zu nehmen, sondern ging zur Rückwand des Raumes, wo Bündel gegerbter Tierhäute hingen. Er prüfte einzelne davon mit seinen Fingern und sagte dann: „Du bist wirklich ein Meister deines Handwerks, Schamer."

„Es ist eine Ehre für mich, daß meine Arbeit dir gefällt, mein Herr."

„Deshalb bin ich ja zu dir gekommen." Sisera schien erst jetzt zu bemerken, daß alle immer noch standen. „Setzt euch doch wieder", sagte er gönnerhaft, während er selbst Platz nahm.

Gemalli zog eine Bank in respektvolle Entfernung von dem Platz, wo der König sich niedergelassen hatte. Er und sein Vater setzten sich darauf. Deborah kam mit dem Wein und einigen Bechern und setzte sich dann neben ihren Bruder. Sisera beobachtete sie und runzelte dabei die Stirn.

„Gefällt dir etwas nicht, mein Herr?“

„Kanaanitische Frauen hören nicht zu, wenn geschäftliche Dinge verhandelt werden“, erklärte Sisera.

„Wir sind aber Israeliten. Meine Tochter hat die Aufgaben ihrer Mutter übernommen und arbeitet genau so fleißig wie alle anderen im Haus. Soll dann ihre Meinung nicht gehört werden?“

Deborah senkte die Augen auf ihre Hände, die in ihrem Schoß lagen. Sie wollte einen Gast, der in ihres Vaters Haus kam, keinesfalls in Verlegenheit bringen.

Aus Siseras Gesicht verschwand der Unwille. Gönnerhaft erhob er den Becher. Nachdem er einen guten Schluck von dem Wein genommen hatte, sagte er: „Schamer, es ist mein Wille, daß du deine Gerberei an einen anderen Platz verlegst.“

„Was? Nochmals?“ rief Schamer ärgerlich. „Wem paßt es denn schon wieder nicht? Als die Ältesten der Stadt sich über den Gestank beklagten – und ich kann es ihnen nicht einmal übel nehmen, denn das Gerben von Tierhäuten verbreitet wirklich üble Gerüche –, sind wir aus der Stadt hinausgezogen und leben nun außerhalb des Schutzes der Stadtmauern. Wir haben, als wir unseren neuen Wohnplatz suchten, auch sorgfältig die vorherrschenden Windrichtungen beachtet, damit die Leute in der Stadt so wenig wie möglich von dem Geruch belästigt werden. Es ist sicherlich nicht der beste Platz für ein Haus, da Deborah nicht einmal ein ebenes Stück Land für ihren Gemüsegarten hat.“

Sisera wedelte ungeduldig mit der Hand. „Nein, nein, ich bin nicht gekommen, um mich über dich zu beklagen, Schamer. Sondern ich kann dich dringend brauchen und möchte dir ein Angebot machen.“

Schamers Verhalten änderte sich sofort. Eine wachsame Zurückhaltung war nun in seiner Stimme zu spüren, als er antwortete: „Was willst du damit sagen?“

„Ganz einfach“, fuhr Sisera fort. „Ich möchte, daß du nach Taanach umziehst, in meine Hauptstadt.“

In dem überraschten Schweigen, das diesen Worten folgte, fühlte Sisera Deborahs Blick auf sich ruhen. Er war gezwungen, sie ebenfalls anzuschauen und fühlte dadurch die brennende Nachdrücklichkeit ihres Blickes noch mehr. Er hätte die Steuern eines Tages dafür gegeben, könnte er wissen, welche Gedanken hinter diesen braunen Augen verborgen waren.

„Nach Taanach?“ stotterte Schamer endlich. „Aber das liegt hinter dem Berg Tabor und jenseits der Ebene von Jesreel. Wir wären dort von kanaanitischen Städten umgeben und von kanaanitischen Göttern. Das ist unmöglich!“

„Warum sollten wir dir hier nicht zu Diensten sein können, mein Herr?“ fragte Deborah.

Sisera ignorierte das Mädchen absichtlich und wandte sich nachdrücklich an Schamer: „Du kannst auch dort deinem Gott ganz frei und offen dienen. Ich würde dir die königliche Gerberei übertragen und du würdest alle Lederarbeiten überwachen, die für meine Armee hergestellt werden. Ist das nicht Grund und auch Ehre genug?“

Ein verwirrtes Lächeln lag jetzt um Schamers Mund. „Gewiß, ja, es ist eine große Ehre“, nickte er. „Aber Jahwe ist hier. Jahwe übergab dieses Land durch Seinen Diener Josua dem Stamm Naphtali. Josua bestimmte, daß wir auf Jahwes Land leben sollten. Ich habe gehört, daß deine Stadt auf der Ebene von überwältigender Schönheit ist und auch sehr reich. Doch ich kann trotzdem nicht nach dort gehen.“ Seine Stimme nahm nun einen beschwörenden Ton an. „Mein Vater hat dieses Handwerk hier aufgebaut. Ich habe meinen Sohn und meine Tochter darin unterwiesen. Jahwe würde überaus zornig sein, würden wir unter die Götter ziehen, die du anbetest.“

Sisera lächelte, doch seine Augen blieben hart. „Schamer, du wirst erleben, daß wir auf dem Gebiet des Götterdienstes viel toleranter sind als ihr Israeliten. Unsere Götter fordern nicht fortwährend von uns, wir sollten alle anderen Götter zerstören, wie nachdem was man hört euer Gott es verlangt. Niemand wird euch in eurem Gottesdienst stören, darauf gebe ich dir mein Wort."

„Warum könnte ich nicht nach Taanach gehen, Vater?" mischte sich nun Gemalli in das Gespräch ein. Hier gibt es doch kaum genug Arbeit für uns drei. Ich könnte gehen, und Deborah könnte dir helfen. Sie weiß genau soviel wie ich."

Sisera stülpte seine Lippen nach vorn, als würde er über das Gehörte nachdenken. Mit einem schnellen Blick auf Deborah sagte er dann: „Ich denke, Schamer und seine Tochter könnten nach Taanach kommen."

„Nein, Vater!" Deborah preßte ihre Hände zusammen. „Taanach ist böse in den Augen Jahwes. Ihre Götter fordern unaussprechliche Dinge von ihnen, und sie respektieren das menschliche Leben nicht."

„Na, na, jetzt übertreibst du aber", lächelte Sisera beruhigend. „Die Einwohner von Taanach sind doch nicht unzivilisiert." *Die Pest soll diese Bauern in ihrer stinkenden Hütte holen,* dachte er dabei. Er räusperte sich und sagte wie nebenbei: „Sag, Schamer, ist deine Tochter verlobt?"

Schamer holte tief Atem. „Warum fragst du?"

Sisera wiegte den Kopf hin und her. „Sie sollte nicht verkauft werden, ehe sie nicht gelernt hat still zu sein."

Deborah erhob sich. „Niemand kauft oder verkauft mich!" erklärte sie fest.

„Junge Mädchen, die zu halsstarrig sind, könnten sich eines Tages als Tempeldienerinnen wiederfinden", bemerkte Sisera kalt. „Die Tempeljungfrauen sind immer sehr beschäftigt und haben kaum Zeit, ihre Freier in langatmige Debatten zu verwickeln.“ Siseras Stimme wurde dabei immer lauter. Nun erhob er sich und wandte Deborah absichtlich den Rücken zu, als er Schamer fragte: „Da ist eine Karawane aus Babylon gekommen. Hattest du Ware dabei?“

„Diesmal nicht.“ Schamer schüttelte den Kopf.

„Na egal. Karawanen müssen in dieser unruhigen Zeit allerlei Gefahren auf sich nehmen. Ich erwarte morgen von dir eine Antwort, Schamer.“ Mit einem kurzen Kopfnicken verließ er das Haus.

Die Zurückbleibenden starrten ihm mit verwirrtem Gesichtsausdruck nach. „Vater“, fragte Gemalli, „er kann uns doch nicht zwingen? Oder kann er doch?“

„Ganz egal, was er kann, ich jedenfalls werde nicht gehen. Lieber werde ich noch Nabal heiraten, als in Taanach zu leben“, erklärte Deborah entschlossen.

„Aber Kind meines Herzens, dein Bruder und ich würden dich beschützen“, versuchte Schamer sie zu beruhigen.

„Jaweh möchte noch nicht, daß ich nach Taanach gehe“, schluchzte Deborah.

Schamer starrte sie verwundert an. „Jahwe möchte dich *noch nicht* in Taanach? Was meinst du damit?“

„Ich ... ich weiß es auch nicht, Vater. Es kam einfach so über meine Lippen.“ Deborahs Finger krallten sich in ihr Gewand.

Schamers Stimme wurde ruhiger. „Du hast jeden Mann abgelehnt, der um deine Hand angehalten hat. Was möchtest du denn, daß ich für dich tun soll?“

Deborah wußte keine Antwort auf diese Frage und schwieg.

„Laß mich gehen, Vater“, drängte Gemalli. „Sisera kann kaum etwas dagegen einwenden. Ich werde Jahwe nicht vergessen. Und zwei Gerbereien zu haben ist ein guter Gedanke. Es könnte doch geschehen, daß du noch einmal heiratest. Und ich werde ganz sicher eine Frau finden. Unser Geschäft hier kann uns nicht alle ernähren."

Schamer, der stirnrunzelnd seine Tochter betrachtete, hörte kaum auf das, was Gemalli sagte. Warum hatte Sisera sie so hart getadelt. „Deborah?"

„Ja, Vater?"

„Hat dieser Mann dich früher schon einmal gesehen?"

„Nur heute am Seeufer."

„Am Seeufer? Deborah, war er der Soldat?"

„Ja, Vater, ich habe mich im Wasser wohlgefühlt."

„Du hast dich im Wasser wohlgefühlt? Jahwe beschütze uns! Du hast uns alle beschämt mit deinem Körper." Schamer schlug mit der flachen Hand ärgerlich auf den Tisch. Siseras Ruf war überall nur zu gut bekannt. „Gemalli, erlaube Deborah nicht auch nur einen Schritt von deiner Seite zu weichen, bis Sisera Hammath wieder verläßt."

Als Deborah das besorgte Gesicht ihres Vaters sah, bereute sie ihre herausfordernde Haltung. „Jahwe ist mein Zeuge, Vater, ich habe mir nichts Böses dabei gedacht. Ich werde im Haus bleiben, bis er die Gegend wieder verlassen hat."

Schamer zuckte verwirrt mit den Schulten und breitete ratlos seine Arme aus. Endlich sagte er: „Ich werde morgen zum Priester gehen und Jahwe ein Opfer bringen. Vielleicht wird Er uns ein Zeichen geben. Gemalli, nimm einige Münzen aus meinem Beutel und gehe in die Stadt. Kaufe von Nabal zwei junge Ziegen, er hat sehr gute Tiere. Schaue sie dir aber gut an, damit kein Fehler an ihnen ist. Wir wollen Jahwe nicht mit einem Opfer erzürnen, das nicht perfekt ist."

Nun nahm Schamer Deborahs Hände in die seinen. „Verzweifle nicht, Deborah, du hast ja immer nahe bei Jahwe gelebt. Wenn du fühlst, daß du nicht nach Taanach gehen sollst, dann hat Jahwe dafür sicher eine Antwort. Morgen früh werde ich zu Seinem Zelt gehen."

3. Kapitel

Nachdem Lapidoth sich darum gekümmert hatte, daß die Kaufleute der Karawane alle für die Nacht sicher innerhalb der Mauern von Hammath untergebracht waren, ritt er wieder zum Stadttor. Hamid, der kleine, dunkle und energische Händler aus Damaskus, der ihn auf den meisten Reisen begleitete und sein Vertreter war, betätigte sich schon fleißig mit dem Abschluß neuer Verträge für die Karawane, die zusätzliche Einnahmen bringen würden. Das beeindruckende junge Mädchen in dem einfachen Leinengewand war nirgends mehr zu sehen. Nun ja – im Augenblick sehnte Lapidoth sich nach einem Bad.

Er ritt nordwärts; vorüber an dem Lager seiner Karawane, welches seine Männer schon einrichteten, und auch vorüber an einem kleinen Lager von Soldaten, die zu seiner Überraschung Kanaaniter waren. Er hatte bisher angenommen, König Siseras erste Garnison läge noch einen Tagesritt weiter nordwärts. Nach einem weiteren kurzen Ritt lenkte er sein Pferd in eine grüne dampfende Wiese, auf der es nach Schwefel roch. Hier brachen seltsame heiße Quellen aus dem Inneren der Erde hervor.

Die Naphtaliter hatten um einige dieser Quellen einfache Wände gebaut, so daß Männer hier baden und sich erfrischen konnten. Lapidoth stieg vom Pferd, band es an und betrat eine von den Wänden umgebene Quelle. Im Inneren erblickte er mehrere Männer aus Hammath, die ebenfalls badeten. Er grüßte die Anwesenden, entkleidete sich und stieg in das sprudelnde heiße Wasser, das die Müdigkeit der langen Reise aus seinem Körper vertrieb.

Als er später schwitzend auf einer Matte saß und mit den anderen Männern redete und lachte, erinnerte er sich plötzlich an das junge Mädchen, das heute wie ein gefangener Vogel neben Bithia gestanden hatte. Er fragte die anderen: „Ich sah heute ein Mädchen mit rotem Haar wie Feuer in der Nähe des Stadttors stehen. Wer ist sie?"

„Wahrscheinlich meinst du die Tochter von Schamer, dem Gerber", antwortete Nabal, ein Kaufmann, der mit Öl und Oliven handelte. Sein weißer Körper glänzte ebenfalls von Schweiß.

„Er sollte es wissen", bemerkte ein anderer, worauf alle lachten.

Lapidoth blickte sie reihum fragend an.

„Nabal wollte sie letztes Jahr heiraten. Ist es nicht so, Nabal?"

„Warum nicht? Meine tüchtige Frau, gelobt sei der Name Jahwes, ist mit ihren Vätern entschlafen. Und ein Haushalt braucht eine Hausfrau."

„Und was geschah dann? War ihre Mitgift nicht ausreichend genug?"

„Mitgift? Wieviel Mitgift könnte ein Gerber seiner Tochter schon mitgeben?"

„Deborah wollte ihre Familie nicht verlassen", sagte Busi, der Weinhändler. Busi hatte acht Söhne und Töchter. Er hatte kein Mitleid mit einem Mann von Nabals Alter, der sich ein junges Mädchen zur Frau nehmen wollte. „Sie ist Schamers einzige Tochter, und er liebt sie wie einen Sohn."

„Sie hat mich an einen Adler erinnert", bemerkte Lapidoth nachdenklich.

„Solche Frauen mit einem scharfen Blick haben oft auch eine scharfe Zunge", sagte ein anderer ein wenig säuerlich.

Die anderen lachten voller Sympathie, weil sie an die zänkische Frau des Mannes dachten.

Bald zog Lapidoth seine Kleider wieder an, um zum Lager zurückzureiten. In Friedenszeiten war es für Karawanen üblich, ihr Lager außerhalb der Städte und Dörfer aufzuschlagen, die sie besuchten. Sie breiteten ihre Waren dann gewöhnlich auf einem breiten Feld aus, und die Einwohner konnten kommen, um zu kaufen. Allerdings wagten es in den letzten Jahren nur noch sehr starke und gut bewaffnete Karawanen, so zu handeln. Überfälle der Wüstenbewohner von jenseits des Jordans terrorisierten immer wieder Karawanen und Lager.

Lapidoths Karawane hatte ihr Lager in einem nach hinten abgeschlossenen engen Tal aufgeschlagen. Er nickte der Wache zu, als er in das Tal ritt. Die einzelnen Teile der Karawane lagerten schon in der üblichen Ordnung. An einer Stelle konnte man die Kochfeuer der unter dem Schutz der Karawane mitreisenden Familien erkennen. Die Kamele, Pferde und Esel und ihre Betreuer waren in einer anderen Ecke zu finden, ebenso die Schaf- und Ziegenherden sowie die Kühe wieder an einer anderen.

Der Diener hatte Lapidoths Zelt schon auf einer kleinen Erhöhung errichtet, von wo aus er das ganze Lager überblicken konnte. Er war gerade dabei, das Abendessen zu richten.

Nachdem Lapidoth seine einsame Mahlzeit eingenommen und frische Kleider angezogen hatte, erhob er sich, da Bithia ihn erwartete. Doch ganz überraschend mußte er dabei wieder an das junge Mädchen denken. *Deborah!* Die Männer hatten gesagt, ihr Name sei Deborah.

4. KAPITEL

Die Worte, die der levitische Priester sagte, nachdem er die zwei fehlerlosen Ziegen, die Schamer als Opfer gebracht hatte, geopfert hatte, lauteten: „Wenn der Herr, euer Gott, euch in das Land bringt, das Er euren Vätern Abraham, Isaak und Jakob zugeschworen hat und euch große und schöne Städte gibt, die ihr nicht gebaut habt, und Häuser voll guter Dinge, die ihr nicht gefüllt habt, und ausgehauene Zisternen, die ihr nicht ausgehauen habt, und Weinberge und Olivenbäume, die ihr nicht gepflanzt habt, und wenn ihr eßt und satt seid, dann gebt acht, damit ihr den Herrn nicht vergeßt."

Als der Priester schwieg, stand Schamer immer noch erwartungsvoll. Doch der Priester sagte: „Komm, mein Freund." Er legte dem Gerber die Hand auf die Schulter und führte ihn aus dem Zelt Jahwes hinaus in den neuen Morgen. „Sage mir", fragte er, „hast du deinen Sohn in den Gesetzen und Vorschriften des Herrn unterwiesen?"

„Du weißt selbst, daß ich beide, meinen Sohn und meine Tochter, genauesten unterwiesen habe", antwortete Schamer. „Wir halten als Familie sehr eng zusammen."

„Dann ist es dir auch nicht verboten, in den Stadtstaat von Taanach zu gehen. Gewiß, es ist eine kanaanitische Stadt. Doch in den Tagen Josuas gehörte sie zu dem Erbteil, das der Stamm Manasse erhalten hatte. Der Herr sagte zu Mose: ‚Nur nach und nach werde ich diese Städte in eure Hand geben, damit sie für euch nicht zuviel werden und damit die wilden Tiere im Land nicht überhand nehmen."

Der alte Priester fuhr fort: „Deshalb, Schamer, kann es wohl sein, daß Jahwe langsam ungeduldig wird. Wir haben uns zu bequem in unseren Teilen des Landes eingerichtet und haben vergessen, daß Er uns beauftragt hat, das ganze Land Kanaan einzunehmen. Vielleicht verfolgt Er damit, daß Er dich nach Taanach bringen will, eine Absicht, und du sollst ein Zeichen sein für alle Israeliten."

Schamer fiel neben den Priester in gleichen Schritt, als sie den Hof verließen. Nachdenklich machte der Priester Schamer seine Gedanken klar: „Wer kann schon zweifeln an der Macht Jahwes? Wenn Sisera sagt, daß du in Taanach sicher bist und ohne jede Behinderung Jahwe dienen kannst, dann mag vielleicht Jahwe durch ihn wirken. Ist Er nicht allmächtig? Würde es Ihm nicht gefallen, Taanach unter Seinen Einfluß zu bringen und zu diesem Zweck sogar einen mächtigen Feind zu benutzen?"

Doch Schamer zögerte immer noch. „Aber was wird mit Deborah?" antwortete er.

„Sie ist eine Frau. Gehe strenger mit ihr um oder bringe sie vor die Ältesten."

Zum ersten Mal verzogen sich Schamers Lippen zu einem leichten Lächeln. „Du weißt doch selbst, daß wir unsere Töchter nur selten gegen ihren Willen zu etwas zwingen. Die Frauen Israels sind kein Vieh."

Als Schamer den Priester verließ, drückten ihn die Sorgen nicht mehr ganz so schwer wie vorher. Vielleicht war es doch nicht das Schlechteste, auszuwandern und nach Taanach zu gehen? Vielleicht wollte Jahwe ihm dadurch zu einem besseren Leben verhelfen? Er würde die Ältesten aufsuchen und um Rat fragen.

Es war immer noch früh am Tag, als Schamer die von der Sonne schon erwärmten Bänke am Stadttor erreichte. Durch den noch kühlen Dunst, der vom See Genezareth aufstieg, lag noch eine erfrischende Kühle in der Luft, und über der leisen Unterhaltung seiner Freunde hörte er in der Nähe den Gesang eines Vogels. Schamer nahm seinen angestammten Platz ein, etwas von den anderen entfernt, um sie nicht durch den Geruch zu belästigen, der ihm durch seinen Beruf anhing.

„Jahwes Segen sei auf euch, meine Freunde", grüßte er die anderen. „Und auf dir, Lapidoth, ebenfalls", schloß er den anwesenden Karawanenführer mit ein.

Nach der Begrüßung verfiel Schamer zunächst in höfliches Schweigen. Es wäre nicht recht gewesen, den Eindruck zu erwecken, seine Angelegenheit sei wichtiger als die Dinge, die gerade besprochen wurden.

„Ich sage, bei Jahwe, die Wahrheit", nahm Busi wieder das Wort. „Lapidoth ist auf dieser Reise mein persönlicher Bevollmächtigter gewesen, und niemals habe ich für meinen Wein einen besseren Preis erhalten. Umgekehrt hat er mir auch feine bestickte Kleider für meine vier Töchter mitgebracht. Lapidoth ist wirklich ein guter Mann."

„Ich hatte bei diesem Handel wirklich viel Glück", bemerkte Lapidoth. „Beauftrage in Zukunft Hamid mit deinen Geschäften, er ist schlau wie ein Fuchs und ein ehrlicher Mann. Ich bin ein besserer Soldat als ein Händler."

„Auf deinen Rat hin will ich es tun", nickte Busi.

Die Unterhaltung ging weiter, manchmal lauter, dann wieder leise, wenn Lapidoth ihnen von fremden Städten berichtete. Endlich wandte sich Busi neugierig an Schamer: „Mein Diener erzählte mir, daß König Sisera dich gestern abend mit seinem Besuch beehrt hat?"

„Deshalb benötige ich den Rat der Ältesten, wenn ihr Zeit für mich habt", antwortete der Gerber.

Lapidoth erhob sich. „Bleibe bitte", bat Schamer. „Du kommst weit herum und kannst vielleicht einen guten Rat geben." Dann berichtete er von Siseras Forderung, er solle nach Taanach umziehen und seinen seltsamen Bemerkungen über die Risiken für die Karawanen. „Er weiß, daß ich auf die Karawanen angewiesen bin, um mein Leder zu verkaufen. Wo sollte ich sonst Handel treiben?“ fügte er hinzu.

„Meinst du, er wollte sagen, daß deine Waren bei den Karawanen nicht mehr sicher sind, wenn du dem Umzug nicht zustimmst?“

„Ich weiß es nicht. König Sisera ist ein sehr verschlagener Mann.“

„Es gibt Gerüchte, einige der Wüstenstämme stünden in seinem Sold“, warf Lapidoth nachdenklich ein.

„Würde Sisera denn seine eigenen Händler berauben lassen? Jede Karawane führt doch auch Ware der Kanaaniter mit“, überlegte Busi.

„Ich glaube“, Schamer zögerte einen Augenblick, ehe er fortfuhr, „aber ich bin nicht sicher, Sisera gelüstet es nach meiner Tochter.“

Lapidoth fuhr überrascht herum.

„Er drängte mich sehr, sie mit nach Taanach zu nehmen, damit sie mir beim Aufbau der neuen Gerberei hilft“, erklärte Schamer.

„Das ist tatsächlich sehr seltsam, so etwas von einem Mädchen zu erwarten“, wunderte sich Nabal. „Wenn sie erst verheiratet ist, wäre sie dir doch keine Hilfe mehr.“

„Das stimmt“, nickte Schamer. „Aber er hat einige Male darauf gedrängt, ich solle sie mitbringen.“

Die Ältesten schwiegen eine Weile und schüttelten die Köpfe. „Was hat das zu bedeuten?“ überlegte Busi endlich. „In unserer Stadt leben wir Jahwisten und die Kanaaniter seit Jahren friedlich nebeneinander. Sicher, sie beten nicht den einzig wahren Gott an, aber wir sind miteinander ausgekommen.“

„Und manchmal haben unsere Töchter auch ihre Söhne geheiratet“, fügte ein Ältester hinzu. „Will Jahwe uns warnen? Beten einige von uns etwa auch zu ihren Göttern?" Der Tag schien plötzlich nicht mehr ganz so schön zu sein.

Im stillen dachte Nabal an den kleinen hölzernen Baal, einen Fruchtbarkeitsgötzen für seinen Olivengarten, den er heimlich dort aufgestellt hatte. Gewiß, er betete nur zu Jahwe. Aber Geschäft war immerhin Geschäft. „Ich würde keine Tochter einem Kanaaniter zur Frau geben", erklärte er.

„Das ist gut gesprochen, da du ja keine Töchter hast", antwortete Busi.

„Freund Schamer, was denkst du, wird geschehen, wenn du Siseras Bitte abschlägst?" fragte Lapidoth.

Schamer zuckte hilflos mit den Achseln. „Wenn ich gehe, wäre das vielleicht gut für mein Geschäft. Mein Sohn Gemalli denkt jedenfalls so. Aber ich fürchte um meine Tochter."

„So sollte es nicht sein", warf jetzt der Oberste der Ältesten ein. „Wir sind freie Männer. Wenn Schamer aus Furcht König Siseras Aufforderung folgt, sind wir alle nicht mehr frei."

„Dann darf ich Deborah nicht zwingen, nach Taanach zu gehen." Man hörte Schamer die Erleichterung an.

„Im Prinzip sollte kein Israelit gezwungen werden", erklärte nun der Oberste. „Aber wenn du gehen möchtest, dann mußt du sie mitnehmen. Wenn Sisera Pläne mit ihr hat, ist sie weder hier noch dort sicher."

„Du mußt von hier fort ziehen", sagte ein anderer. „Das ist der einzige Weg, deine Familie zu beschützen."

„Hammath verlassen?" Schamer machte eine ausholende Armbewegung. „Den Ort verlassen, wo die Gräber meiner Väter liegen? Wohin soll ich denn gehen?"

„Schamer!"

„Ja, Lapidoth?"

Der große Mann lehnte sich vor. „Komm mit uns. Wir

ziehen in zwei Tagen weiter. Unser Weg zu den südlichen Städten geht durch Sichem. Dort steht Jahwes Zelt mit der Bundeslade. In Sichem könntest du in Frieden wohnen."

„Und bald ist das Fest der Erstlingsfrüchte", warf Busi ein.

Schamer wußte, daß jedes Jahr Männer aus allen Stämmen zu einer großen Zusammenkunft nach Sichem zogen, um dabei gleichzeitig das Fest der Erstlingsfrüchte zu feiern. Dabei wurden Streitigkeiten unter den Stämmen geschlichtet und gleichzeitig der Zehnte zum Zelt Jahwes gebracht.

„Dort wärest du vor Sisera sicher", redete Lapidoth ihm zu.

„Das stimmt", bestätigte Busi. „Ich werde in wenigen Tagen auch nach Sichem gehen. Das ist ein guter Rat."

„Ich gehe ebenfalls", fügte Nabal hinzu. „Wir werden dich beschützen."

„Viele von uns gehen", sagte der Stadtoberste. „Wir können König Siseras Forderung vor die Stammesversammlung bringen. Wir freien Männer der israelitischen Stämme sind Sisera nichts schuldig."

„Das sind stolze Worte", erwiderte Busi. „Aber ich habe bemerkt, wenn des Königs Halsabschneider kommen, zahlst du deinen Anteil an sie genau wie wir anderen."

„Ha!" Der Älteste unter ihnen, der bisher mit geschlossenen Augen zugehört hatte, öffnete sie nun. „Das ist nur noch ein wenig mehr Feuer unter einem schon kochenden Topf. Ich sage euch, was Sisera bedrängt, und das hat nichts zu tun mit dem Gerber. Sisera braucht viel Geld für sein Heer. Außerdem haben wir ja gehört, welch prächtigen Palast er gebaut hat und wieviel Geld er ausgibt für seine Frauen und seine Pferdezucht. Woher bekommt er all das Geld? Außerdem ist er der oberste General aller kanaanitischen Armeen, die er braucht ..."

„Ja, ja, um den Tribut für die ägyptischen Oberherren einzutreiben“, unterbrach Nabal ihn.

Der Alte nickte. „Das liegt klar auf der Hand. Sisera hat mehr Geld ausgegeben, als er kann. Und nun ist es Zeit, den jährlichen Tribut nach Ägypten zu schicken, und seine Truhen sind leer. Deshalb überfällt er alle Karawanen, um wieder zu Geld zu kommen.“

„Aber warum fordert er dann von Schamer, nach Taanach zu ziehen?“

„Vielleicht steckt noch eine andere Absicht dahinter“, antwortete der Alte. „Vielleicht strebt er danach, selbst der Pharao von ganz Kanaan zu werden.“

Diese Bemerkung löste allgemeines Gelächter aus. „Ein erheiternder Gedanke!“ rief einer. „Wie soll das gehen? Er müßte Krieg mit Ägypten machen, und auch Krieg mit Israel! Er müßte die zwölf Stämme zerstören.“

Alle redeten nun durcheinander, bis einer vorschlug: „Kommt, wir wollen den Priester um Rat fragen.“ Gemeinsam gingen die Ältesten davon. Nur der ganz Alte, Schamer und Lapidoth blieben zurück.

„Jeder hat gute Erklärungen, aber keiner hat einen wirklichen Rat für mich“, klagte Schamer. „Hast du Kinder, Lapidoth?“

„Nein“, lachte er. „Obwohl es hier oder da eines geben könnte, von dem ich aber nichts weiß.“

„Aber du bist auch nicht mehr der Jüngste.“

„Ich bin dreißig Jahre alt.“

„Hast du keine Angst, daß die Linie von Lapidoth dem Philister aussterben könnte?“

Lapidoth dachte einen Augenblick nach und antwortete dann lächelnd: „Schamer, ich bin ein Soldat. Mein Same soll andere Linien stärken.“

„Ha, wenn du alt wirst, denkst du anders! Wer wird dir den Wein bringen, wenn du zu alt wirst, um noch zu sehen? Wer kocht dir dann gute Gerichte, die du mit deinem zahnlosen Mund noch verzehren kannst? Mein Sohn und meine Tochter bedeuten mir alles. In ihnen und in meinen Enkeln, die ich hoffentlich einmal haben werde, liegt die Hoffnung für mein Alter."

Schamer lehnte sich vor, als er eifrig fortfuhr: „Meine Deborah ist eine Tochter des Windes. Sie weiß Dinge über sie selbst hinaus, Lapidoth. Ich lerne immer mehr, ihren Ratschlägen zu vertrauen. Wenn sie sagt, Jahwe wünsche nicht, daß sie nach Taanach geht, dann glaube ich ihr, ganz gleich, was der Priester oder die Ältesten sagen. Ich habe auch schon einige Male Pläne für ihre Heirat gemacht, doch sie hat bisher alles abgelehnt." Er seufzte tief.

5. Kapitel

Während er fleißig in der Gerberei arbeitete, gingen Schamer viele Gedanken durch den Kopf. Hier, in seiner gewohnten Umgebung, mit seinen Werkzeugen, den verschiedenen Ölen und Pulvern, fühlte er sich geborgen. Überall hingen oder lagen Stapel von Häuten in verschiedenen Stufen der Bearbeitung. Da waren Häute von Ziegen, Schafen, Kühen, Kamelen und auch Pferden. Die letzteren hauptsächlich für Siseras Soldaten. Mit ihm bearbeiteten seine beiden Kinder das Leder in ganz verschiedenen Farben.

Den ganzen Tag über hörten sie nichts von Sisera. Doch am nächsten Morgen erschienen zwei Boten von ihm in der Gerberei. „Bei Baal, wie ertragen die Leute von Hammath nur diesen Gestank? Sisera muß seinen Verstand verloren haben, so etwas nach Taanach zu bringen“, sagte einer der beiden zu seinem Begleiter.

Er betrat die Gerberei und erklärte: „Mein Herr Sisera möchte, daß du, Schamer, sofort zu ihm kommst. Er hält sich jetzt nicht sehr weit nördlich von hier auf.“

Gemalli trat neben seinen Vater. „Laß mich gehen, Vater“, drängte er.

„Nein, Gemalli, bleibe bei Deborah.“ Schamer zog die lederne Schürze aus und wusch sich die Hände.

„Hast du kein Pferd?“ fragte der Soldat, als er bemerkte, daß Schamer gehen wollte. „Und auch keinen Esel?“ fügte er hinzu, als Schamer den Kopf schüttelte. „Dann mußt du hinter Sem aufs Pferd steigen. Sem!“

Sem zog die Nase kraus, als Schamer mühsam hinter ihm aufs Pferd kletterte. „Halt dich fest, Gerber, wir reiten schnell", sagte er.

Gemalli ging in die Gerberei zurück und sagte: „Vater ist mit den Soldaten gegangen. Ich bin sicher, daß Sisera seinen Willen durchsetzen wird." Er warf Deborah einen Blick zu, die sanft über ein chamoisfarbenes Leder strich, als könne es ihr Trost bringen. „Taanach mag eine üble Stadt sein. Doch auch dort ist es den Leuten nicht verboten, zu ihrem eigenen Gott zu beten", versuchte er Deborah zu ermutigen.

„Jahwe will es nicht erlauben", äußerte sich Deborah endlich.

„Jahwe erlaubt uns nicht, neben Ihm noch andere Götter zu haben, Deborah. Doch wir können mit denen, die an andere Götter glauben, doch Handel treiben." Er kam zu ihr und nahm ihre Hand. „Der Priester hat das unserem Vater ausdrücklich bestätigt. Und außerdem – Taanach liegt doch auch in Kanaan, oder? Und hat nicht Jahwe durch Josua unserem Volk ganz Kanaan zum Besitz gegeben?"

„Du träumst wohl, Gemalli? Wir sind immer noch Fremde in diesem Land." Die Sorge in ihren Blicken verwandelte sich in Ärger. „Es sind doch nicht nur die Kanaaniter. Da sind die Philister, die Phönizier, die ..."

„Ist ja gut, reg dich nicht auf. Wir sind nur wenige. Wir sind ja nur zwölf Stämme. Doch Jahwe hat uns das ganze Land verheißen, und das schließt doch auch Taanach mit ein. Oder etwa nicht?"

„Und würdest du dort einen Altar für Jahwe in Baals Tempel stellen?" rief Deborah zornig. „Das ist Gotteslästerung!"

„Für ein so dürres Mädchen wie du hast du einen ganz schön großen Mund", gab Gemalli zurück. „Sei still und höre mir zu. Was für eine Wahl haben wir denn?"

„Und was für eine Wahl haben wir, wenn wir nach Taanach gehen? Willst du mich etwa an einen Kanaaniter verheiraten, der glaubt, sein Land wird fruchtbarer, wenn er mit den Tempeljungfrauen Geschlechtsverkehr betreibt?“

„Deborah!“ Gemalli war schockiert. „Woher hast du eine solche Ausdrucksweise?“

„Ist das, was ich sage, etwa nicht die Wahrheit?“ fuhr sie ihn an.

Ärgerlich verließ Gemalli die Werkstatt und starrte draußen lange auf den See hinunter. Wie konnte ein Mann klare Gedanken fassen, wenn er mit Deborah argumentieren mußte?

Sisera beobachtete die beiden Soldaten, die das enge Tal heraufgeritten kamen. Hinter einem der beiden saß Schamer und klammerte sich an ihm fest. Bis gestern hatte Sisera nicht gewußt, daß der Gerber ein so entschiedener Jahwist war. Aber wenn Vater und Tochter nach Taanach kamen, konnte er sie gegen den Sohn als Geißeln benutzen, sollte dieser sich in Hammath nicht seinem Willen fügen wollen. Aber wie sollte sich der rothaarige Bursche schon gegen ihn stellen können? Zwar wurde Hammath noch nicht von den Kanaanitern kontrolliert, aber mit dem Sohn des Gerbers würde er schon fertig werden. Und Deborah? Sisera mußte lächeln bei der Vorstellung, wie unmöglich sie als Tempeljungfrau war. Da war es schon besser, er behielt das junge Ding für sich selbst.

Während er zuschaute, wie Schamer das letzte steile und steinige Stück des Abhangs zu seinem Zelt zu Fuß heraufkam, wunderte er sich, wie solch ein kleiner häßlicher Bursche wie der Gerber eine Tochter wie Deborah haben konnte. Was würde Leah, seine Mutter, die in seinem eigenen Haushalt in Taanach die Herrschaft führte, sagen, wenn er noch eine weitere Konkubine mitbrachte? Er lächelte, denn das war ihm ziemlich gleichgültig.

Als Schamer schwer atmend vor dem König stand, war dieser gut gelaunt. „Setz dich, Schamer", sagte er gnädig. „Ich werde dir einen Becher Wein eingießen, und dann werden wir die Pläne für deine neue Gerberei in Taanach besprechen."

Schamer warf dem König einen besorgten Blick zu, nahm den Wein und beschloß, dem König vorläufig nicht zu widersprechen.

„Wo hast du dein Handwerk gelernt?" wollte der König wissen.

„Mein Vater brachte das Wissen aus Ägypten mit, Herr."

Sisera nickte. „Ich habe selbst Leder von dort. Aber deine Erzeugnisse sind genau so gut. Man wird deine Arbeit in Taanach zu schätzen wissen."

Schamer machte eine leere Geste mit der Hand. „Mein Heim ...", begann er.

„Du kannst reich werden, Schamer", unterbrach ihn Sisera. „Oberster aller Lederarbeiter für meine Armee. Du kannst Waffenteile und Uniformen herstellen und alles, was wir an Leder für unsere Pferde und Streitwagen brauchen. Warte, bis du unsere Stadt siehst, Schamer. Du wirst bei uns bessere Werkzeuge bekommen, das beste Oel und alles andere, was du benötigst, und so viele Arbeiter wie du brauchst."

Sisera goß Schamer nochmals Wein ein und überlegte dabei, welchen Eindruck seine Worte gemacht hatten. Dann fügte er hinzu: „Alles, worum ich dich bitte, ist: Komme zu mir nach Taanach und unterweise meine Arbeiter, damit sie das Handwerk so gut beherrschen lernen wie du es kannst. Wenn dir nach einem Jahr das Leben in Taanach nicht gefällt, dann magst du gehen wohin du willst. Laß deinen Sohn hier und bringe deine Tochter mit, damit sie dir helfen kann und du weiterhin ihre richtige Erziehung überwachen kannst. Oder …“

In Schamers Gesicht war Sorge und Widerspruch zu lesen, deshalb fügte Sisera hinzu: „Oder wenn du um ihre Sicherheit besorgt bist, Schamer, dann werde ich sie von dir kaufen.“

Nun drückte Schamers Gesicht blankes Entsetzen aus, da er die Meinung von Siseras Worten voll verstanden hatte. Er öffnete den Mund, um zu widersprechen. Doch Sisera fuhr fort: „Es ist natürlich eine ungewöhnliche Ehre für ein israelitisches Mädchen, von König Sisera erwählt zu werden, doch es ist etwas Ungewöhnliches am Wesen deiner Tochter.“

„Meine Tochter ist nicht zu kaufen“, widersprach Schamer nun. „Ich will damit sagen, daß sie schon verlobt ist. Du tust uns eine große Ehre an, Herr, aber ich habe Deborah schon in der Weise, wie es in unserem Volk üblich ist, mit einem Israeliten verlobt.“

Sisera starrte ihn an, amüsiert und verärgert zugleich fragte er: „Und wer ist dieser glückliche Bursche?“

„Da wir den endgültigen Vertrag noch nicht unterschrieben haben, wurde es noch nicht öffentlich bekannt gemacht“, wehrte sich der Gerber.

„Kannst du mir nicht einen kleinen Hinweis geben, Schamer? Ist es etwa Sopo, der Ziegenhirte? Oder vielleicht gar jener fette Bursche, der mit in eurem Tor sitzt und so sehr schwitzt wie das Öl der Olivenbäume, die er besitzt?“

Schamer schüttelte den Kopf. Er merkte, wie nun auch ihm Schweißperlen auf die Stirn traten. „Nein, nein, keiner von ihnen, es ist kein Mann aus Hammath. Er lebt weiter entfernt im Süden, deshalb dauern ja auch die Verhandlungen so lange.“ Endlich kamen ihm die guten Gedanken, dachte er erleichtert. Ein wenig mutiger fuhr er fort: „Deshalb wird Deborah uns auch mit der Karawane von Hauptmann Lapidoth jetzt verlassen. Ihr Verlobter wohnt in Sichem. Und natürlich muß ich sie begleiten. Deshalb muß auch mein Sohn während meiner Abwesenheit in unserer Gerberei bleiben."

„Schamer!" Der König hatte die Stirn gerunzelt.

„Ja, Herr?" antwortete Schamer zaghaft.

„Wieso hast du mir diese Information nicht schon an dem Tag gegeben, als ich bei dir war?"

„Da war ich noch nicht sicher, ob wir jetzt schon gehen könnten. Ich mußte doch erst mit Lapidoth reden, ob er uns in seiner Karawane bis Sichem mitnehmen würde", redete der Gerber sich heraus. „Jedenfalls wird Deborah einen Israeliten heiraten."

Sisera schwieg. Seinem Gesicht war nicht anzusehen, was er dachte.

Der Gerber fuhr fort: „Das Haus Schamer fühlt sich geehrt, für dich in Taanach zu arbeiten, Herr. Entweder ich oder mein Sohn wird innerhalb eines Monats zu dir kommen, sobald meine Tochter verheiratet ist."

„Nein, du mußt jetzt mit mir gehen. Ich brauche dich dringend", forderte der König. „Wenn Deborah gehen muß, dann kann dein Sohn sie begleiten."

„Wie du willst, Herr." Schamer erhob sich. „Ich stimme zu, mein Wort darauf. Doch jetzt muß ich mit deiner Erlaubnis gehen. Du verstehst sicher, daß ich nun noch viel vorzubreiten habe." Als der König nickte, eilte Schamer davon so schnell er konnte.

Zornig blickte Sisera ihm nach. *Niemand gewinnt oder verliert einen Krieg durch ein einziges Gefecht,* dachte er. *Mich kann man nicht für dumm verkaufen. Und Deborah wird ohne ihren Vater nicht mehr so frech und vorlaut sein.*

6. Kapitel

Was hatte er getan? Beim Leben Jahwes, wie konnte diese Katastrophe geschehen? Und was hatte er mit seiner ihm so lieben Tochter angestellt? Er kannte doch keinen Mann in Sichem. Der Name war ihm nur so eingekommen, weil Lapidoth ihn erwähnt hatte. *Lapidoth!* Das war vielleicht ein Ausweg. Er mußte unbedingt mit Lapidoth reden.

Er fand Lapidoth, der über eine Portion beschriftete Tontäfelchen nachdachte, die er in seinem Zelt auf einem niedrigen Tisch ausgebreitet hatte. Er blickte auf und sagte lächelnd: „Jahwes Segen sei mit dir, Schamer. Willst du meiner Karawane Leder mitgeben?"

Schamer schüttelte den Kopf. „Nein – ja – ich meine, ja. Kann ich einmal mit dir ganz im Vertrauen reden?" Er blickte unsicher auf die harten Männer, die vor Lapidoths Zelt lagerten.

Lapidoth folgte seinem Blick. „Mache dir dieser Leute wegen keine Sorgen, Schamer, die sind vertrauenswürdig." Lapidoth schenkte ihm aus einem Weinschlauch einen Becher voll ein. Aus Höflichkeit nahm der Gerber einen Schluck. Lapidoth betrachtete den kleinen bekümmerten Mann, der vor ihm saß. Seine Hände waren groß und voller Schwielen. Die Finger spielten nervös an der Lederschlinge seines Geldbeutels.

„Ich komme geradewegs von Sisera, Herr Lapidoth, und mache mir nun große Sorgen um meine Tochter. Es ist nicht einfach zu erklären, was dieser Mann für Gedanken im Kopf hat. Zuerst redet er von seinen Streitwagen, und im nächsten Augenblick schon von meiner Tochter." Schamer breitete seine Sorgen vor Lapidoth aus. „Kannst du sie mitnehmen? Die Reisekosten sind kein Problem."

„Natürlich, Schamer. Aber wenn sie erst in Sichem ist, wie soll es dann weitergehen?"

„Ich weiß es auch nicht. Es ist alles so verwirrend. Gemalli soll sie begleiten. Sie werden genug Geld für Unterkunft und Nahrung haben. Eine Tochter sollte nicht ohne den Schutz ihrer Familie bleiben." Ratlos breitete er die Hände aus. „Aber dann – ich weiß es auch nicht", murmelte er kopfschüttelnd.

Lapidoth erhob sich und ging zum Eingang des Zeltes, den er mit seiner großen Gestalt völlig ausfüllte. „Es ist klug von dir, Schamer, deine Tochter von hier wegzuschicken." Er dachte eine Weile nach und fügte dann hinzu: „Zunächst könnte sie auch im Haus meines Vaters bleiben. Es liegt in der Nähe von Sichem, in dem Dorf Schiloh."

Schamer preßte seine Hände zusammen. „Im Hause deiner Eltern wäre sie sicher. Ach, mein Herr Lapidoth, du bist wirklich ein guter Mann! Ich werde dir alles Geld bringen, das ich habe, damit sie im Haus deiner Eltern keine Last ist."

Lapidoth legte ihm tröstend die Hand auf die Schulter. „Nein, Schamer. Deborah ist eine Tochter Jahwes. Josua hat uns doch befohlen, zu unseren eigenen Leuten gastfreundlich zu sein." Ein Lächeln überzog sein vom Bart umrahmtes Gesicht. „Außerdem bekämpfen wir doch beide damit eine heidnische Unsitte, die von unserem Gott verurteilt wird."

Das war zu viel für den praktisch denkenden Schamer. Tränen traten in seine Augen. „Nicht alle von Jahwes Volk erinnern sich so gut an Josuas Forderungen. Ich muß bekennen, ich habe nicht immer die Leute von den anderen Stämmen so gut behandelt, wie du jetzt mich behandelst, Lapidoth. Du bist wirklich ein echter Herr unter uns Menschen."

„Gott vergilt uns das Gute reichlich, Schamer. Geh' nun und triff alle Vorbereitungen für die Reise deiner Kinder. Morgen bei Sonnenaufgang ziehen wir weiter. Deborah wird laufen müssen. Es tut mir leid, daß ich keinen Esel für sie übrig habe."

„Jahwe segne deine kommenden Generationen."

Lapidoth blickte nachdenklich der kräftigen untersetzten Gestalt des Gerbers nach. Sisera wurde von Jahr zu Jahr dreister. Wie lange würde es noch dauern, bis er die hier in den nördlichen Hügeln gelegenen Städte der Israeliten offen angriff? Wenn es ihm gelang, ganz Kanaan unter seine Herrschaft zu bringen, würde Ägypten in Zukunft vergebens auf seine Tributzahlungen warten. Vielleicht waren die Warnungen des alten Ältesten neulich gar nicht so falsch gewesen.

Lapidoth konnte sich noch an die Zeit erinnern, als ägyptische Garnisonen jede Hafenstadt und jeden wichtigen Paß kontrollierten, auch wenn sie weit entfernt von ihrem eigenen Land lagen. Damals wurden lange Kolonnen von Sklaven nach Ägypten getrieben, um für den Pharao zu arbeiten. Nun waren die arroganten Soldaten Ägyptens nur noch selten außerhalb ihrer Grenzen zu sehen. Karawanen, die stark genug waren, so wie seine eigene, hatten sich mittlerweile politische Immunität von den einzelnen kleinen Königen und Fürsten in Kanaan erkämpft und zahlten den sonst üblichen Tribut für das Durchzugsrecht nicht mehr.

Die Karawanenstraßen waren Lebenslinien, die sich quer durch die einzelnen Königreiche und Fürstentümer zogen. Ein Land, das seine Grenzen vor den Karawanen verschloß, tat dies zum Schaden seines eigenen Handels.

Doch nun begann Sisera, das Gleichgewicht der Kräfte mehr und mehr auszuhebeln, wenn auch noch nicht öffentlich. Lapidoth ließ seine Augen zu den Hügelketten schweifen, die den See Genezareth umgaben. Er war mittlerweile ziemlich sicher, daß die Banditen, die seine Karawane zwischen Astaroth und Damaskus belästigt hatten, im Sold von Sisera standen. Doch das war das Land der arabischen Stämme. Sisera hatte seine Anschläge noch nie auf dieser Seite des Jordans ausführen lassen. Warum sollte er Karawanen belästigen, wenn er damit Verdacht erregte, er wolle auf diese Weise seine Truhen mit Geld für einen kommenden Großangriff füllen?

Lapidoth nahm Schamers seltsame Erzählung, daß Sisera sein besonderes handwerkliches Können in seiner Hauptstadt Taanach benötige, sehr ernst. So ähnlich würde er es auch mit anderen Handwerkern machen und auf diese Weise Taanach zu einem Platz machen, der völlig unabhängig von anderen war. Was ihn wirklich verwunderte, obwohl er es Schamer gegenüber nicht erwähnt hatte, um ihn nicht noch ängstlicher zu machen, war das Interesse, das Sisera an Deborah zeigte.

❧

Als Schamer zu seinen wartenden Kindern zurückkehrte, befahl er: „Packt alle für die Reise nötigen Dinge zusammen und macht euch fertig!“

„Aber Vater, warum müssen wir fortgehen? Das ist nicht gerecht.“

„Wir müssen in unserer Bedrängnis die Führung Jahwes suchen, Deborah. Es gefällt auch mir nicht, die Blume meines Herzens fortzuschicken. Doch wenn du dadurch in Sicherheit bist, will ich damit zufrieden sein.“

❧

Nach einer Nacht, in der sie glaubte, ihr Herz sei so schwer wie ein Stein geworden, erwachte Deborah und weckte auch den Vater und den Bruder. Gemalli ging nach draußen, um den Esel zu füttern, den Lapidoth ihnen für ihr Gepäck herübergeschickt hatte.

Schweigend verzehrten Deborah und Schamer ihr einfaches Frühstück und tranken dazu Ziegenmilch. Sie zwang sich zu einem Lächeln, als sie sagte: „Ich fühle mich so, als würden wir ein Passahmahl essen."

Schamer nickte verdrießlich. „Heute morgen führt Jahwe uns nicht aus der Gefangenschaft heraus, sondern von unserem Heim hinweg."

„Ja, Vater, du sagst es. Aber wir müssen sicherlich in all dem die Hand Jahwes sehen und verstehen lernen, warum er uns von unserem Zuhause wegführt." Schamer legte seinen Arm um die Schulter seiner Tochter.

Gemalli betrat wieder das Haus. „Der Esel ist beladen, und ich habe ihn auch gefüttert. Er ist bereit, wenn wir es auch sind." Er machte sich dankbar über das Frühstück her, das seine Schwester ihm zurechtgestellt hatte und lächelte sie an. „Es erinnert mich an ..."

„Ja, an das Passahmahl", unterbrach Schamer ihn. „Uns allen geht es so. Bist du sicher, du hast alles fest genug verpackt, Sohn?"

„Du brauchst keine Sorge zu haben."

„Dann kommt."

Deborah blickte noch ein letztes Mal in dem Raum umher, in dem sie aufgewachsen war. Der ihr liebgewordene Herd. Die Wände, mit Leder behangen, die Leiter, die nach oben führte und die sie so oft repariert hatte. Sie trat hinaus in den grauenden Morgen. Tautropfen glitzerten auf den Büschen rechts und links des Weges. Der kleine Esel hatte ebenfalls sein Futter verzehrt und rupfte an den Grashalmen, die er erreichen konnte. Es war Erntezeit, und auf Wochen hinaus war kein Regen zu erwarten. Deborah band den Esel los und ging neben ihrem Bruder her.

Die Frage zog ihr durch den Kopf, ob sie wohl ihren Vater je wiedersehen würde. Mit einem schweren Herzen griff sie nach Gemallis Hand.

Sie wurden von den Geräuschen der Karawane begrüßt, noch ehe sie diese sehen konnten. Laute Rufe der Treiber, die den unwilligen Tieren die schweren Ladungen aufluden, durchdrangen die Morgenluft. Empörte Schreie der verärgerten Kamele waren zu hören und die Zurufe der Menschen, mit denen sie sich untereinander verständigten. Dazwischen ertönte der Hufschlag der reitenden Sodaten, die versuchten, Ordnung in die einzelnen Abteilungen der großen Karawane zu bringen.

Schamer und seine beiden Kinder gingen auf die Spitze der Karawane zu. Plötzlich schwang sich vor ihnen ein Mann von seinem riesigen Reittier. Deborah konnte ihre Augen nicht von diesem riesigen Krieger abwenden. Er war einen Kopf größer als all die Männer, die sie in Israel kannte, so groß wie die Philister aus den Geschichten, die ihr Vater ihnen oft erzählt hatte.

Gemalli stieß sie mit dem Ellbogen an. „Sieh zu, daß dir die Augen nicht aus dem Kopf fallen."

„Ich sah ihn, als die Karawane vor einigen Tagen in die Stadt einzog", flüsterte sie.

Kurz nahm Lapidoth Schamers Begrüßung zur Kenntnis. Auch er sah nun bestätigt, daß es sich bei der hochgewachsenen jungen Frau mit dem flammend roten Haar, die ihm bei der Ankunft am Marktplatz aufgefallen war, tatsächlich um die Tochter des Gerbers handelte. Sie hatte die durchdringenden Augen eines Jägers. Sogleich konnte er das Verlangen Siseras verstehen. Welche Frau schaute wohl mit einem solchen Blick in die Welt?

Wenn sie Furcht hatte, weil sie so plötzlich fliehen mußte, dann zeigte sie es jedenfalls nicht. Sie hob das

Kinn noch ein wenig höher, als sie sagte: „Mein Vater ist dir sehr dankbar, daß du uns unter deinen Schutz genommen hast. Wir werden uns sehr bemühen, dir nicht zur Last zu fallen."

Lapidoth blickte ein wenig amüsiert auf sie herab. „Das ist gut zu wissen", antwortete er. „Ihr werdet mit dem Metallschmied und seiner Familie reisen. Schamer, du kennst sie. Es sind die Keniter Heber und Jael."

Der große Mann warf einen prüfenden Blick auf den Esel. Dann sagte er: „Mit eurer Genehmigung wird einer meiner Männer eure Sachen nochmals umpacken. Wir haben nicht Zeit, unterwegs die ganze Karawane anzuhalten, wenn jemand Gepäckstücke verliert."

Als Lapidoth davonging, warf Deborah ihrem Bruder einen verschmitzten Blick zu. Gemalli blickte ein wenig beschämt zur Seite. Zu seinem großen Ärger warf der Soldat die ganze Ladung wieder herunter und begann völlig neu zu packen. Doch in wenigen Minuten hatte er die Arbeit beendet. Dann klopfte er dem Esel leicht auf das Hinterteil und führte ihn an der Karawane entlang.

Wortlos öffnete Schamer seine Arme und umschlang seine Kinder. Die drei klammerten sich fest aneinander. Nur mühsam kamen ihm die Worte über die Lippen, als er seine Kinder jetzt im Namen Jahwes segnete. Deborah war es, als würde ein Stück von ihr weggerissen, als sie sich jetzt von ihrem Vater löste. Doch ohne noch einen Blick zurückzuwerfen folgte sie dem Soldat und ihrem Bruder.

Da waren Kaufleute oder ihre Beauftragten aus Damaskus, Babylon und vielen anderen Städten, Männer mit einer so dunklen Haut wie Kohle oder so weiß wie Milch. Es gab Männer in feine Seide gekleidet, mit seltsam gebogenen Waffen in ihrem Gürtel, nubische Sklaven, die sich um die Tiere kümmerten. Auch eine Anzahl reiche Großfamilien waren dabei, die es sich leisten konnten, unter dem Schutz einer wohlbewaffneten Karawane zu reisen. Und überall dazwischen, und doch ein wenig abgesondert, als wären sie eine Extragruppe, die Soldaten, Treiber und Diener, die direkt zur Karawane des Herrn Lapidoth gehörten.

Deborah hatte manchmal flüstern gehört, daß diese Männer harte, gewandte, aber auch grausame Krieger seien, die jemanden töten konnten, ohne eine Wunde an ihm zu hinerlassen und die ebenso rücksichtslos ein Kind im Arm der Mutter wie einen Feind auf dem Schlachtfeld töteten.

Der Soldat, der ihren Esel führte, blieb nun stehen. Deborah warf einen Blick auf weite, mit hellen Farben eingesäumte Roben. Das mußten die Keniter sein. Ihr Vater hatte ihnen nur noch sagen können, daß sie sich vor den Kenitern nicht zu fürchten brauchten, obwohl diese Jahwe auf eine etwas seltsame Weise dienten.

Doch trotz ihres Kummers wurde Deborahs Herz ermutigt. Jahwe würde sie beschützen, und Gemalli war an ihrer Seite. Sie begannen nun eine Reise durch ein fremdes und für sie neues Land. Eifrig blickte sie sich nach allen Seiten um, ob sie Lapidoth irgendwo sehen konnte.

Sie konnte es kaum mehr erwarten, bis die Karawane sich in Bewegung setzte.

7. Kapitel

Gegen Mitte des Vormittags war der Tau auf den Blättern der Büsche und Bäume vertrocknet, und die Frische des Morgens ging langsam in Hitze über, und Schatten gab es nicht. Die Karawane zog am Ufer des Sees von Galiläa südwärts zum Fluß und folgte dann dem grünen Streifen von Vegetation, der sich rechts und links des Jordans hinzog. Gelegentlich erweiterte sich dieser grüne Streifen in einen Kanon hinein, aus dem ein kleiner Bach dem Jordan zufloß.

Für die meiste Zeit führte Lapidoth die Karawane auf einem Weg etwas oberhalb des grünen Gürtels, da er sie hier besser übersehen konnte. Überall, wohin Deborah blickte, sah sie einen seiner Männer auf dem Rücken eines Pferdes; auf den Hügeln im Westen und unten am Flußufer. Aufmerksam nach allen Seiten spähend, ritten sie immer vorwärts und wieder zurück an der Karawane entlang.

Während Deborah neben Jael ging, bemerkte sie, wie Gemallis Schritte und auch sein Gespräch, das er mit Heber, dem Metallschmied, führte, immer lebhafter wurden. Seit sie am frühen Morgen Hammath verlassen hatten, war seine Anteilnahme an allem, was um sie geschah, immer größer geworden.

„Wie kommt es, daß auch ihr zu Jahwe betet, obwohl ihr keine Israeliten seid?“ hörte sie ihren Bruder fragen.

„Gewiß“, bestätigte Heber. „Die Keniter leben viel

weiter südlich, im Sinai. Doch Metallarbeiter müssen ihrem Handwerk nachgehen. So wie bei eurer Gerberei, Gemalli, gibt es auch für uns in einer kleinen Stadt zu wenig Arbeit, aber seit wir Lapidoth trafen, floriert unser Geschäft. Wir arbeiten in jeder Stadt, in die die Karawane kommt, und sind für die restliche Zeit frei wie die Vögel."

„Frei, um immer wieder in Schwierigkeiten zu geraten, meinst du doch", warf Jael ein. „Wäre da nicht Lapidoth, lieber Gatte, könnten wir wahrscheinlich schon seit Jahren nicht mehr mit der Karawane ziehen."

Heber blickte zu seiner Frau hin und lächelte nachsichtig. „Lapidoth machte uns mit seinem Gott Jahwe bekannt und nahm uns in die Karawane auf. Und nun ..."

„Und nun sind wir seit einer ganzen Reihe von Jahren auch schon Kinder Jahwes", unterbrach Jael ihn. Das Gewand, das sie trug, zeigte die gleichen Farben und Muster wie das ihres Gatten, so daß man leicht erkennen konnte, daß sie zusammengehörten.

„Es ist sehr schade, daß euer Vater in diesem Jahr nicht am Fest der Erstlingsfrüchte und dem großen Treffen der Stämme in Sichem teilnehmen kann", bemerkte Heber.

„Wir nehmen das erste Mal daran teil", antwortete Gemalli. „Was sollte ein Gerber denn bei einem solchen Treffen? Unser Vater gibt Jahwes Zehnten zu dem Priester in Hammath. Er muß ja auch leben, sagt Vater immer."

„Ich möchte das Fest nicht versäumen", sagte Heber voll Vorfreude.

„Er ist wie alle Männer", wandte sich Jael jetzt laut genug an Deborah, so daß Heber ihre Worte gut hören konnte. „Er gibt vor, daß er um Jahwes willen zum Fest geht. Doch eigentlich sind es weniger die Worte und mehr der Wein, worauf er sich freut."

„Sei endlich still, Frau“, ärgerte sich Heber, „sonst werde ich dich für eine Weile bei den Ziegen mit anbinden.“

„Mit den Ziegen zu schlafen dürfte eine ganz nette Abwechslung sein. Jedenfalls riechen sie besser“, gab Jael zurück.

Nun brach Deborah in lautes Lachen aus. Als sie Jael jetzt näher musterte, bemerkte sie, daß aus ihrem wettergegerbten Gesicht zwei fröhliche und gleichzeitig durchaus scharfe Augen in die Welt blickten. Ihr äußeres Aussehen schien Jael wenig auszumachen. Sie mochte etwa ein Dutzend Jahre älter sein als Deborah – fast schon im mittleren Alter. Das energische Kinn und die leicht gerundeten Wangen schienen Deborah eine etwas rücksichtslose Einfachheit anzudeuten, so daß Deborah sich mit Bemerkungen zurückhielt.

Jael überraschte sie mit einem schnellen Blick aus den Augenwinkeln. „Was hast du, meine Liebe? Fürchtest du meine bissige Zunge?“ fragte sie.

„O nein“, lachte Deborah. „Du bist nur so anders als die Frauen, die ich in Hammath kenne.“

Jael grinste breit und zeigte dabei schneeweiße Zähne. „Habe keine Sorge, auch du wirst dich an dieses Leben gewöhnen.“

„Aber wo lebst du denn?“ fragte Deborah.

„Hier!“

„In der Karawane? Dein ganzes Leben spielt sich hier ab?“ wunderte sie sich.

„So ist es.“ Jael lachte wieder.

„Und wohin geht ihr?“

Jaels Gesicht bekam einen energischen Ausdruck, als sie antwortete: „Nach Beth-Schean, Jericho, Sichem, Jaffa, Rephaim, Pelusium, über den Fluß von Ägypten.“ Die fremden Namen, von denen Deborah nie etwas gehört hatte, rollten nur so aus ihrem Mund.

„Und welche davon ist eure Heimatstadt?“ wollte Deborah wissen.

„Sie alle“, antwortete Jael. „Metallschmiede werden in jeder Stadt gebraucht. Unser Heim ist da, wo wir jeweils unser Zelt aufbauen.“

„Geht ihr auch in Städte der Kanaaniter?“

Nun war Jael überrascht. „Natürlich!“ nickte sie.

„Aber sie beten falsche Götter an und bringen immer noch Menschenopfer. Jahwe kann sie deshalb nicht ertragen.“

„Wir lieben sie nicht, Deborah, Tochter Schamers. Wir reparieren ihre Töpfe und Schüsseln. In der Stadt Pharaos, wo wir unser Kupfer und anderes Metall kaufen, fragt man uns auch nicht, welchen Gott wir anbeten, ehe man uns verkauft, was wir brauchen. Warum sollten wir sie fragen, ob sie den Baal oder die Astarte oder irgendeinen anderen Götzen anbeten, ehe wir ihre Werkzeuge und Gefäße reparieren?“

Deborah holte tief Luft. „Aber das ist Gotteslästerung!“ stieß sie hervor.

„Wieso?“ Jael blickte sie herausfordernd an. „Jahwe beschützt uns. Wir folgen den Gesetzen Moses, und wir betrügen niemand.“

„Wie kannst du so von Jahwe reden, wo du doch nicht einmal eine Israelitin bist?“

„Ihr Leute von Naphtalie scheint mir einen recht beschränkten Horizont zu haben.“ Verwundert schüttelte Jael den Kopf. „Ich rede von Jahwe, weil Er unser Gott ist und weil wir Seine Gebote befolgen.“

In Deborahs Gedanken herrschte ein ziemliches Durcheinander. Wie konnte diese Heidin es wagen, so frei von ihrem Jahwe zu sprechen? Von Jahwe, der in den Winden wohnte, die über die Berge hinstrichen, und der zu ihr, Deborah, sprach. Sie fühlte so etwas wie Eifersucht.

Jael musterte sie amüsiert. „Wie alt bist du, Deborah?"
„Fast sechzehn."
„Oh! Warum hat dein Vater dich dann noch nicht verheiratet?"
„Ich – ich fühle mich noch nicht bereit für eine Ehe."
Jael zuckte mit den Schultern. „Was könnte es denn anderes geben? Die Aufgabe einer Frau ist es, ihrem Gatten Söhne zu gebären, damit dessen Familie nicht ausstirbt." Ihre Augen wanderten zu ihrem Sohn, dessen Arme auf einem der Esel lagen, der vor ihnen ging. „Jahwe hat uns nur diesen einen Sohn, Ehi, gegeben. Ich habe noch zwei Töchter geboren, doch sie sind nicht am Leben geblieben." Jael blickte nachdenklich in die Ferne.
Deborah folgte ihrem Blick, konnte aber außer der in der Sonne blinkenden metallenen Spitze eines Speeres, der von einem berittenen Soldaten getragen wurde, nichts weiter erkennen.
Jael fügte nun hinzu: „Wir führen ein gutes Leben, Deborah. Wir Metallarbeiter sind friedliche Leute, und wir sind überall willkommen. Deshalb sind wir Jahwe auch dankbar und bringen Ihm bereitwillig unsere Opfer von unserem Verdienst."
Deborah wäre es schwergefallen, Jael nicht zu mögen, obwohl sie eine Heidin war. Ihre Offenheit war erfrischend. Sie hoffte von ganzem Herzen, Jahwe möge ihr vergeben, weil sie so eng mit Heiden zusammenlebte. Vielleicht würde sie Jahwe bitten, nicht zornig auf diese Heiden zu sein, weil sie Ihn auch als ihren Gott in Anspruch nahmen. Er war doch der Gott der zwölf Stämme.
Plötzlich rief Jael laut: „Ehi!"
„Ja?" antwortete dieser mürrisch.
„Gib auf die Tiere acht. Sie weichen vom Weg ab und fressen Gras, wenn du nicht aufpaßt."
Ehi gähnte und sammelte eine Handvoll Steine, die er dann sehr zielgenau nach den zurückbleibenden Ziegen

und Schafen warf. Die Tiere beeilten sich, wieder in die Reihe zu kommen.

Endlich sah Deborah in einiger Entfernung eine Gruppe größerer Palmen, die eine Oase ankündigten. Bald hatten sie diese erreicht und machten in ihrem Schatten Mittagsrast. Die Tiere schrien nach Wasser, während die Reisenden ihr Mittagsmahl herrichteten. Auch Deborah packte für sich und Gemalli Datteln, Oliven, Feigenkuchen und Ziegenkäse aus, während ihr Bruder den Esel mit Wasser versorgte und dann Heber half, seine Tiere zu tränken. Jael bestand darauf, daß sie eine Schüssel frischer Ziegenmilch dazu annahm.

Während die einzelnen Gruppen der Karawane ihr einfaches Mittagsmahl zu sich nahmen, die Hauptmahlzeit wurde gewöhnlich abends gegessen, kehrte langsam Ruhe im Lager ein. Lapidoth hatte sorgfältig darauf geachtet, daß an allen wichtigen Plätzen bewaffnete Wachen standen, so daß die Karawane nicht durch einen plötzlichen Überfall überrascht werden konnte.

Als in der Mitte des Nachmittags die Schatten wieder länger wurden und die größte Hitze vorüber war, rief Lapidoth zum Aufbruch. Gestärkt und erfrischt nahmen Deborah und Gemalli ihren Platz neben Heber, Jael und Ehi wieder ein. Der Nachmittag wurde noch lang, bis in den Abend hinein. Doch Deborah fand unermüdlich jeden neuen Horizont faszinierend. Immer wieder beobachtete sie die vorbeireitenden Soldaten. Viele von ihnen hatten eine hellere Haut, doch andere waren auch so schwarz wie die meisten der einfachen Kameltreiber. Plötzlich wurde ihr bewußt, daß sie eigentlich immer Ausschau hielt, um einmal einen Blick von Lapidoth zu erhaschen. Seine hohe und breitschultrige Gestalt und das helle Haar, das unter dem Helm hervorquoll, waren unverkennbar. Doch Lapidoth blieb den ganzen Nachmittag in weiter Entfernung.

Als endlich die Sonne sich schon fast hinter die westlichen Hügel senkte und die Dämmerung hereinbrach, verließen sie die südliche Richtung am Fluß entlang und zogen westwärts durch ein steiles Tal, durch das ein fast ausgetrockneter Bach zum Jordan floß.

„Wo sind wir jetzt?“ fragte Deborah Jael.

„Wir kommen bald nach Beth-Schean.“

Das Bachbett war voller größerer und kleinerer Felsblöcke und Steine, so daß Menschen und Tiere besonders vorsichtig gehen mußten, um sich nicht zu verletzen. Ab und zu sahen sie über sich, am oberen Rand des Tales, einen Soldat vorüberreiten.

Der Ort Beth-Schean lag in einem fruchtbaren, schon tropisch anmutenden Tal. Er erhielt sein Wasser von mehreren Quellen. Die Häuser standen wie an der Schnur aufgereiht rechts und links am Talrand und ließen in der Mitte für eine sehr große Wiese mit hochstehendem Gras und alten Eichen Raum, die kühlenden Schatten spendeten.

Lapidoth trabte auf die Kuppe eines kleinen Hügels inmitten eines großen freien Platzes, wo die Karawane lagern würde. Während er aufmerksam zu dem Bergpaß im Westen von Beth-Schean spähte, machte sich ein wenig Sorge auf seinem Gesicht breit. Während der ganzen Reise von Hammath nach hier hatten sie nichts von der Anwesenheit kanaanitischer Söldner bemerkt. Er war sicher, daß seine erfahrenen Späher sie entdeckt hätten, wären solche in der Nähe gewesen. Doch wie viele Banditen konnten in den Bergen im Westen verborgen sein, die sie durchqueren mußten, wenn sie wieder aufbrachen?

Unter ihm zog die kenitische Familie zu ihrem Lagerplatz. Sein Blick und seine Gedanken konzentrierten sich jetzt auf die schlanke anmutig vorüberschreitende Gestalt Deborahs. Dabei verspürte er eine seltsame Regung in seinem Herzen. Welche Söhne würde eine solche Frau wohl gebären? Zum ersten Mal kam Lapidoth der Gedanke an eine Heirat. Er würde zu Deborahs Bruder darüber sprechen.

8. Kapitel

Während Ehi und Gemalli sich um die Tiere kümmerten, baute Jael ihr Zelt auf. Sie hatte es so schnell errichtet, daß Deborah nur staunen konnte. Mit in die Hüften gestützten Händen warf sie nun Deborah einen herausfordernden Blick zu. „Wartest du darauf, daß Jahwe die Arbeit für dich tut?“ fragte sie ein wenig spöttisch.

Deborah blickte auf den Zeltpacken, der vor ihr lag, und an dem sie hilflos einmal hier und dann wieder da zog. Endlich sagte sie achselzuckend: „Ich weiß nicht, was ich zuerst machen muß.“

„Dummes Mädchen“, sagte Jael und nahm ihr den Holzhammer und die Pflöcke aus der Hand. „Da siehst du, was man lernt, wenn man in gemauerten Häusern wohnt.“

Deborah sah zu, als Jael mit erfahrenen Handbewegungen das Zelt in der richtigen Weise auslegte. Etwas verschüchtert fragte sie Jael, ob sie in der Zwischenzeit das Abendbrot für alle fünf vorbereiten sollte.

„Natürlich“, antwortete Jael prompt. „Das hindert dich außerdem daran, fortwährend nach den bewaffneten Rauhbeinen zu schauen, die den ganzen Nachmittag versucht haben, deine Aufmerksamkeit auf sich zu ziehen.“

Schnell wuchs nun auch Deborahs Zelt neben dem der Keniter. Deborah würde im Zelt schlafen, und Gemalli mit Ehi draußen im Freien. Als Jael die Arbeit beendet hatte, kamen auch schon die ersten Einwohner von Beth-Schean über die große Wiese heran.

Bald wurden Heber und Jael mit reparaturbedürftigen Gefäßen, Pflugscharen und anderem Werkzeug eingedeckt, so daß sie den ganzen Abend würden fleißig arbeiten müssen. Ehi hatte ein mächtiges Feuer in Gang gebracht, und Heber packte eine Anzahl größerer Schöpflöffel aus, in denen er Metall erhitzen wollte, als Jael rief: „Gatte, schau dir das einmal an!"

„Was hast du da?"

„Diese Frau hier verkauft einen sehr schönen Anhänger. Kaufe ihn doch für mich."

Gut gelaunt ließ Heber seine Werkzeuge liegen, um den Anhänger zu betrachten, der seiner Frau so gefiel. Es war ein hübsches Stück, mit Türkis-Steinen ausgelegt. Heber blickte die Verkäuferin verächtlich an. „Das ist ja eine armselige Arbeit, da kann ich gut verstehen, warum du das Ding loswerden willst."

„Was?" rief die Frau empört.

Deborah schaute belustigt zu, während Heber und die Frau um das Schmuckstück handelten. Endlich waren sie über den Preis einig geworden und Heber verschwand im Zelt. Eine ganze Weile verging, und die Verkäuferin trat schon ungeduldig von einem Bein auf das andere. Jael blickte immer wieder von der Frau zum Zelt hin, während ihr Gesicht einen immer besorgteren Ausdruck annahm. Endlich erschien Heber wieder. Sein Gesicht war ganz blaß, und Schweiß stand auf seiner Stirn. Mit heiserer Stimme sagte er: „Unser Silber ist verschwunden."

Jael stieß einen Schrei aus. „Du hast sicher nicht richtig nachgeschaut, Gatte!" rief sie. „Hier!" Damit drückte sie der Frau den Anhänger wieder in die Hand und folgte Heber ins Zelt. Doch beide kehrten mit leeren Händen zurück. Angst lag auf ihren Gesichtern. Sie schienen alles Geld verloren zu haben, das sie bei sich hatten, überlegte

Deborah. Sie blickte zu Ehi hin. Doch der Junge schien ganz mit seiner Arbeit beschäftigt zu sein. Diebe in der Karawane? Deborah spürte, wie Ärger in ihr aufstieg. Hauptmann Lapidoth mußte davon sofort unterrichtet werden.

Gedacht – getan, sie eilte davon, um Lapidoth zu suchen. Sie fand ihn an einem Feuer sitzen mit einigen seiner Männer. Vor sich hatte er eine Schüssel mit seinem Abendessen. Die Männer lachten gerade herzhaft, so daß Deborah der Mut verließ, an das Feuer zu kommen. Sie zog sich zu einer in der Nähe stehenden Eiche zurück und wartete darauf, daß er sein Abendbrot beendete.

Lapidoth, der sie bemerkt hatte, kam bald zu ihr und fragte: „Tochter von Schamer, hast du ein Anliegen?"

Deborahs Herz klopfte heftig. Sie fand, daß sie ihn nicht oft genug anschauen konnte.

„Nun?"

„Ich ... ich ..." stammelte sie. „Ich wollte dir nur mitteilen, daß aus Hebers und Jaels Gepäck eine Menge Silber verschwunden ist. Sie suchen gerade jetzt noch danach. Ich dachte, du solltest es wissen."

„Hat Heber dich zu mir geschickt?"

„Nein, aber ich dachte ..."

„Meinst du nicht, ich sollte warten, bis Heber selbst zu mir kommt?"

„Aber irgendeine böse Person hat ihr Silber gestohlen."

„Das mag so sein, aber es ist nicht deine Angelegenheit, Deborah."

„Aber deine Männer ..."

Lapidoth runzelte die Stirn und blickte sie etwas verärgert an.

Deborah hob ihren Kopf ein wenig höher. „Ich meine, wie gut kennst du deine Männer? Sie sehen aus wie eine Bande von Räubern."

„Genau so wünsche ich mir, daß sie aussehen sollen, um andere abzuschrecken. Oder möchtest du lieber von einem Haufen Eunuchen bewacht werden?“

Deborahs Gesicht wurde rot. „Ich bitte um Verzeihung, Herr. Du hast sicher recht, es ist nicht meine Angelegenheit“, sagte sie, drehte sich um und ging davon. Ärgerlich dachte sie: *Jahwe, befreie mich von diesen dickköpfige Männern, die du mir in den Weg gestellt hast.*

Lapidoth beobachtete amüsiert ihren Rückzug. Doch plötzlich wurde seine Aufmerksamkeit durch die laute Stimme von Ira, seinem Stellvertreter, gefangen genommen.

„Ha, du bist wie eine Katze! Hier ist ein junger Bengel für dich, Lapidoth. Aber sei vorsichtig, er ist kräftiger als man denkt.“ Ira zwang einen jungen Mann, sich vor Lapidoth auf den Boden zu legen und setzte ihm einen Fuß in den Rücken. „Ich habe ihn erwischt, als er um unsere Pferde herumschlich.“

Lapidoth machte eine Handbewegung, und Ira zog seinen Fuß zurück. Der junge Mann erhob sich und klopfte den Staub von seiner Kleidung. Er war mittelgroß und ein wenig zu schlank, als habe er in letzter Zeit nicht genug zu essen bekommen. Sein Haar hatte die Farbe reifer Datteln und hing in langen Locken rund um sein Gesicht und in das Genick. Er war glatt rasiert, wie es unter den reichen Kanaanitern üblich war.

„Bitte halte mich nicht für einen Sklaven“, sagte er. „Ich suche Lapidoth, den Philister. Und wenn du dieser Mann bist, dann will ich mich vorstellen. Mein Name ist Joasch.“

„Sklave?“ Ira zog die Augenbrauen hoch.

Hamid und eine Anzahl anderer Männer betrachteten Joasch neugierig. „Seinem Akzent nach ist er ein Kanaaniter, Herr“, sagte Hamid leise. „Ich vermute, er ist ein Spion König Siseras.“ Hamid war weit in der Welt herumgekommen und war schon vielen Beschäftigungen nachgegangen. Er beherrschte mehrere Sprachen und konnte viele Dialekte voneinander unterscheiden.

Lapidoth blickte sich im Lager um. Es war mittlerweile ganz dunkel geworden, und unter den Eichen konnten sich durchaus Räuber versteckt halten. Er blickte Ira an und nickte ihm zu. Daraufhin winkte dieser eine Anzahl Soldaten herbei, und diese verschwanden mit bereitgehaltenen Waffen in der Dunkelheit.

Endlich wandte Lapidoth sich an Joasch, der einen müden Eindruck machte. „Für einen Bauer ist deine Sprache jedenfalls sehr ordentlich", stellte er fest und fügte hinzu: „Friede sei mit dir."

Joasch blickte Ira an und sagte dann zu Lapidoth: „Ich möchte mit dir sprechen."

Lapidoth nickte. „Du bist hier sicher. Setz dich und rede." Er reichte dem Erschöpften einen Weinschlauch und wartete, bis dieser einen großen Schluck genommen hatte.

„Was sucht ein Kanaaniter in unserem Lager?" fragte Lapidoth.

„Ich bin ein Habiru."

Lapidoth blickte zu Hamid hin. Dieser zuckte mit den Schultern.

„Entschuldige meine Frage, Joasch; aber wer sind die Habirus?"

„Die ärmsten Burschen auf der Erde, und Sisera haßt uns mehr als alle anderen. Wir sind Kanaaniter, aber nicht besser als Sklaven. Meine Familie besitzt seit Abrahams Zeit Land. Andere Könige haben von uns immer den Zehnten gefordert, aber Sisera nimmt uns die ganze Ernte weg. Wenn er in gnädiger Stimmung ist, gibt er uns so viel zurück, daß wir gerade davon leben können. Um am Leben zu bleiben, müssen wir stehlen. Deshalb sind wir seine Feinde."

„Wen bestehlt ihr denn?"

„Karawanen vielleicht", warf Hamid ein. „Jeder scheint einen Grund zu haben, Karawanen zu bestehlen."

„Wir haben noch nie Lapidoths Karawanen bestohlen", erwiderte Joasch.

„Natürlich nicht", lachte Ira. „Ihr wäret nicht mehr am Leben, wenn ihr es versucht hättet."

Lapidoth bewunderte die Kühnheit des jungen Mannes ein wenig und fragte: „Warum bist du zu uns gekommen?"

Joasch schien zu zögern, dann platzte er heraus: „Man jagt mich in Kanaan!" Er wies auf sein rechtes Ohr. „Siehst du diesen Stift, Hauptmann Lapidoth?" Joasch griff nach einem Stück Metall, das durch sein Ohr gebohrt war. Auf beiden Seiten des Ohrs war es flachgepreßt worden, und ein Siegel war eingraviert.

Hamid betrachtete es näher. „Bei den Göttern, er ist ein königlicher Sklave, Lapidoth!" rief er. „Ich kenne das Siegel, es ist das von Sisera."

„Ich bin vor etwa einem Jahr Sisera entflohen", berichtete Joasch. „Eine ganze Zeitlang war ich sicher. Doch letzte Woche haben mich zwei seiner Männer in Beth-Schean erkannt."

Lapidoths Augen verengten sich. „Das ist ja interessant", meinte er. „Und wie bist du Siseras Sklave geworden?"

„Das ist meine Sache."

„Aber du bist jetzt hier, und das macht es auch zu unserer Sache", widersprach Lapidoth. „Dies ist eine Kaufmanns-Karawane. Wir haben keinen Krieg mit Sisera oder sonst jemand."

„Aber du bezahlst den Dienst deiner Männer mit Silber, und du beschützt sie auch, habe ich gehört. Ich möchte als freier Mann für dich arbeiten."

„Und was, glaubst du, könntest du für uns tun?" fragte Lapidoth.

Joasch blickte ihn überrascht an. „Als Soldat natürlich."

„Als Soldat?" Lapidoth blickte Ira an. „Was meinst du dazu?"

„Ich denke, ein Soldat sollte kräftiger sein als dieser dürre Bursche", sagte Ira abschätzig.

„Ich kann ebensogut einen Mann töten, wie es deine Leute können", beteuerte Joasch.

Lapidoth schüttelte den Kopf. „Ich habe aber schon genug Soldaten, kannst du noch etwas anderes?"

Joasch seufzte. „Ja", murmelte er dann widerwillig.

„Und was ist das?"

„An Siseras Hof war ich ein Schreiber."

„Ein Schreiber!" Ira schlug sich lachend auf die Schenkel. „Und jetzt möchtest du Soldat spielen!"

„Ich habe mich ein ganzes Jahr durch meine Schlauheit durchgeschlagen", gab Joasch zurück.

Nun warf Hamid ein: „Ein Schreiber? Lapidoth, ich könnte einen Schreiber gebrauchen."

Ira erhob sich, ergriff Joaschs Hand und betrachtete sie. „Dann sage mir, Schreiber, wie du zu den Schwielen an deinen Händen gekommen bist?"

Joasch zog seine Hände weg, doch Lapidoth ergriff sie jetzt und betrachtete sie. „Du warst vielleicht zuerst ein Schreiber", sagte er nachdenklich. „Doch dann hat Sisera dich zu schwerer Handarbeit eingeteilt."

„Ja", gab Joasch zögernd zu. „Ich war dann ein Steinhauer."

„Und da hat Sisera dir auch den Stift in das Ohr bohren lassen?"

„Ja."

„Wir haben hier also einen *Hans Dampf in allen Gassen*", spottete Ira.

Joasch warf Ira einen bösen Blick zu. „Ich werde jetzt nichts mehr sagen", erklärte er.

Lapidoth lehnte sich zurück und betrachtete ihn aufmerksam. Ein Schreiber war eine sehr wertvolle Person. Was war geschehen, daß man den Schreiber zum Sklaven und Steinhauer gemacht hatte?

„Wir werden dir bis Sichem Sicherheit gewähren", nickte er endlich. „Dort wirst du als Schreiber sicher eine ordentliche Anstellung finden."

Joasch blickte ihn verzweifelt an. „Aber ich ..."

„Du bist kein Soldat, Joasch", sagte Lapidoth freundlich. „Und die Israeliten haben keine Armeen."

„Aber ich habe von euren Armeen gehört."

„Wenn Jahwe uns ruft, ziehen wir in den Kampf. Doch anschließend gehen wir wieder nach Hause. Jahwe hat es nicht nötig, sich mit Soldaten zu umgeben, um König zu sein."

Diese Worte verwirrten Joasch, und das um so mehr, als Lapidoth nun noch hinzufügte: „Wer weiß, vielleicht bekommst du schon vor Sichem die Gelegenheit zu kämpfen."

Joasch nickte resigniert. „In Ordnung. Und vielen Dank, daß du mich mitnimmst. Ich werde dir das nicht vergessen."

„Ira, weise ihm einen Schlafplatz zu", befahl Lapidoth.

„Meinst du, daß wir ihm trauen können?" gab Ira zu bedenken. Doch als Lapidoth die Stirn runzelte, fügte er schnell hinzu. „In Ordnung, Herr. Komm mit, Habiru!"

Lapidoth wartete, bis die beiden gegangen waren, dann blickte er Hamid an. „Was meinst du?"

„Es gibt unter den kanaanitischen Stämmen tatsächlich einige, die sich *Habiru* nennen. Und sie haben auch einen besonderen Haß auf die kanaanitischen Könige. Doch manche sagen, diese *Habirus* seien eher Banditen." Er dachte nach, ehe er fortfuhr: „Früher, als ich noch mit anderen Karawanen als den deinen reiste, Lapidoth, wurden wir manchmal überfallen. Doch ich kann nicht sagen, ob die Räuber *Habirus* waren. Banditen stellen sich gewöhnlich nicht vor."

Lapidoth mußte über diese Feststellung lachen.

Hamid erhob sich, um schlafen zu gehen, doch er fügte noch hinzu: „Es wäre ein schlechter Scherz, wenn wir den Wolf eingeladen hätten, um mit unseren Schafen zu essen. Gute Nacht, Lapidoth."

Lapidoth blieb noch allein am Feuer sitzen. *Ob Joasch ein Spion Siseras war? Vielleicht wollte sich der Sklave dadurch seine Freiheit verdienen?* überlegte er. Er würde Ira beauftragen, ihn unter Beobachtung zu halten. Doch seine innere Unruhe ließ ihn nicht los.

Deshalb erhob er sich und ging zum Feuer der Keniter. Doch hier fand er nur Deborah vor, die schweigend in die niedrigen Flammen starrte.

„Guten Abend, Deborah", grüßte er.

„Guten Abend, mein Herr." Deborah lächelte. „Ist es nicht ein schöner Abend? An solchen Abenden möchte ich lange Wanderungen unter den Sternen unternehmen!"

Nun mußte auch Lapidoth lächeln. „Ich habe gar nicht gewußt, daß du so romantisch veranlagt bist. Doch zur Sache: Ich muß mit Gemalli reden."

„Er ist weggegangen, um mit dem Fremden zu sprechen, der heute abend ins Lager kam."

„Dann sollte ich mit dir reden."

Schnell erhob sich Deborah und brachte eine Matte aus dem Zelt, auf der Lapidoth sitzen konnte. Als er Platz genommen hatte, begann er: „Deborah, du mußt mir die ganze Geschichte vom Umzug deines Vaters nach Taanach erzählen. Er glaubt offensichtlich, dies sei der einzige Weg gewesen, um dich zu beschützen."

„Ist mein Vater in Gefahr?" fragte sie ängstlich.

Er runzelte die Stirn. „Deborah, beantworte meine Frage nicht mit einer Gegenfrage."

„Ich stelle meinem Vater immer viele Fragen."

„Ehe du die seinen beantwortet hast?“

Deborah ließ den Kopf sinken. „Nein, mein Herr. Ich werde deine Frage beantworten, obwohl ich mich deshalb schämen muß. Vater schickte mich fort, weil ich mich weigerte, ihn nach Taanach zu begleiten. Es – es ist eine heidnische Stadt.“

„Warum will er überhaupt nach Taanach gehen?“ forschte Lapidoth.

„Ich wünschte, ich wüßte es. All die vielen Jahre haben wir ein ruhiges Leben geführt. Doch nun ist alles anders. Vielleicht bin ich schuld, weil ich sehr unhöflich mit Sisera gesprochen habe.“

„Du hast mit Sisera gesprochen? War das, ehe er eure Familie aufforderte, nach Taanach zu kommen?“

„Ja, Herr, ich watete gerade im Wasser des Sees von Galiläa. Er sprach mich an, weil er meinen Vater suchte. Zwei Tage später schickte er Boten, die uns aufforderten, nach Taanach umzuziehen.“

„War das ein Befehl?“ forschte Lapidoth weiter.

„Nicht ganz genau. Doch mein Vater ist eigentlich kein ängstlicher Mann, aber diesmal fürchtete er sich. Zwar nicht um sich selbst, aber um uns.“

„Und was geschah dann?“

Deborah schüttelte den Kopf. „Mir war klar, daß ich nicht gehen durfte.“

„Warum nicht?“

Debohras Worte klangen nun erregter: „Jahwe sagte mir das.“

Lapidoth mußte ein Lachen unterdrücken. „Sagte Er dir auch, warum?“ wollte er wissen.

„Er hat mir überhaupt nichts gesagt“, fuhr sie auf. „Ich wußte es einfach. Warum willst du das so genau wissen? Jetzt mußt du meine Frage beantworten.“

Lapidoth schien nachzudenken. Vorsichtig antwortete er dann: „Ich hörte, daß Sisera fortwährend nach jungen

Mädchen Ausschau hält. Es wäre möglich, daß er eigentlich dich haben wollte."

„Dann ist mein Vater in Gefahr", rief sie.

„Nicht unbedingt", überlegte Lapidoth. „Doch es wäre möglich, daß Sisera ihn unter Druck setzt, damit er dich überredet, zu ihm zu kommen."

„Aber mein Vater ist ein freier Bürger!"

Nicht mehr, dachte er. Lapidoth betrachtete sie aufmerksam. Ihre Sorge schien nur ihrem Vater zu gelten. Ganz gleich, er würde sich jedenfalls um sie kümmern. „Mache dir keine Sorgen um Schamer, Deborah. Männer mit seinen handwerklichen Fähigkeiten sind zu wertvoll, um sie zu schädigen. Sisera wird ihm einer Frau wegen nichts tun, nicht einmal, wenn es sich um ein Juwel wie dich handelt."

Deborah wurde rot und schlug die Augen nieder. Schüchtern sagte sie: „Ich danke Jahwe dafür, daß ich hier sein darf."

Lapidoth fühlte, wie sein Herz bewegt wurde. Er würde Gemalli ohne weitere Verzögerung aufsuchen.

9. Kapitel

In dieser Nacht hatte Deborah einen seltsamen Traum. Sie konnte nicht atmen, ohne das Gewicht von Jaels gestohlenem Silber auf ihrer Brust zu fühlen. Doch am Morgen sprach sie mit niemand darüber, sondern bereitete ziemlich einsilbig das Frühstück für Gemalli und die Heberfamilie. Sie selbst hatte beschlossen zu fasten.

Als die Morgenarbeit getan war, ging Deborah auf einen kleinen Hügel über dem Lager. Durch die Eichen hindurch konnte sie in der Ferne das dünne Band des Jordans sehen. In dem hohen Gras kniete sie nieder und betete zu Jahwe. Besonders ging es ihr dabei um die Bedeutung des nächtlichen Traums. Ein leichter Wind spielte mit ihrem Haar, und sie hörte um sich das Summen der Insekten. War dies auch Jahwes Stimme? Plötzlich füllte ein tiefer Friede ihr Herz. Jahwe hatte ihr die Last hinweggenommen.

Nach einer Weile begann sie ein fröhliches Lied zum Preis Jahwes zu singen. Sie sprang auf und lief schnell den Hügel hinunter.

„Jael!“ rief sie, als sie sich ihren Zelten näherte. „Jael!“ Sie fand Jael, die dabei war, mit einem Holzhammer ein Stück Kupfer zu dünnem Blech zu verarbeiten. Jael unterbrach ihre Arbeit und blickte Deborah mit müden Augen an. Deborah wußte, daß Jael in der Nacht vor Sorge um das Silber nicht geschlafen hatte.

Sie ließ sich neben Jael nieder und begann: „Um dein

Silber zurückzubekommen, mußt du folgendes tun: Zuerst mußt du das Silber Jahwe weihen. Wenn dann am Nachmittag alle in das Lager zurückgekehrt sind, mußt du Asche auf dein Haupt streuen, durch das Lager laufen und mit lauter Stimme den Dieb verfluchen. Dann erklärst du, daß Silber sei Jahwe geweiht gewesen, und der Dieb müsse nun den Fluch Jahwes mit dir gemeinsam tragen, weil du dein Versprechen Jahwe gegenüber nicht einlösen kannst."

Jael starrte Deborah erstaunt an. „Bist du eine Prophetin, Deborah?" fragte sie.

„Ich?" Deborah lachte. „Jahwe spricht nicht mit donnernder Stimme zu mir vom Sinai, aber Er spricht zu meinem Herzen."

„Zu meinem Herzen spricht er nicht", meinte Jael nachdenklich. „Aber ich werde tun, was du gesagt hast." Kopfschüttelnd fügte sie hinzu: „Ich weiß nicht warum, aber ich werde es tun."

❧

Etwa zur selben Zeit traf Lapidoth auf dem Markt in Beth-Schean Gemalli, der die Arbeit des am Ort wohnenden Gerbers betrachtete. „Hallo Lapidoth", sagte er, „Sisera weiß wahrscheinlich recht gut, warum er gerade meinen Vater nach Taanach haben will. Hast du dir einmal die armselige Qualität dieses Leders angeschaut, sieh, sogar die Farbe verblaßt schon. Das ist schlechte Arbeit." Er hatte leise gesprochen, damit der Gerber die Worte nicht vernahm.

„Ich hätte den Unterschied nicht bemerkt, aber jetzt, da du mich aufmerksam machst, sehe ich es", nickte Lapidoth. „Gemalli, ich muß mit dir reden, laß uns ein Stück gemeinsam gehen."

„Gern, Hauptmann."

Lapidoth bemerkte, daß Joasch schon Arbeit gefunden hatte. Er saß am Stadttor und schrieb eifrig in noch nasse Lehmtafeln. Auch Hamid ging hier fleißig seinen Geschäften nach und schloß manchen Handel ab.

Als die beiden Männer ein Stück gegangen waren, sagte Lapidoth: „Gemalli, ich möchte mich gern mit Deborah verloben. Ich werde sie mit meinem Leben beschützen, wenn du meinem Wunsch zustimmst."

„Aber du bist ein Philister. Unser Vater würde einer Heirat Deborahs mit einem Philister nie zustimmen."

„Ich bin ein Ephraimite."

„Aber ich habe oft gehört, daß man dich *Lapidoth den Philister* nennt."

Lapidoth nickte. „Mein Vater ist ein Israelit aus dem Stamm Ephraim, aber er heiratete eine Philisterin. Doch ich wurde beschnitten wie jeder andere israelitische Junge. Ich fühle mich als Israelit und befolge Jahwes Gebote. Und auch meine Kinder werde ich einmal in Jahwes Geboten erziehen. Doch weil ich so überaus groß gewachsen bin, vielleicht ein Erbteil meiner philistäischen Mutter, nennt man mich immer *den Philister.*"

Gemalli lachte wehmütig. „Ich wünschte, mein Vater wäre hier. Er hat in den letzten Jahren mehrere Male versucht, Deborah zu verloben. Doch sie wollte nichts davon wissen. In meines Vaters Namen akzeptiere ich deine Werbung um meine Schwester. Doch ich bezweifle, daß ich Deborah dazu überreden kann."

„Dann werde ich es tun", sagte Lapidoth.

„Du willst selbst mit ihr reden?" staunte Gemalli.

„Ja, denn dann weiß ich schon, ehe sie spricht, was sie von mir hält."

Gemalli seufzte erleichtert. „Jahwe sei gepriesen. Manchmal denke ich, Er hätte dafür sorgen sollen, daß die Frauen den Männern besser gehorchen und nicht zu erlauben, daß sie heiraten können, wen sie wünschen."

Lapidoth lachte. „Das wäre eine Mahlzeit ohne Gewürze, Bruder Gemalli.“

Eine Stunde später badete Lapidoth in einer Quelle in der Nähe des Lagers und summte dabei ein Lied vor sich hin. Frische Kleidung lag in der Nähe auf dem Gras.

„He, Lapidoth, hier bist du“, rief Hamid. „Warum badest du zu dieser Stunde? Hat dich etwa eine ungewöhnliche Hitze ergriffen?“

Lapidoth grinste nur, als er jetzt aus dem Wasser stieg und sich abtrocknete.

Hamid setzte sich ins Gras und begann: „Joasch der Habiru ist ein tüchtiger Schreiber. Ich hatte Gelegenheit, heute vormittag seine Dienste zu gebrauchen. Außerdem scheint er sehr klug zu sein. Ich würde ihn gern in meine Dienste nehmen, wenn du bereit bist, einen Kanaaniter von unbekannter Herkunft in deiner Karawane zu dulden.“

Lapidoth schlüpfte in eine frische Tunika und schlang sich den Gürtel mit dem Dolch um die Hüften. Als er seine Robe aufhob, fragte er: „Glaubst du, daß er ehrlich ist, Hamid?“

„Ich glaube, er hat einige traurige Erfahrungen hinter sich. Ich werde sicher noch mehr über ihn herausfinden.“

Lapidoth kämmte sich den Bart. „Ich habe keine Einwände, solange du ihn gut im Auge behältst.“

„Gut, dann werde ich mit ihm reden.“ Hamid betrachtete den Karawanenführer listig. „Ich habe parfümiertes Öl in meinem Zelt, Hauptmann, und schwöre dir bei allen Göttern, daß es die Frauen anzieht wie Honig die Bienen.“

Lapidoth lachte. „Hat es mich so sehr erwischt, daß man es sieht?“

„Stimmt! Und ich glaube, ich habe auch eine Ahnung, wer dein starkes Fieber verursacht hat, so daß du schon am frühen Nachmittag in einer kalten Quelle baden mußt.“

Nun mußte Lapidoth laut lachen.

„Hauptmann Lapidoth!“

„Hier!“ Seine Hand legte sich wie zufällig auf den Dolchgriff.

Durch einige herumstehende Büsche kam Joasch gelaufen. „Ich habe dich im ganzen Lager gesucht.“

„Nun hast du mich also gefunden. Was gibt es denn?“

„Siseras Männer, Hauptmann.“

„Ich habe es geahnt“, unterbrach Hamid ihn. „Der elende Hund hat herausgefunden, daß ich Sorgans Juwelen bei mir trage.“ Er war damit herausgeplatzt, ehe ihm klar wurde, was er gesagt hatte. Nun war es wohl kein Geheimnis mehr.

Lapidoth überhörte Hamids Worte. „Siseras Männer in Beth-Schean?“ staunte er.

„Sie tragen nicht seine Uniformen, und es sind auch nicht jene, die mich verfolgt haben, aber ich bin sicher, ich habe sie in Taanach schon gesehen“, erklärte Joasch.

„Wie sind sie gekleidet?“

„Wie Bauern. Aber sie sind zu gut ernährt, um Bauern sein zu können.“

„Und ihre Aussprache?“

„Es sind drei, und sie sind auf dem Marktplatz. Aber sie haben kein einziges Wort gesprochen.“

„Hmmm?“ überlegte Lapidoth. „Sag, Hamid, hast du irgendwelche Luxusartikel, die drei Bauern überreden könnten? Vielleicht ein wenig mehr von dem Öl, das Frauen anzieht wie der Honig die Bienen?“

„Was?“ Joasch blickte fragend von einem zum anderen.

„Ich kann sie vielleicht zum Sprechen bringen.“ Hamids Gesichtsausdruck war entschlossen. „Hauptmann, ich werde selbst gehen. Innerhalb einer Stunde kenne ich von allen drei Burschen die Vorfahren der letzten tausend Jahre.“

Hamid eilte davon, während Joasch interessiert fragte: „Ein Öl, das Frauen anzieht?“

Lapidoth klopfte ihm auf die Schulter. „Joasch, bist du nicht müde von deiner heutigen Arbeit?“

„Nicht müde genug für diese Art von Arbeit.“ Damit ging Joasch eilig davon.

Lapidoth fand, daß ihm Joasch der Habiru sympathisch war. Langsam ging er zurück zum Lager und überlegte: *Was hatte es zu bedeuten, wenn wirklich Männer von Taanach in Beth-Schean waren?* Nun, er würde sich erst eine Meinung bilden, wenn Hamid zurück war.

10. Kapitel

Am späten Nachmittag kehrte Heber vom Beth-Schean zurück. Jael legte ihre Werkzeuge beiseite. Als Heber näher kam, wunderte er sich über ihr Aussehen. „Was soll das bedeuten?“ fragte er. Jael hatte ihre zerlumpteste Kleidung angezogen und einen Strick um ihre Taille gebunden. Auf ihr Haupt hatte sie Asche gestreut und schmierte jetzt auch noch welche in ihr Gesicht und auf die Arme.

Heber blickte besorgt zu seinem Sohn. Jael blieb vor ihrem Zelt stehen, schlug sich auf ihre Brust und begann laut zu heulen. „Sei still, Frau!“ rief Heber. „Du machst ein Geschrei wie ein Schaf, wenn es Junge bekommt.“

Jael schrie nur noch lauter. Ihre Stimme hallte durch das ganze Lager. Sie begann nun laut von der Geschichte des Stammes der Keniter zu reden, daß auch sie Kinder Jahwes seien und daß auch sie, Jael, zu Jahwe gehörte. Und nun wurde ihre Stimme voller Kummer. Jemand hatte Jahwes Bund entheiligt, erklärte sie laut, weil er ihr Silber gestohlen hatte, das schon Jahwe geweiht war.

Überall im Lager hörte man besorgtes Gemurmel. Diebstahl im Lager der Karawane war auch so schon ein schlimmes Vergehen; und nun war auch noch Silber gestohlen worden, das Jahwe geweiht war. Das konnte nicht gut gehen.

Jaels Schreie drangen bis zu Deborah, die sich wieder auf den Hügel zurückgezogen hatte. Wenn die Sache nicht so ernst wäre, hätte sie laut gelacht, denn Jael klagte wirklich herzerweichend. Deborah spürte, wie jemand von hinten an sie herantrat. Sie drehte sich um, und ihr Herz machte einen Freudensprung. Lapidoth lächelte auf sie herab, und ihr war es, als ginge die Sonne auf.

Lapidoth strömte einen Duft aus, wie ein Gewürzhändler. „Jael hat ihr Problem also einer höheren Autorität anvertraut", meinte er.

„So ist es", stimmte Deborah zu, während sie fasziniert das Drama unter ihnen beobachtete.

Jael zog sich nun wieder in ihr Zelt zurück, wo sie weiter schrie. Heber kümmerte sich um ihren Esel, und Ehi ging mit anderen Jungen, um Feuerholz zu sammeln. Endlich bemerkte Deborah: „Auf diese Weise wird sie ihr Silber wieder bekommen."

„Bist du da so sicher?" In Lapidoths Stimme lag leiser Spott.

Deborahs Augen blitzten empört. „So sagt Jahwe!" erklärte sie.

Lapidoth schwieg erstaunt. Er brauchte einige Minuten, um sich wieder zu sammeln. Dann sagte er: „Deborah, Tochter von Schamer, ich habe Gemalli um Erlaubnis gebeten, mich mit dir zu verloben."

Deborah fuhr herum. „Du kommst so einfach zu mir? Gemalli hat nicht mit mir gesprochen."

Lapidoth machte eine beruhigende Geste. „Ich weiß, ich weiß, Deborah, doch du bist auch ein etwas seltsames Mädchen. Vielleicht hat es mit deinem roten Haar zu tun. Aber diese Dinge scheinen bei dir etwas anders zu sein als bei anderen Mädchen. Ich fürchtete, du hättest mit Gemalli darüber mehr in geschäftlicher Weise gesprochen. Ich wollte nicht, daß es zugeht wie bei einem Pferdehandel."

Deborah lachte: „Ach, mein Herr Lapidoth, gibt es da eine kleine schwache Stelle in der Rüstung des Kriegers?"

Ruhig sagte er: „Ich wollte von dir persönlich wissen, ob du meine Frau werden willst."

In ihre Augen traten Tränen. „Nie hat ein anderer Mann mein Herz besessen. Seit ich dich damals auf der Straße in Hammath sah, steht dein Angesicht immer vor mir."

Lapidoth ergriff ihre Hände. „Dann sei mein, Deborah."

„Ich bin es, Lapidoth."

Er wollte sie küssen, doch da fiel ihm ein, daß sie auf dem Hügel standen und von allen gesehen werden konnten. „Sobald ich kann, werde ich deinen Vater um seinen Segen bitten, damit wir heiraten können", sagte er.

„Ich würde dich hier und jetzt nehmen, Lapidoth." Deborahs Stimme zitterte.

Er lachte. „Ich auch, Deborah, doch wir müssen die Regeln einhalten." Die beiden schauten sich tief in die Augen und schienen allein auf der Welt zu sein.

Ihre Vertiefung ineinander wurde durch laute Freudenschreie unterbrochen, die von Jael kamen. Sie hatte die beiden entdeckt und kam nun auf den Hügel gelaufen. Mit beiden Händen hielt sie ihre Schürze nach vorn, als müsse sie darin etwas Schweres tragen. Mit Tränen in den Augen blieb sie vor ihnen stehen. „Mein Silber, Deborah, so wie du gesagt hast. Zur Ehre Jahwes soll ein voller Zehnter davon an Ihn gehen." Sie öffnete ihre Schürze, in der mehrere große Silberstücke lagen.

Deborah und Lapidoth freuten sich mit ihr. Lapidoth fragte: „Wer ist der Dieb gewesen, Jael?"

Die Frau zögerte einen Augenblick, ehe sie leise, fast flüsternd sagte: „Es war mein eigener Sohn."

„Oh", seufzte Deborah und legte ihr tröstend die Hand auf die Schulter.

„Er war so erschrocken über meine Worte, daß er sofort zu mir kam und den Diebstahl bekannte", sagte Jael.

Lapidoth war nicht überrascht. Er hatte Ehi beobachtet und festgestellt, daß er faul war und gewöhnlich die

Gesellschaft der gröbsten und am wenigsten beliebten Kameltreiber suchte.

Jael fuhr fort: „Vielleicht wird sich das zum Guten auswirken und Ehi wird dadurch sein Leben ändern. Deborah, wirst du einmal mit Ehi reden. Auf dir ruht der Segen Jahwes.“

„Jael, du selbst hast dadurch, daß du Jahwes Worten gehorsam warst, Ehis Sinnesänderung bewirkt, deshalb bist du es, die Jahwes Segen empfängt, auch wenn du aus einem heidnischen Stamm kommst.“

Lapidoth betrachtete Deborah voller Staunen, als sie gemeinsam mit Jael ins Lager zurückgingen.

Inmitten der Nacht erwachte Lapidoth durch lauten Gesang einer betrunkenen Stimme. Er erkannte schnell, daß Hamid der Sänger war und warf ein Stück Holz nach ihm. „Hamid, du Tor, sei still, ehe du das ganze Lager weckst.“

Immer noch singend, wenn auch etwas leiser, torkelte Hamid zu Lapidoth und sank neben ihm zu Boden. „Lieber Hauptmann Lapidoth“, brachte er mühsam hervor. Doch dann lag er auch schon lang auf dem Boden und war eingeschlafen.

Lapidoth rüttelte ihn wieder wach und fragte: „Was ist geschehen? Hast du die Kanaaniter gefunden?“

Hamid grunzte ärgerlich, als er sich wieder aufsetzte. „Ich ... ich bin kein guter Spion, Lapidoth“, stotterte er. „Ich glaube, ich habe bei der Sache zu viel getrunken. Gewiß, ich habe die Männer gefunden, und es sind ganz sicher Kanaaniter. Aber sonst ...“

Sein Kopf fiel auf seine Brust herunter, und er begann wieder einzuschlafen.

Lapidoth griff nach einem Gefäß mit kaltem Wasser und schüttete es Hamid ins Gesicht. Dieser fuhr laut prustend auf und wurde nun doch ein wenig wacher. Ärgerlich fragte er: „Warum läßt du mich nicht schlafen.“

Doch Lapidoth war unerbittlich. „Willst du mir nun endlich sagen, was du herausgefunden hast?" fuhr er Hamid an.

„Ja, ja", murmelte Hamid. „Ich habe sie in der Stadt gefunden und mit ihnen getrunken. Sie behaupteten, sie seien geflohene Sklaven, wie Joasch, aber ihre Ohren waren nicht durchbohrt. Dann sprachen sie von uns und sagten, sie hätten noch nie eine von so vielen gut bewaffneten Soldaten begleitete Karawane gesehen. Sie meinten, es werde überall davon geredet, wir würden Pharaos Kronjuwelen transportieren und seien deshalb so gut beschützt."

„Waren die drei allein?"

„Ja, Herr, aber sie schienen viele von denen zu kennen, die an anderen Tischen saßen und ebenfalls tranken. Sie wollten von mir wissen, ob ein Gerber mit uns reist."

„Was hast du geantwortet?"

„Ich habe ihnen das bestätigt, mein Herr. Ich war froh, zu einem anderen Thema zu kommen und nicht mehr über die Juwelen Pharaos reden zu müssen. Ich weiß nicht, was mit mir geschehen würde, wenn ich die Juwelen, die für den Pharao bestimmt sind, verlieren würde."

„Ist das alles?" drängte Lapidoth.

„Sie sagten noch, sie brauchten dringend einen Gerber und hätten gehört, ein sehr guter würde mit unserer Karawane reisen. Außerdem fragten sie, ob eine rothaarige Frau bei dem Gerber wäre. Ich habe ihnen gesagt, das sei so."

Plötzlich stutzte Hamid, der nun nüchterner geworden war. Er schien erst jetzt zu begreifen, was er getan hatte. Er schlug sich an die Stirn und rief: „Oh, ich bin dümmer als ein Esel!"

Doch Lapidoth klopfte ihm nun beruhigend auf die Schulter. „Mache dir keine Vorwürfe, mein Freund. Wir wissen jetzt, was ihre Absicht ist und können uns darauf vorbereiten. Schlafe jetzt, denn in wenigen Stunden wird schon der Morgen dämmern."

Vor sich hinmurmelnd legte sich Hamid nieder und hüllte sich in eine Decke. Bald war er eingeschlafen. Lapidoth dachte nach. Deborahs Vorauswissen oder Instinkt, wie immer man es nennen wollte, war also richtig gewesen. Irgend etwas hatte sie gewarnt, nicht nach Taanach zu gehen. Sisera hatte ganz sicher keine guten Absichten mit ihr.

11. Kapitel

Ehi brummte ärgerlich vor sich hin, als er den Packtieren Wasser gab. Seit er das verfluchte Silber genommen hatte, war ihm das Vertrauen seiner Mutter völlig verloren gegangen. Früher hatte sie oft Geheimnisse mit ihm geteilt. Doch jetzt hätte er nicht einmal erfahren, daß seine Mutter Deborahs Haar gefärbt hatte, würde ihm nicht am letzten Morgen in Beth-Schean das Licht im Zelt aufgefallen sein. Er haßte Deborah, weil sie ihm nachspioniert hatte, sonst hätte sie doch nichts von dem Silber gewußt. Und nun vertraute ihm seine Mutter nicht mehr, und das war nicht richtig. Söhne mußten respektiert werden, denn sie waren mehr wert als ein Dutzend Mädchen. Sagten die Männer nicht jeden Morgen, wenn sie aufstanden: „Preis sei Jahwe, daß ich nicht eine Frau bin!“ Vielleicht war ja das Silber gar nicht Jahwe geweiht gewesen, sondern Deborah hatte das nur so arrangiert.

Ehi lehnte sich gegen den Esel, seinen Arm hatte er um den Rücken des Tieres gelegt. Plötzlich fühlte er, wie jemand sein Handgelenk packte, ein Arm legte sich um sein Genick und eine Hand verschloß ihm den Mund. „Nicht einen Laut, sonst schneide ich dir die Kehle durch“, sagte eine kalte Stimme.

Der Mann hinter ihm hielt ihn immer noch fest, und jener auf der anderen Seite des Esels sprach. Er trug zwar die Kleidung eines Bauern, schien aber gewohnt zu sein, Befehle zu geben. „Wir suchen eine rothaarige

Frau, sage uns, welche es ist und wir lassen dich leben", zischte er.

Ehi blickte sich voller Angst um. Lapidoth selbst hatte Deborah zu seinen Eltern gebracht. Wenn er es den Männern erzählte und Lapidoth kam dahinter, würde er ihn umbringen. Der Fremde schien Gedanken lesen zu können. Er sagte: „Wir werden dich nicht verraten."

Ehi entschloß sich, den Fremden zu helfen. Er nickte.

„Braver Bursche", lobte der Bandit. „Welche ist es und wo ist sie?"

„Sie hat ihr Haar braun gefärbt."

Die Männer blickten sich an. Einer meinte. „Ich wußte, daß dieser schmierige Händler ein Spion war. Ist sie die, welche Deborah heißt, die Tochter von Schamer, dem Gerber aus Naphtali?"

„Ja, sie kam in Hammath zu uns, und sie reist mit unserer Familie."

„Gut. Beende zuerst deine Arbeit hier, dann suche diese Deborah und sage ihr, du möchtest sie allein sprechen."

Ehi begann die Sache Spaß zu machen. „Das wird leicht sein", sagte er.

„Locke sie aus dem Lager. Aber nicht hierher, sondern nach dort." Der Bandit deutete auf eine Gruppe großer Felsblöcke.

„Ist das alles?"

„Alles, was du zu tun hast", bestätigte der Fremde.

„Aber ich würde gern helfen."

Der Räuber kicherte. „Du kannst sie nicht leiden, wie?"

„Ich hasse sie", stieß Ehi hervor. „Wieviel zahlt ihr mir als Belohnung?"

Einer der beiden hob wieder seinen Dolch. Ehi fuhr zurück. „Ist ja gut, ich werde es auch so tun. Aber nehmt mich dann mit. Ich hasse diese Karawane und die Arbeit hier. Ich bin schnell und ehrlich."

„Schnell magst du sein, aber ehrlich bist du nicht“, knurrte einer der beiden. „Jetzt tue deine Arbeit und dann geh.“

Der andere Bandit blickte ihm nach. „Er ist ein hübscher Junge. Wir haben in Astartes Tempel lange Zeit keinen neuen jungen Burschen mehr gehabt.“

Der andere sagte verächtlich: „Du wärst dann wohl der Erste, der den Tempel besuchen würde. Komm, laß uns gehen.“

Als Ehi ins Lager zurückkehrte, flocht Deborah Lederriemen zusammen, während Gemalli die Enden stramm hielt. Zwei Soldaten saßen in der Nähe.

„Wo warst du so lange?“ wollte Jael wissen.

„Ich habe ein wenig nachgedacht“, gab er zurück und blickte über seine Schulter. Er fragte sich, wo die Banditen jetzt wohl waren. Er würde sie nicht verraten, obwohl er das gekonnt hätte.

„Fertig!“ rief Deborah und knüpfte die Enden der Lederschnüre zusammen.

Gemalli nickte und prüfte die Festigkeit des Seils. „Das wird kein Pferd zerreißen“, meinte er. „Lapidoth soll es sich ansehen.“

Als Gemalli jetzt davonging, sah Ehi seine Chance gekommen. Mit bittendem Tonfall sagte er: „Deborah?“

Sie blickte ihn an und lächelte.

„Können wir ein Stück zusammen gehen?“

„Deborah hat den ganzen Vormittag gearbeitet, laß sie in Ruhe“, mischte sich Jael ein.

„Laß nur, Jael.“ Deborah erhob sich. Die beiden Soldaten erhoben sich ebenfalls. Ehi sah das mit Sorge und sagte: „Deborah, ich wollte dich allein sprechen.“

„Wir werden nicht weit gehen“, versprach Deborah den Soldaten. Sie fragte sich, was Lapidoth veranlaßte, sie so bewachen zu lassen. Eigentlich hatten sie ja das gefährlichste Stück schon hinter sich gelassen. In dieser Gegend hier hatten die Stämme Israels die Vorherrschaft. Und bald würden sie über die Bergstraße ziehen, von wo aus dann, so hatte Lapidoth erklärt, die Wasserbäche westwärts in das große Meer flossen und nicht mehr ostwärts in das Jordantal.

Ehi war schon weitergegangen, und Deborah eilte ihm nach. „Das ist weit genug, Ehi. Was wolltest du mir sagen?"

Ehi zeigte nach vorn. „Laß uns bis zu diesen Felsen gehen." Er lief weiter zwischen die Felsblöcke hinein, so daß er vom Lager aus nicht mehr zu sehen war.

Deborah blieb stehen. „Ich habe Lapidoth versprochen, immer in Sichtweite zu bleiben", sagte sie zögernd.

„Du brauchst keine Angst zu haben, ich bin doch bei dir", versicherte Ehi, der sich jetzt auf einen Felsblock setzte.

Deborah blickte ihn an und schaute sich dann in den Felsen um. Irgendwie verspürte sie eine Gefahr. „Laß uns zurückgehen, Ehi", mahnte sie.

„Zuerst will ich dir etwas zeigen", sagte er.

Joasch und Ira ritten vorsichtig durch das felsige Bachbett, das sich zum Lager der Karawane hinab senkte. Als sie an einem Platz ankamen, von wo aus sie das Mittagslager übersehen konnten, hielten sie an. Joasch mußte an die drei Kanaaniter denken, die er in Beth-Schean gesehen hatte. Er war sicher, daß sie auch in der Nähe waren.

Er konnte den Hauptmann sehen, der gerade mit Männern sprach, die vom Wachdienst zurückkamen. Und dort war auch die Familie der Keniter, doch Joasch konnte Deborah nicht erblicken. Dafür standen zwei Soldaten in der Nähe und blickten aufmerksam nach Norden. Joasch fragte sich, wonach sie Ausschau hielten.

„Weiter!“ sagte Ira und gab dem Pferd vorsichtig die Zügel frei. Doch schon wenige Augenblicke später hielt er wieder an. Mit einem leisen Fluch zeigte er nach unten auf eine Buschgruppe, in der drei Pferde so versteckt standen, daß man sie vom Lager aus nicht sehen konnte.

„Wie sind die nur vorbeigekommen, wo doch rund um das Lager Wachen stehen?“ wunderte sich Joasch.

„Egal wie, reite schnell zu Lapidoth und melde es ihm!“ befahl Ira.

Joasch trieb sein Pferd an. Während er so schnell wie möglich zum Lager ritt, fragte er sich, wo die Männer waren, die zu den drei Pferden gehörten. Ob sie es auf Deborah abgesehen hatten, die Sisera unbedingt haben wollte?

„Ehi, welches Spiel treibst du mit mir?“ Deborah lachte nervös.

Ehis Lächeln gefror auf seinem Gesicht, als plötzlich zwei Männer hinter den Felsen hervortraten. Deborah machte überrascht einen Schritt rückwärts. Dabei stellte sie fest, daß unmittelbar hinter ihr ein weiterer Mann stand, der jetzt sagte: „Habe keine Angst, Deborah, wir wollen dich nur an einen anderen Ort bringen.“

Einer der beiden anderen Männer riß Ehi an sich und hielt ihm einen langen Dolch an die Kehle. „Wenn du schreist, Frau, töte ich ihn“, warnte er.

„Ehi!“ Trotz ihrer Angst wollte Deborah sich auf den Mann stürzen, der Ehi festhielt. „Ihr seid von Sisera, und ich werde nicht mit euch gehen“, sagte sie erregt.

„Das mußt du aber!“ Der Mann hinter ihr legte ihr einen Arm um die Taille.

Deborah riß sich los und schrie: „Euer Blut wird diese Felsen rot färben, wenn ihr das versucht! Fort mit euch!“

Der Mann warf den anderen beiden einen überraschten Blick zu. „Irgend etwas stimmt hier nicht“, sagte er. „Laßt uns verschwinden.“

„Alter Feigling! Du weißt genau was geschieht, wenn wir ohne das Frauenzimmer zurückkommen“, antwortete der Mann, der Ehi bedrohte. „Kommt jetzt! Zu den Pferden!“

„Hauptmann Lapidoth, im Gebüsch sind drei Pferde versteckt!“ rief Joasch, während er sein Pferd zügelte.

Lapidoth sprang auf. Doch plötzlich waren überraschte Rufe und Kriegsschreie zu hören. „Ein Überfall! Die Midianiter!“ schrie jemand.

„Zu den Pferden! Überfall!“ schrie Lapidoth laut. In wenigen Augenblicken hatten er und die eben zurückkehrenden Soldaten die Pferde bestiegen und warfen sich den Angreifern entgegen. Doch diese ließen sich auf keinen Kampf ein, sondern ritten auf ihren Kamelen, dabei ihre langen krummen Säbel schwenkend und laut schreiend, quer durch das Lager und verschwanden auf der anderen Seite hinter Felsen und Büschen. Verwundert blickte Lapidoth ihnen nach und fragte sich, was das zu bedeuten hatte.

Inzwischen war Joasch zu Heber und Jael geritten. „Wo ist Deborah?“ fragte er.

Jael zeigte zu den Felsen hin. „Sie ging mit Ehi dort hinüber.“

„Gemalli ist ihnen gefolgt“, fügte Heber hinzu. „Da ist er. Schau, er hat die Angreifer auch gesehen und kommt zurück.“

„Nein!“ rief Joasch ihm entgegen. „In diese Richtung!“ Er zeigte dorthin, wo die Pferde im Gebüsch standen und trieb sein eigenes Pferd an.

Als die beiden von ihren Häschern vorwärts getrieben wurden, hörte Deborah vom Lager her den Lärm des Überfalls. Plötzlich riß sie sich los und rannte zu den Felsen zurück.

„Halt an, Weib!“ rief einer der Banditen. Hände ergriffen ihre Kleidung. Deborah löste mit einem Griff den ledernen Gürtel, den sie um die Hüften trug, fuhr herum und schlug damit ihrem Verfolger ins Gesicht. Dieser versetzte Deborah fluchend einen solchen Schlag, daß sie zu Boden stürzte.

„Verletze sie nicht“, mahnte ein anderer. „Das wird Sisera nicht gefallen.“

„Sie ist vom Teufel besessen“, sagte der Mann zornig. „Hilf mir, sie zu bändigen.“

Sie banden Deborah die Hände auf den Rücken und schleppten sie mit sich. „Ich komme auch mit, Deborah!“ rief Ehi, der bis jetzt nur schweigend zugeschaut hatte.

„Das denkst du nur“, sagte einer der Banditen. „Einen Verräter wie dich können wir nicht gebrauchen.“ Er riß Ehi an sich und schnitt ihm mit seinem langen Dolch mit einem Ruck die Kehle durch. Mit einem Seufzer sank der Bursche zu Boden.

Die drei Männer eilten nun, so schnell sie konnten, zu ihren Pferden. Deborah wurde rücksichtslos mitgeschleift. In ihrem Kopf gingen die Gedanken wild durcheinander. Warum hatte Ehi sie verraten? Und warum erlaubte Jahwe solches Übel?

„Halt!“ Der Ruf stoppte die Räuber. Über ihnen auf einem Felsblock stand Ira, der sich angeschlichen hatte. In der Hand hielt er seinen Speer, zum Wurf bereit. Als die drei Banditen zu ihren Waffen griffen, schleuderte er den Speer so genau, daß der hinter Deborah gehende Bandit davon durchbohrt wurde und mit einem Schrei niederstürzte. Im gleichen Augenblick kamen von hinten Gemalli und Joasch mit lautem Geschrei herbeigeeilt.

„Fort mit euch!“ schrie Gemalli und sprang von einem

Felsvorsprung aus einen der Banditen an. Dieser riß seinen langen Dolch hoch und stieß ihn Gemalli in den Leib. Mit einem lauten Schrei stürzte Gemalli vor Deborahs Füßen nieder.

„Nein! Nein!“ rief Deborah entsetzt, konnte aber Gemalli wegen ihrer gebundenen Hände nicht helfen.

Joasch sprang dem dritten Kanaaniter mit gezogenem Dolch in den Rücken. Doch dieser war viel kampferfahrener und stärker als Joasch und schleuderte ihn über sich hinweg an einen Felsen. Inzwischen aber hatte Ira schon jenen Bandit, der Gemalli schwer verletzt hatte, mit einem einzigen Schwertschlag getötet und wandte sich nun dem dritten zu, der gerade über Joasch herfallen wollte. Der Kampf war kurz, und auch der dritte Bandit lag bald tot neben seinen Spießgesellen.

Langsam kam auch Joasch wieder auf die Füße. Mit schmerzverzerrtem Gesicht sagte er: „Ich glaube, ich bin kein Soldat.“

„Für den Anfang ging es schon“, meinte Ira trocken, während er den Strick durchschnitt, mit dem Deborahs Hände gebunden waren. „Wo ist Lapidoth?“

„Das Lager wurde zur gleichen Zeit von der anderen Seite überfallen, als die drei Kerle hier Deborah fortschleppen wollten“, antwortete Joasch.

Deborah kniete neben Gemalli und hielt seinen Kopf in ihren Händen. Tränen liefen ihr über das Gesicht. „Ira“, sagte sie, „er blutet nicht sehr. Vielleicht ist die Wunde nicht so tief.“

Ira kniete neben ihr nieder. Er hatte schon manchen verwundeten Mann gesehen und wußte, daß Gemalli im Sterben lag. Deborah las die Wahrheit in seinem Gesicht und weinte noch heftiger.

Gemalli öffnete die Augen und sagte mühsam: „Deborah, ich sterbe, aber Lapidoth wird für dich sorgen. Grüße unseren Vater.“

„O Gemalli, verlaß mich nicht! Jahwe! Jahwe!“ rief sie.

Mit großer Anstrengung flüsterte Gemalli: „Es ist Jahwes Wille. Preis sei Jahwe!“ Damit fiel er in Ohnmacht.

Der Überfall auf das Lager war so schnell vorüber, wie er begonnen hatte. Lapidoth war sicher, daß man damit nur von der Entführung Deborahs hatte ablenken wollen. Die Kamelreiter waren mit Ausnahme von einem alle entkommen. Sie hatten jedoch keinerlei Beute mitgenommen.

„Die Götter seien gepriesen“, jubelte Hamid, „weil sie mein wertloses Leben und meine kostbaren Waren bewahrt haben!“

„Ist das Leben nicht mehr wert als alle Waren auf den Rücken der Kamele?“ fragte Lapidoth verwundert.

Ehe der Kamelreiter gestorben war, hatte er noch einige Worte gesagt. An seiner Sprache war zu erkennen gewesen, daß es sich nicht um einen Midianiter handelte. Unter seiner weiten Robe hatte man einen ledernen Waffenrock entdeckt, wie er gewöhnlich von den Soldaten Siseras getragen wurde.

Die Karawane zog an diesem Tag nicht mehr weiter. Der Nachmittag wurde gebraucht, um die Verwundeten zu versorgen und im Lager wieder Ordnung zu machen. Gemalli lebte noch die Nacht hindurch und starb in den frühen Morgenstunden. Im Laufe des Vormittags wurden Ehi und Gemalli in einer Höhle in den Felsen beerdigt. Die Höhle wurde sorgfältig verschlossen. Die vier toten Soldaten Siseras wurden einfach liegen gelassen, als Beute für die Geier und andere Tiere.

Als die heißeste Zeit des Tages vorüber war, machte sich die Karawane wieder auf den Weg. Langsam und wachsam zogen sie durch die steinigen Hügel in Richtung Sichem.

Lapidoth wollte nicht, daß Deborah weiter zu Fuß ging. Er hatte ihr einen sanften Esel zur Verfügung gestellt und darauf bestanden, daß sie nun ritt.

Am nächsten Morgen hatte sich Joasch ihr angeschlossen. Er ritt auf seinem Pferd neben ihr her. „Es tut mir leid, daß dein Bruder gestorben ist“, begann er das Gespräch. „Sag, Deborah, was ist es, das dich so anders sein läßt als alle anderen Frauen, so daß sogar Sisera ...“ Er merkte wohl, daß seine Frage nicht angebracht war, und schwieg verlegen.

Deborah hatte keine Miene verzogen, als Joasch diese Frage stellte. Er wechselte jetzt schnell das Thema und fragte: „Was kannst du mir über Sichem erzählen? Warst du schon einmal dort?“

„Nein, doch es ist eine unserer Zufluchtsstädte.“

„Eine was?“

Als unser Gott uns Gebote gab, die unser Leben regeln sollen, sagte Er zu Mose auch, er solle hin und her im Land sechs Freistädte oder Zufluchtsstädte bestimmen. Wenn ein Sklave oder ein Totschläger vor seinem Herrn oder vor dem Bluträcher in eine solche Stadt flieht, darf er nicht ohne weiteres seinen Verfolgern ausgeliefert werden. Es wird erst nachgeprüft, ob er vielleicht unrechtmäßig zum Sklaven gemacht wurde.“

„Er wird nicht einfach ausgeliefert?“ staunte Joasch. „Aber würden sich die Israeliten auch um das Schicksal eines Habiru-Sklaven kümmern?“

Deborah nickte. „Du bist ein Mann wie jeder andere, Joasch. Es stünde dir frei, in unserer Mitte zu leben, wo du möchtest.“

„Aber auf meinen Kopf ist ein Preis ausgesetzt.“

„In Sichem bist du nach dem Gesetz ein freier Mann“, antwortete Deborah fest.

„Dann auf nach Sichem“, rief Joasch. „Jahwe scheint nicht wie die anderen Götter zu sein.“

„Es gibt überhaupt keinen anderen Gott außer Jahwe“, erklärte Deborah.

Nun mußte Joasch lächeln. „Komm, Deborah, sogar Sisera erkennt an, daß es neben seinen Göttern noch andere gibt.“ Er gab seinem Pferd einen leichten Klaps und ritt zu Heber, um die Unterhaltung mit ihm fortzusetzen.

Kurz darauf kam Lapidoth zu ihr geritten. „Bist du müde, Deborah?“

„Nein, mein Herr. Sicherlich nicht so müde, wie du sein mußt.“

Er wischte diese Feststellung mit einer Handbewegung beiseite und fragte: „Was wollte der Habiru von dir?“

„Wir haben von Jahwe gesprochen und von Sichem. Nachdem er weiß, daß er dort in Sicherheit ist, hat er es eilig, in die Stadt zu kommen.“

Lapidoth runzelte die Stirn. „Vertraust du ihm?“

Deborah blickte ihn überrascht an. „Warum? Ich habe nie daran gezweifelt. Traust du ihm nicht?“

12. Kapitel

Joasch vertrauen? Vielleicht. Trotzdem wußte Lapidoth, daß er sich leichter fühlen würde, wenn Joasch, bis sie Sichem erreichten, Deborah in Ruhe ließe. Deshalb sandte Lapidoth am nächsten Morgen Joasch und fünf Soldaten nach dem kleinen Ort Schiloh. Sie führten einen von zwei Eseln gezogenen Karren mit sich, den Lapidoth in Babylon für seinen Vater hatte machen lassen, und außerdem Geschenke für seine Mutter.

Lapidoth blickte der Gruppe lächelnd nach.

Ira schaute ihn verwundert an. „Du machst ein Gesicht wie eine Wüstenratte, die ein Wasserloch voller Honigmilch gefunden hat", stellte er fest.

Lachend schlug Lapidoth ihm auf die Schulter. „Komm, wir wollen weiterziehen."

Eine Stunde später kam er zu Deborah, die neben Jael herging. „Mit dem braunen Haar gefällst du mir nicht so sehr, Deborah", sagte er.

Deborah lächelte: „Die Haarfarbe ist nicht wichtig."

„Aber wenn es dich krönt wie eine feurige Fackel", wandte er ein.

„Du hättest ein Dichter werden können, Lapidoth."

„Kannst du eigentlich reiten, Deborah?" fragte er.

„Auf einem Pferd? Ich habe es noch nie versucht."

„Dann wird es Zeit, daß du es lernst." Er winkte einen seiner Männer herbei und befahl ihm, ein sehr gut zugerittenes Pferd zu bringen. Er half ihr in den Sattel und sagte: „Halte die Zügel ein wenig kurz und presse deine Beine ganz leicht an die Flanken des Pferdes, dann wirst du gut zurechtkommen.“

Trotz ihres Kummers um Gemalli hatte Deborah Freude an dem leicht wiegenden Ritt auf dem edlen Pferd, das ganz anders ging als ein Esel. „Es sind wirklich rassige Tiere, Lapidoth“, rief sie ihm zu.

„Das stimmt. Und vielleicht hat uns Josua gerade deshalb vor ihnen gewarnt.“

„Tat er das?“

„Er fürchtete, die Liebe der Menschen zu ihren Pferden könnte so stark werden, daß darunter ihre Liebe zu Jahwe zu leiden hätte.“

„Wie töricht.“

„Durchaus nicht. Alles, was mir lieber ist als Jahwe, ist gefährlich. Er möchte, daß niemand und nichts in unserem Leben vor Ihm kommt.“ Er warf ihr einen leidenschaftlichen Blick zu. „Deshalb macht mich meine Liebe zu dir so besorgt, Deborah, denn ich liebe dich mehr als mein Leben.“

„Ach Lapidoth“, sagte sie, „ich habe niemand außer dir. Ich sehne mich danach, in deinen Armen zu liegen und dir die Dinge zu erzählen, die mich in meinen Träumen ängsten.“

In diesem Augenblick ritt Ira heran, ein Fremder folgte ihm. Ira nickte Deborah respektvoll zu und sagte: „Vor uns wartet eine Reisegruppe, die sich uns gern anschließen würden bis …“

Der Fremde unterbrach Ira: „Bist du der Herr dieser Karawane, dann werde ich für mich selbst reden.“

Lapidoth nickte. Weiter vorn konnte er eine kleine Gruppe von Männern, Frauen und Kindern sehen, die mit einigen Schafen und Ziegen und fünf vollbeladenen Eseln warteten.

„Ich bin Mamre, der oberste Älteste von Noth. Unser

Dorf liegt etwa eine Stunde von hier entfernt.“ Er deutete mit dem Finger nach Westen. „Wenn du es gnädig erlaubst, lieber Herr, werden wir mit dir bis Sichem reisen. Mein Diener war vor längerer Zeit schon dort, um Wachen für die Reise anzuheuern. Doch der dumme Kerl zahlte diesen Burschen den ausgemachten Lohn im voraus. Sie sind nie bei uns erschienen. Doch du weißt sicher von den Überfällen. Ich kann es nicht wagen, meine Leute und unsere Waren der Gnade der Räuber zu überlassen.“

Lapidoth antwortete: „Du bist willkommen, Mamre, Ältester von Noth, dich mit deinen Leuten unserer Karawane anzuschließen.“

Mamre sorgte dafür, daß seine Leute sich in die Karawane einreihten, dann kam er wieder zu Lapidoth geritten. „Ich glaube, diese Versammlung aller Stämme Israels jedes Jahr in Sichem ist doch nichts wert. Wir haben doch in unseren Städten und Dörfern überall Heiligtümer für Jahwe stehen und können das Erntefest genauso dort feiern.“

„Aber es gibt nur eine Lade des Bundes“, erwiderte Lapidoth, „und die steht in Sichem.“

Deborah lauschte fasziniert der Unterhaltung, als Mamre jetzt fortfuhr: „Man kann eben nicht alles haben, noch dazu heute, wo das Reisen fast unmöglich wird. Ihr mit euren großen Karawanen braucht euch natürlich keine Sorgen zu machen. Aber wenn die Versammlung der Stämme etwas tun will, dann sollte sie für die Sicherheit der Straßen sorgen. Ich frage mich, wo heute noch Jahwes Hilfe zu finden ist?“

„Er hat uns in unser Land gebracht.“

„In dieses Land, das so steinig ist und in dem man nur mit großer Mühe die Felder bestellen kann. Jahwe hat sicher gemeint, wir sollten uns in den Ebenen am großen Meer niederlassen, wo das Land fruchtbarer ist.“

„Ich bezweifle, daß die Kanaaniter einfach bereit sind, uns ihre Felder dort zu überlassen, damit wir sie bebauen können", meinte Lapidoth trocken.

„Dann sage mir, Karawanenmeister, warum die Kanaaniter immer noch in den Städten der Ebene wohnen, während Jahwe uns hier in die Hügel geschickt hat? Warum müssen wir nur Gerste essen, die eigentlich Viehfutter ist, während die Heiden vom guten Weizen leben?"

Das ist Gotteslästerung, dachte Deborah zornig. *Jahwe wird den Mann sicherlich töten.*

„Sieh, allein in diesem Jahr haben meine Knechte, diese dummen Kerle, in dem steinigen Boden drei Pflüge zerbrochen", fuhr Mamre fort. „Es würde mich nicht überraschen, wenn wahr wäre, was ich hörte."

„Was hast du denn gehört?" fragte Lapidoth mit einem Seitenblick zu Deborah hin, die auf seiner anderen Seite ritt.

„Jahwe hat keine Macht im Lande Kanaan."

„Ooh!" rief Deborah ärgerlich. „Du bist ein Narr. Jahwe kann dich wegen solcher Reden hinwegblasen wie Staub!"

„Deborah!" tadelte Lapidoth.

Mamre schien beleidigt, als wolle er sagen, *wer ist diese Frau?* Doch er fuhr fort: „Ich behaupte, Jahwe ist nur ein Wildnis-Gott. Schau doch hin, wer das beste Land besitzt. Wir sollten uns daran erinnern, wenn wir den Göttern unsere Opfer bringen."

„Mamre", sagte Lapidoth ruhig, „ich will dich und deinen Haushalt gern nach Taanach bringen, damit du dort persönlich vor dem Gott Baal opfern kannst."

Mamre wurde rot. „Aber ich habe dir ja nur mitgeteilt, was heutzutage fast alle sagen", verteidigte er sich.

„Dann schwätze anderen mit diesen Dummheiten die Ohren voll, aber nicht mir." Lapidoth ließ sein Pferd und das Deborahs schneller gehen.

Hinter sich hörten sie den Ältesten von Noth schimpfen: „Paß doch auf, wo du hintrittst, du Narr.“ Sie hörten einen Schrei, als er seinen Knecht schlug. „Weißt du nicht, daß dies ein heiliger Pilgerzug ist, du Mistsammler. Beeile dich also, ehe ich dir die Haut vom Leib ziehe.“

Zur gleichen Zeit zog von Juda herauf eine Karawane nordwärts, um ebenfalls zum Erntefest nach Sichem zu kommen. Mit ihr zogen Elimelech und Naomi, die in Bethlehem ein schönes Anwesen hatten, mit ihren beiden halbwüchsigen Söhnen. Im Süden des Landes herrschte schon längere Zeit eine Dürre, und Elimelech machte sich Sorgen, ob der Zehnte, den er Jahwe zum Erntefest bringen konnte, wohl genug war. Er und Naomi stritten sich darüber, seit sie die Reise begonnen hatten.

„Was willst du damit sagen, mein Herr, es ist nicht genug?“ fragte sie. „Jeder weiß, daß bei uns eine Dürre herrscht und daß wir das Wenige, das wir ernten konnten, für unsere Jungs brauchen. Dabei haben wir noch Glück gehabt, daß die Räuber unsere Felder in diesem Jahr verschont haben.“

„Die geringe Ernte auf unseren Feldern hat die Räuber eben nicht gereizt“, sagte Elimelech. „Trotzdem könnten sich andere wundern, warum wir so wenig bringen.“ Er blickte sich nach Boas, dem Getreidehändler, um, der dafür bekannt war, daß er schon seit vielen Jahren Jahwe einen überaus großen Zehnten brachte.

„Er kann sich das auch leisten, denn er ist reich“, murmelte Naomi, als sie dem Blick ihres Gatten folgte.

Als sie durch Schiloh zogen, schlossen sich noch weitere Pilger der Karawane an, denn sie kamen aus allen Stämmen Israels, um nach Sichem zu gehen. Unter den

Hinzukommenden war eine kräftige Frau mit der Haltung eines Philisterkriegers. Sie schritt vor einem neuen Ochsenkarren her, in dem auf einem Kissen ein Mann saß. Außerdem lagen in dem Karren viele Tongefäße im Stroh, die so schön bemalt waren, wie Naomi noch nie welche gesehen hatte.

Während der Mittagsrast drängte Naomi ihren Gatten, zu diesem Karren zu gehen. Sie fanden das Ehepaar im Schatten einer Plane sitzend. In der Nähe lagerten einige Soldaten, die so etwas wie eine Eskorte zu sein schienen.

„Friede sei mit euch", sagte Elimelech.

„Und Jahwe sei mit euch", antwortete der Mann.

„Ich bin Elimelech, ein Bauer. Wir sind von Bethlehem in Juda."

„Ich bin Dimon der Ephraimite", stellte der Mann sich vor. Elimelech erkannte, daß Dimon verkrüppelt war.

„Ich sehe, ihr habt eure eigenen Soldaten zu eurem Schutz mitgebracht."

„Mein Sohn hat sie uns von Sichem geschickt, um uns sicher zum Erntefest zu bringen", nickte Dimon stolz.

„Wer ist euer Sohn?" fragte Elimelech höflich.

„Hauptmann Lapidoth, der Karawanenmeister."

Elimelech fühlte, wie Naomi ihn anstieß. „Meine Frau Naomi möchte vorgestellt werden", entschuldigte er sich. „Sie hat eure Tongefäße bewundert."

„Meine Frau hier stellt sie her, ihr Name ist Dorcas."

„Mir gefallen vor allem die wunderschönen Muster auf den Gefäßen", sagte Naomi.

„Der Künstler ist mein Mann", erklärte Dorcas. „Ohne seine Kunstfertigkeit würde kaum jemand meine Gefäße beachten."

„Na, na, stelle dein Licht nicht unter den Scheffel", bemerkte Dimon. „Alle schönsten Bemalungen der Welt könnten es nicht verbergen, wenn ein Gefäß nicht gut gemacht wäre."

Naomi nickte. „Verkauft ihr eure Gefäße, während ihr mit Karawanen reist?“

„Oh nein, das Reisen wäre für meinen Gatten zu schwer.“

„Ach, es geht schon“, fügte Dimon hinzu. „Ich reise jetzt jedenfalls nach Sichem zum Erntefest. Und wenn meine Frau dort einige Gefäße verkaufen kann, dann sei Jahwe gepriesen.“

Naomi mußte laut lachen. Ihr gefiel dieses Ehepaar, die offensichtlich ein herzliches Verhältnis zueinander hatten. Als die Karawane weiterzog, reisten die Familien von Elimelech und Dimon zusammen.

„Kommt ihr denn in eurem Alter ohne Kinder aus?“ fragte Naomi. „Meine Söhne würden mich sicher nicht allein lassen.“ Jetzt erst merkte sie, wie beleidigend ihre Frage war, und fügte schnell entschuldigend hinzu. „Ich dachte nicht an euch, sondern an mich.“

„Sie fürchtet sich nur davor, daß sie einmal niemanden mehr hat, den sie kommandieren kann“, sagte Elimelech halb im Ernst.

„Wir sind nicht allein“, antwortete Dimon. „Jahwe füllt unsere Tage so aus, daß wir keine Zeit für solche Sorgen haben.“

„Ich jedenfalls mache mir Sorgen“, erklärte Naomi. „Ich sorge mich um meine Söhne und darum, welche Frauen mein Gatte einmal für sie auswählen wird.“

„Wir lassen alles in der Hand Jahwes und sind damit zufrieden“, sagte Dimon.

13. Kapitel

Am späten Nachmittag erreichte Lapidoths Karawane vom *Wadi al Fariah* aus ein weites, leicht welliges Tal mit großen bebauten Feldern, aus denen hier und da Kalksteinfelsen ragten. Eingerahmt war es von hohen Kalksteinbergen, in denen sich viele Höhlen befanden. Im Zentrum des Tales erhoben sich die beeindruckenden Mauern der Stadt Sichem.

Lapidoth wich nur so lange von Deborahs Seite, wie er Befehle für den Lagerplatz und die Lagerordnung der Karawane auszuteilen hatte. In einer Stadt von der Größe Sichems konnten sie ihr Lager innerhalb der schützenden Mauern aufschlagen.

Sichem lag nahe der südlichen Grenze des Stammesgebiets von Manasse im Hügelland von Kanaan und war ein kulturelles Zentrum. Obwohl die Israeliten die Stadt nicht erobert hatten, gab es in ihr doch einen sehr starken israelitischen Bevölkerungsanteil. Lange vor den Israeliten war Sichem von den Philistern bewohnt gewesen, die von den Kanaanitern vertrieben wurden. Doch ein Rest der Philister war geblieben. Mittlerweile stellten die Israeliten die größte Zahl der Bewohner.

Da Sichem nach und nach unter israelitische Vorherrschaft gekommen war, hatte man auch die Bundeslade nach hier gebracht. Mit ihr war der Hohepriester und eine große Anzahl Priester und Leviten in die Stadt gekommen. Von allen Stämmen Israels hatte allein der Stamm

Levi kein Landgebiet zugewiesen bekommen. Mose hatte bestimmt, die Leviten sollten für immer den Dienst am Tempel und an der Bundeslade tun und die Bewahrer des Glaubens sein. Die anderen Stämme hatten durch die Abgabe des Zehnten für die Lebensbedürfnisse der Leviten zu sorgen.

Als die Karawane sich der Stadt näherte, wies Lapidoth Deborah auf die beiden Berge Ebal und Garizim hin. Uralte Wachtürme standen auf ihren Gipfeln, die früher von den Philistern, später von Kanaanitern und nun von Israeliten besetzt waren. „Die Samariter behaupten, hier sei Jahwes Paradies gewesen, in das Er Adam und Eva setzte. Doch Hamid schwört, der Garten Eden habe im heutigen Damaskus gelegen", lachte Lapidoth.

„Eine alte Überlieferung sagt, daß dort drüben, auf dem Berg Garizim, Abraham seinen Sohn Isaak für Jahwe opfern wollte. Jahwe hat dann selbst einen jungen Widder für das Opfer geschickt und Abraham und Isaak für ihren Gehorsam gesegnet."

„Wie oft hat Vater mir diese Geschichten erzählt", rief Deborah beeindruckt. „Nun bin ich selbst hier. Sag, hat Abraham auch den steinernen Altar gebaut, den wir dort drüben sehen?"

„Nein, den hat Josua errichten lassen. Habe noch ein wenig Geduld. In wenigen Tagen wirst du beide Berge voller Menschen sehen."

Deborah hatte von der jährlichen Zusammenkunft der Stämme Israels um die Erntezeit hier in Sichem gehört. Hier an der Bundeslade, dem zentralen Heiligtum Israels, wurden dann besondere Gottesdienste zu Ehren Jahwes abgehalten. Ihr Vater war zwar selbst nie mitgegangen, aber die Ältesten und Priester von Hammath waren treu jedes Jahr nach hier gekommen.

„Daß ich hier am Zelt der Zusammenkunft, an der *Stiftshütte,* sein kann und in Gegenwart der Bundeslade!"

staunte Deborah tief bewegt. „Ich werde das Zelt der Zusammenkunft besuchen, Lapidoth."

Er lachte. „Langsam, langsam mit deinem Eifer, meine Liebe; nur den Priestern und Leviten ist es erlaubt, in das Heiligtum zu gehen."

„Warum?" wollte sie wissen. „Redet Jahwe nicht zu uns allen?"

Lapidoth wurde wieder ernst. „Dann spricht Jahwe also immer noch zu dir, Deborah?"

„Ja."

„Und wovon? Was sagt Er dir?"

„Alles, was Er möchte, daß ich es in meinem Herzen bewahre. So wie Er mir sagte, daß ich nicht nach Taanach gehen soll."

„Und hat Er dir auch gesagt, wer Jaels Silber gestohlen hatte?"

„Nicht wer es gestohlen hatte, sondern nur den Weg, wie Jael es zurückbekommen konnte."

Lapidoth sagte nichts mehr, sondern legte ihr nur die Hand auf den Arm, ehe er die Pferde wieder weitergehen ließ.

Als sie durch die riesigen hölzernen Tore in die Stadt einzogen, blickte Lapidoth verstohlen zu Deborah hin. Diese war sichtlich beeindruckt. Vor ihr tat sich ein ganz anderer Markt auf als in ihrer verschlafenen Kleinstadt Hammath. Wenn auch der Markt in Sichem nicht vergleichbar war mit dem in Babylon, so war er doch einer der größten in ganz Kanaan.

Straßenhändler riefen ihre Waren aus, kleine Gruppen von Tieren wurden vorbeigetrieben, und überall hörte man den Ruf: „Ohne Fehler! Ohne Fehler!" womit die Händler die Opfertiere für das kommende Fest anpriesen.

Nun war auch wieder Hamids Zeit gekommen, der mit vielen Händlern Geschäfte abschloß und verkaufte und kaufte. Er schien an vielen Stellen zugleich zu sein, denn überall tauchte sein blaues leuchtendes Gewand auf.

Lapidoth hob Deborah vom Pferd und übergab Ira die Sorge um das Tier. „Komm, laß uns zu Fuß gehen", sagte er zu ihr. Deborah folgte ihm durch die langen Gänge mit Verkaufsständen und staunte über die Warenvielfalt. Manche Dinge, die hier verkauft wurden, hatte sie noch nie gesehen.

Auf dem Marktplatz drängten sich hauptsächlich Israeliten von allen Stämmen. Deborah lauschte mit Interesse den verschiedenen Dialekten. Plötzlich stutzte sie und blieb stehen. Die Aussprache eines Mannes erinnerte sie sehr stark an Sisera. Fragend wandte sie sich deshalb an Lapidoth.

„In Sichem wohnen auch noch viele Kanaaniter", sagte er. „Manche von ihnen haben unseren Glauben angenommen und haben sich beschneiden lassen, so wie es auch Jael und Heber taten. Sie gehören nun zu Gottes auserwähltem Volk."

„Das glaubst du doch selbst nicht", widersprach Deborah.

Lapidoth schaute sie überrascht an. Doch der öffentliche Marktplatz war wohl nicht der Ort, um über diese Frage zu diskutieren. Noch dazu, da plötzlich eine wohlklingende Frauenstimme seinen Namen rief. Lapidoth und Deborah blickten zu der Ruferin hin. Es war eine sehr schöne junge Frau mit leicht dunkler Tönung ihrer Haut. Sie trug prächtige Gewänder, die mit reichem Schmuck verziert waren, und winkte jetzt Lapidoth zu.

„Wer ist das?" fragte Deborah. „Eine Prinzessin?"

Doch Lapidoth bekam plötzlich einen Hustenanfall, der so lange anhielt, bis sie weit genug von der Frau entfernt waren und Deborahs Interesse sich schon wieder anderen Dingen zuwandte.

Vor einer Weinschänke saßen zwei Männer und beobachteten die einziehende Karawane. Plötzlich lehnte sich einer vor. „Hast du das gesehen?"

„Was?"

„Ein Pferd mit Sattel und Decke Siseras. Schau, da kommen noch zwei andere. Und wer reitet auf dem letzten? Joasch! Baal mag mich strafen, wenn das nicht Joasch ist. Hallo, Joasch!"

Joasch drehte sich im Sattel um und suchte den Rufer. Als er die beiden Männer entdeckte, stieg er aus dem Sattel und kam zu ihnen. Das Pferd führte er dabei am Zügel.

„Welche Überraschung, Joasch! Du hast Taanach verlassen, ohne dich zu verabschieden. Hat dir die Arbeit im Steinbruch nicht gefallen?"

Joasch betrachtete die beiden wachsam. Sichem war eine Zufluchtsstadt, die beiden konnten ihm also hier nichts anhaben. Doch er kannte Gaius und Sacar nur zu gut. Selbst in Taanach waren sie Einzelgänger und waren von den anderen gemieden worden. Es würde nun nicht mehr lange dauern, bis Sisera erfuhr, wo Joasch sich aufhielt.

Als Joasch nicht antwortete, fragte Gaius: „Ist das dein Pferd?"

„Jetzt gehört es mir."

„Ein feiner Gaul."

„Sisera hatte immer ein Auge für gute Pferde", fügte Sacar hinzu. „Ich sah zwei weitere Pferde in der Karawane, die aussehen, als hätten sie Sisera gehört. Bist du jetzt unter die Pferdehändler gegangen?"

„Ich arbeite für Hauptmann Lapidoth, den Karawanenmeister."

„So, so", brummte Sacar. „Na, gehörst du wenigstens zu einer reichen Karawane?"

„Sie ist so ähnlich wie die meisten anderen", antwortete Joasch.

„Dann würde es ja lohnen, sie zu überfallen, wie?“

„Ich muß weiter, denn ich habe etliche Aufgaben zu erledigen“, sagte Joasch. Grüßend mit dem Kopf nickend verließ er die beiden.

Gaius sagte nachdenklich: „Irgend etwas stimmt hier nicht. Wer überfällt in dieser Gegend gewöhnlich Karawanen?“

„Die Midianiter“, antwortete Sacar.

„Richtig. Wie kommt es dann, daß Sisera Männer mit seinen besten Pferden so weit nach Süden schickt? Nur, um eine Karawane zu überfallen?“

„Sicher nicht.“

„Ich glaube es auch nicht. Was meinst du, Sacar, ob es hier etwas gibt, was Sisera unbedingt haben will?“

Nachdenklich nickte Sacar mit dem Kopf.

❧

Eine kurze Strecke entfernt stand Kanah vor seinem Geschäft und beobachtete die ankommende Karawane. Kanah war im Stamme Manasse ein sehr angesehener Ältester. Er war einer der ersten Israeliten gewesen, der sich mit seiner Familie fest in Sichem niedergelassen hatte. Als würdiger Patriarch sah er Weisheit in Josuas Worten, die Israeliten sollten ihre Söhne und Töchter nicht an junge Männer und Frauen aus heidnischen Völkern verheiraten, wenn sie in Kanaan unter ihnen wohnen würden.

Kanah hielt sich aufrichtig und voller Wahrheit an die Gebote Moses, und in Sichem suchte man gern seinen Rat und seine Hilfe, denn sein Einfluß in der Stadt war groß. Er handelte hauptsächlich mit Wolle und Stoffen und hatte nicht nur unter den Israeliten Freunde, sondern auch unter Kanaanitern und Philistern.

Mose hatte bestimmt, daß der Zehnte von allem Einkommen in das Haus Jahwes gehen sollte, und Kanah hielt sich treu daran und brachte das Beste, was sein Geschäft zu bieten hatte, zu den Priestern.

Nun waren die Tage des Erntefestes und der Zusammenkunft wieder herangerückt, und nicht nur die Israeliten, sondern auch alle anderen Bewohner Sichems hatten sich fleißig darauf vorbereitet. Eine festliche Atmosphäre lag über der ganzen Stadt. Angezogen von den vielen Möglichkeiten solcher Feste waren eine große Anzahl fremder Händler, Schauspieler, Betrüger, Prostituierte und Taschendiebe ebenfalls in die Stadt gekommen. Doch in Kanahs Geschäft änderten sich die Preise und der Umtauschkurs der verschiedenen Währungen trotz der guten Gelegenheit nicht. Er blieb den Geboten Jahwes treu und handelte wie ein ehrlicher Kaufmann.

Boas, der Getreidehändler von Bethlehem, ein Mann, den Kanah seit vielen Jahren kannte und achtete, kam jetzt mit den anderen Reisenden aus Juda in Sicht. Kanah lief auf die Straße und rief laut: „Boas! Boas, mein Freund!"

„Kanah, wie geht es dir? Ich freue mich, dich zu sehen." Boas verließ die Karawane und begrüßte seinen Freund.

Kanah nickte Elimelech und seiner Frau höflich zu. Obwohl er nicht zugeben würde, daß es Menschen gab, die er nicht leiden konnte, hatte er doch nichts für Naomi übrig, weil sie fortwährend an allen Menschen und Dingen herumkritisieren mußte. Die beiden Jungen, Mahlon und Chilion, waren zwar so groß wie ihr Vater, doch in ihrem Wesen glichen sie mehr ihrer Mutter.

Boas griff nach dem Weinschlauch, doch Kanah hielt ihn zurück. „O nein, mein Freund, die Ehre ist mein, dich zu bewirten", sagte er. „Komm und setze dich zu mir in den kühlen Schatten."

Boas folgte ihm freudig. Kanahs breites Gesicht strotzte vor Gesundheit. „Wirklich, Kanah, Jahwe lächelt freundlich auf alle, die Ihn lieben“, sagte Boas. „Du siehst so stark und gesund aus wie ein junger Bulle.“

„Deine Augen werden durch unsere Freundschaft geblendet“, lachte Kanah. „Ich hoffe, du hast den Segen Jahwes ebenfalls reichlich erfahren.“

Boas’ Gesicht nahm einen besorgten Ausdruck an. „Weißt du, Kanah, die Dürre hat uns in den letzten beiden Jahren sehr zugesetzt. In ganz Juda ist es viel zu trocken. Ich beabsichtige, hier solche zu finden, die eine reiche Ernte hatten. Die Ältesten von Bethlehem haben mich beauftragt, hier so viel Getreide zu kaufen wie möglich.“

Kanah sah ihn nachdenklich an. „Um größere Ernten zu erzielen, haben einige von uns im Westen neue Felder bestellt. Dort, wo die Hänge zu den Ebenen hinunter flacher werden.“

„Reicht das nicht schon in Siseras Herrschaftsbereich hinein?“ fragte Boas.

Kanah zuckte mit den Achseln. „Mose hat dieses Gebiet dem Stamm Manasse zugesprochen, obwohl wir bis jetzt nie in der Lage waren, es einzunehmen. Doch wir sagten uns, Siseras Soldaten können nicht überall sein. Zwar tauchte ab und zu eine kleine Gruppe Kanaaniter in der Nähe unserer neuen Felder auf, doch sie haben uns nie gestört. Jahwe sandte reichlich Regen, und wir haben gepflügt und ausgesät.“

„Ausgezeichnet!“ rief Boas. „Und wie wurde die Ernte?“

„Wir ernteten nichts. Wir haben gepflügt und gepflanzt, aber die Kanaaniter haben geerntet und anschließend die Felder verbrannt.“

Boas sagte ärgerlich. „Und außerdem überfallen sie die Karawanen, so daß die Reisenden nicht mehr sicher sein können.“ Er trank einen Schluck Wein. „Es geht euch also auch nicht besser als uns.“

„Nicht sehr viel besser. Doch solange es im Hause Kanah noch Getreide gibt, soll auch das Haus von Boas welches haben.“ Die beiden Freunde umarmten sich, und Boas eilte der Karawane nach, um auf ihrem Teil des Lagerplatzes für Ordnung zu sorgen.

14. Kapitel

Ich weiß, es wird funktionieren, dachte Joasch. Er hatte sein Pferd an einem Platz angebunden, wo noch genügend Gras wuchs, und war dabei, es zu striegeln. *Alles, was nötig ist,* ...

„Hallo, Joasch, ich hörte, du bist zurück." Hamid kam schnell näher.

„Sei gegrüßt!" Joasch erhob grüßend seinen Arm. „Gute Geschäfte?"

„Sicher, aber nicht das hier." Er warf ein Bündel auf die Erde. „Hier sind meine Gewichte drin. Die Händler finden jedes Jahr neue Tricks, manche versuchen mit falschen Gewichten zu arbeiten. Deshalb habe ich immer meine eigenen dabei."

„Und was tust du, wenn ein Händler behauptet, seine sind richtig?"

„Dann sage ich: Laß uns einen anderen finden, mit dem wir unsere Gewichte vergleichen können. Bis jetzt hat es niemand darauf ankommen lassen." Er breitete seine Robe aus und setzte sich darauf. „Ich komme gerade von Lapidoth. Wir sprachen über dich. Aber rege dich deshalb nicht auf", beruhigte er ihn.

„Und?"

„Lapidoth hat im Augenblick nicht die Absicht, dich in seinen Dienst zu nehmen. Deshalb sprach ich mit ihm. Du bist ein guter Schreiber, und außerdem hast du auch Mut. Ich glaube, Händler könnten dich nicht leicht in Aufregung bringen. Arbeite für mich, mein Junge."

Joasch blickte ihn nachdenklich an. „Ich habe während der Reise nach Schiloh und zurück viel darüber nachgedacht“, sagte er. „Lapidoths Verwandte bekommen ihn nur sehr selten zu sehen.“

„Aber du hast gar keine Familie“, bemerkte Hamid.

„Ich habe Eltern, aber es ist für mich nicht sicher, sie zu besuchen, solange Sisera lebt.“ Er schüttelte den Kopf. „Nein, Hamid, das Karawanenleben ist nichts für mich. Ich glaube, ich kann mehr verdienen an den Händlern hier in Sichem.“

„Wie denn? Du wirst sie doch nicht berauben wollen?“

Joasch lächelte listig. „Natürlich nicht mit vorgehaltenem Dolch. Aber in einigen Jahren hoffe ich mächtiger zu sein als der reichste Mann in Sichem.“

„O weh“, stöhnte Hamid. „Dieser Mensch ist verzweifelt, weil Lapidoth ihn nicht anstellen will. Nun hat er auch noch Wahnvorstellungen von Macht. Wie kommst du nur dazu?“

„Ich habe mir überlegt“, erklärte Joasch, „wenn du einen großen Schatz hast, Hamid, wirst du ihn dann auf einem Berg ausstellen, damit alle ihn bewundern können, und dann gehst du fort und kommst nur ab und zu einmal nach Hause, um ihn zu bewundern und zu gebrauchen?“

„Du meinst Lapidoth und Deborah?“ Hamid nickte. „Und du möchtest auch heiraten?“

„Irgendwann schon“, bestätigte Joasch. „Außerdem möchte ich meine Eltern aus Haroscheth holen. Aber dazu brauche ich ein eigenes Haus.“

„Nun ja“, überlegte Hamid und fügte dann hinzu: „Wenn ich müde und verschwitzt nach Sichem komme, wäre es sehr gut, ich hätte dort einen Freund, bei dem ich mich ausruhen kann und einen guten Trunk bekomme. Ich denke, du wirst es schaffen, Joasch, gute Schreiber werden immer gebraucht.“

„Schreiber?" Joasch schüttelte den Kopf.

„Kein Schreiber?" wunderte sich Hamid.

„Keinesfalls!" Joasch sprang auf. „Lapidoth hat eine große Schar Soldaten, um seine Karawanen zu beschützen. Ich beabsichtige eine ähnliche Schutztruppe für Sichem aufzustellen."

„Eine Armee für eine Stadt? Aber wer soll das bezahlen?" fragte Hamid verwundert.

„Alle, die am meisten zu gewinnen und zu verlieren haben", antwortete Joasch zuversichtlich. „Sichem ist eine offene Stadt, in der sich mancherlei Banditen, Deserteure von Siseras Armee, Männer von Moab, Ammon und Philister herumtreiben. Kanah scheint mir der einflußreichste und auch wohlhabendste Mann in Sichem zu sein. Wenn ich ihn für meinen Gedanken gewinnen kann und er mit den anderen reichen Leuten der Stadt spricht, wird genug Geld zusammenkommen, um mein Vorhaben zu verwirklichen."

Hamid blickte den jungen Mann staunend an. „Ich kenne Kanah, er handelt hauptsächlich mit Stoffen. Und du glaubst, du kannst einfach zu ihm gehen und ihm vorschlagen, dich zum General einer Armee für Sichem zu machen?"

Joasch lachte. „Nun, nicht gerade auf diese Weise. Aber ich werde einen Weg finden, alles zu organisieren, und werde nur die besten Leute anwerben, wie Lapidoth es tut."

Hamid schob seine Lippen nach vorn: „Und denkst du, es werden nicht manche protestieren, wenn ein Ungläubiger den Auftrag bekommt, die Kinder Jahwes zu beschützen?"

„Warum sollte das jemand stören? Ich folge nicht dem Dagon der Philister, noch dem Chemosch der Moabiter oder dem El Baal von Sisera. Ich, Joasch, bin mein eigenes Schicksal. Ich folge, wo ich führe."

„Laß solche Worte nur nicht Deborah hören."

Joasch zuckte mit den Achseln.

„Wenn es ihr gefällt, im Mondschein spazieren zu gehen, damit Jahwe ihr ins Ohr flüstert, macht das keinen Schaden, solange Lapidoth ihre Reden nicht zu ernst nimmt."

Hamid hob mahnend einen Finger: „Einige sagen, sie sei eine echte Prophetin von Jahwe."

Joasch lachte: „Meinetwegen. Mich beschäftigt ein anderes Problem." Er zeigte auf den Metallstift in seinem Ohr. „Den möchte ich loswerden."

„Gehe zu Heber. Ich bin kein Metallschmied."

„Das werde ich tun", nickte Joasch. Doch als er sich etwa eine Stunde später Hebers Zelt näherte, beschlichen ihn doch einige Befürchtungen. Hebers Feuer brannte kräftig, und etliche Werkzeuge lagen darin. Heber bearbeitete vorsichtig einen glühenden Dolch mit einem Hammer. Er nickte Joasch zu und sagte: „Man hat mich schon reichlich mit Aufträgen eingedeckt."

Joasch griff an den Metallstift in seinem Ohr. „Heber, kannst du das Ding entfernen?"

Heber hatte nur einen einzigen Blick dafür übrig. „Ich kann es herausschlagen, aber dann würde auch dein Ohr eine Art Brei werden."

Joasch sah ihn zweifelnd an. „Oder wir könnten dein Ohr auch aufschlitzen", fuhr Heber fort. „Es wird nachher schon wieder zusammenwachsen."

„Dann tu es. Ich will das Ding nicht mehr tragen."

Heber blickte sich seufzend um und sah Lapidoth und Ira in der Nähe. Er winkte sie heran und sagte, als sie näherkamen: „Könnt ihr mir helfen? Dieser Bursche hier möchte beschnitten werden."

„Was!" schrie Joasch aufgebracht.

Heber lachte. „Helft mir bitte. Er möchte den Metallstift entfernt haben."

Lapidoth betrachtete Joaschs Ohr. „Guter Gedanke“, sagte er. „Ira, halte seinen Kopf fest.“ Ira folgte der Aufforderung.

Im Feuer lag eine glühende Speerspitze. Lapidoth zeigte auf sie, und Heber nickte. Nun zog Lapidoth seinen scharfen Dolch aus dem Gürtel, zog Joaschs Ohr straff und durchschnitt mit einem Ruck dessen Ohrläppchen.

Der Metallstift fiel zu Boden und Blut strömte aus Joaschs Wunde. Schon kam Heber mit der glühenden Speerspitze und brannte die Wunde aus. Joasch schrie auf, doch das Blut war gestillt. Es roch nach verbranntem Fleisch und Haaren. Heber nickte zufrieden. „Jael hat gutes Salböl für solche Wunden, Joasch. Sie wird es auf deine Wunde bringen, dann bist du bald wieder so gut wie neu.“

❧

Als der Abend nahte, ging Lapidoth zu dem Zelt von Dimon dem Ephraimiten. Sanft sprach er eine Frau an, die damit beschäftigt war, eine Frucht zu schälen. „Mutter.“

Beim Klang seiner Stimme ließ Dorcas das Messer fallen. „Lapidoth!“ rief sie voller Freude.

Er hob sie vom Hocker und umarmte sie. Gemeinsam betraten sie das Zelt. Hier beugte er sich über den Mann auf der Liege. „Wie geht es dir, mein Vater?“

„Ich gebe mir immer noch Mühe, deine Mutter zur Vernunft zu bringen“, lächelte Dimon. „Sie bestand darauf, mitzukommen. Immer noch nicht Jahwes wegen, aber sie meinte, bei einem religiösen Fest kaufen die Leute mehr als sonst. Deshalb hat sie auch den Karren, den du uns sandtest, mit Töpfen und anderen Gefäßen vollgepackt. Wäre es nach ihr gegangen, hätten wir nicht mal genug Gefäße für unseren eigenen Haushalt übrig behalten.“

Das war zuviel für Dorcas. „Außer dem einen, den ich auf deinem dummen Kopf zerschlagen werde!“ rief sie.

Lapidoth lachte. Er fühlte sich wieder zu Hause. „Mutter, ich habe dir ein Geschenk aus Babylon mitgebracht.“

„Parfüm?“

„Du weißt doch, daß ich nicht gut Parfüme auswählen kann. Meine Nase ist zu sehr an Ziegen und Kamele gewöhnt.“

„Was ist es dann?“ fragte Dorcas neugierig.

„Eine Töpferscheibe. Ich habe noch nie eine solche gesehen. Du kannst sie mit den Füßen drehen und hast so beide Hände frei zur Arbeit mit dem Ton.“

„Tatsächlich? Das kann ich mir kaum vorstellen. Wo hast du sie? O Lapidoth, das muß ein wunderbares Ding sein.“

Lapidoth freute sich. „Ich werde sie in Schiloh auspacken, Mutter. Dort hast du noch genug Zeit, mit ihr zu spielen.“ Er setzte sich an die Liege des Vaters.

Seine Mutter setzte sich neben ihn und ergriff seine Hand. „Bist du immer noch so allein wie der Wüstenwolf, mein Sohn?“ fragte sie.

„Nein. Ich habe eine unvergleichliche Frau gefunden. Sie hat Augen wie ein Adler und den Mut eines Löwen.“

„Und vielleicht auch solche Krallen“, lächelte die Mutter listig.

„Vielleicht“, gab er zu. „Ich werde sie jedenfalls heiraten.“

„Aber Lapidoth, dein Vater sollte ...“

„Ich weiß, ich weiß, aber es war einfach keine Zeit dafür.“ Er erzählte von Deborah, wie sie Hammath verlassen hatte, wie sie überfallen worden war von Siseras Männern und vom Tod ihres Bruders. Als er alles berichtet hatte, schwiegen seine Eltern lange.

Dorcas starrte nachdenklich ins Feuer. „Es ist nicht

leicht, von der eigenen Familie und Heimat abgeschnitten zu werden", sagte sie endlich.

„Jahwe ist mit ihr. Sie mußte ihren Gott nicht zurücklassen wie du damals, meine Liebe", fügte Dimon hinzu. „Und was wird geschehen, nachdem ihr Bruder tot ist und ihr Vater in Siseras Hauptstadt lebt?"

„Nach dem Erntefest werde ich sie zu euch nach Hause bringen."

„Deine Frau wird uns so willkommen sein wie ein guter Regen, Lapidoth", nickte Dimon. „Aber was ist mit ihrem Vater? Wie willst du seinen Segen erreichen?"

Lapidoth runzelte die Stirn. „Vor dem Überfall wollte ich ihm eine Botschaft durch einen meiner Freunde zukommen lassen. Doch nun glaube ich, daß zur Zeit jeder Kontakt mit ihrem Vater gefährlich für sie werden könnte. Sie wird am sichersten sein, wenn sie einfach die Frau von Lapidoth dem Ephraimiten ist und im Hause seiner Eltern wohnt. Dann soll Sisera einmal versuchen, sie in die Hand zu bekommen."

Sein Vater strich sich nachdenklich durch den Bart. „Sage mir im Angesicht Jahwes, Lapidoth, willst du die Frau nur heiraten, um sie zu beschützen?"

„Nein, Vater. Ich würde verrückt, wenn ich glauben sollte, sie wäre für einen anderen bestimmt. So gewiß wie Jahwe unser König ist, so sicher ist Deborah für mich bestimmt." Er sprang auf. „Mit eurer Erlaubnis werde ich sie zu euch bringen."

Er verließ seine Eltern und ging zum Zelt der Keniter, wo Heber und Jael immer noch fleißig bei der Arbeit waren. Lapidoth winkte Deborah, die sich eifrig erhob und zu ihm kam.

Er sagte: „Ich habe mit meinen Eltern über dich gesprochen, meine Liebste. Sie möchten dich kennenlernen. Wir haben keine Zeit für eine Hochzeit mit den üblichen Gebräuchen. Mit deiner Zustimmung werden wir hier in

Sichem heiraten. Nach dem Erntefest werde ich dich nach Schiloh in das Haus meiner Eltern bringen, wo du bleiben wirst, bis ich zurückkehre."

„Laß mich doch mit dir gehen, Lapidoth", bat Deborah. „Jael begleitet Heber ja auch. Und in den Karawanen sind immer eine Anzahl Frauen."

Er schüttelte den Kopf. „Nein, diesmal nicht. Ich werde zurückkommen, ehe wieder Aussaatzeit ist."

„Kannst du nicht eine andere Arbeit für dich finden?" Lapidoth blieb überrascht stehen und blickte sie verwundert an.

Deborah fuhr fort: „O Lapidoth, vor einem Monat sah ich dich zum ersten Mal. Ich hätte damals nicht geglaubt, daß mir ein Mann soviel bedeuten könnte. Doch jetzt kann ich es kaum ertragen, wenn du mich allein lassen willst."

„Es muß diesmal sein", sagte er kopfschüttelnd. „Unterwegs bist du zu sehr in Gefahr, und du bist dann auch eine Gefahr für die Karawane." Er nahm ihren Arm. „Komm, meine Eltern warten."

Als Jael und Heber von der kommenden Heirat hörten, lächelte Jael voll boshafter Freude.

Heber meinte: „Diesen Blick von dir kenne ich, Jael. Was macht dir denn soviel Vergnügen?"

„Erinnerst du dich noch an Deborahs Worte, Heber?" antwortete sie und versuchte nun, Deborahs Stimme nachzuahmen. „Keniter sind doch Heiden. Wie könnt ihr Jahwe dienen, wenn ihr Keniter seid?"

„Ja – und?"

„Warte nur, bis sie herausfindet, daß Lapidoths Mutter eine Philisterin ist."

Während der Tage des Erntefestes, als die Karawane in Sichem Handel trieb und ausruhte, heirateten Lapidoth, Sohn von Dimon dem Ephraimiten, und Deborah, Tochter von Schamer von Naphtalie. Für Deborah war in der Freude des Festes ein Wermutstropfen dabei, weil sie um ihren toten Bruder trauerte und weil ihr Vater nicht neben ihr stehen konnte.

15. Kapitel

Eine Woche nachdem Lapidoths Karawane Sichem erreicht hatte, trugen vier Priester aus dem Stamm Levi die Lade des Bundes in einer großen Prozession durch die Straßen, zum Stadttor hinaus und den felsigen Hang des Berges Garizim hinauf zu der Stelle, wo Jahwe Seinen heiligen Bund mit Abraham und Isaak bestätigt hatte. Das Fest der Erstlingsfrüchte hatte begonnen.

Von der Menge her dominierten die Familien des Stammes Manasse das weite Feld. Doch ihnen fast gleich an Reichtum und Stärke zeigten sich die Sippen des südlichen Nachbarstammes Ephraim. Auch Leute aus dem Stamm Juda waren recht zahlreich vorhanden, vor allem aus den Städten Bethlehem und Hebron; auch einige jüdische Einwohner von Jerusalem waren darunter, obwohl die Stadt immer noch von den Kanaanitern beherrscht wurde.

In geringerer Anzahl waren Angehörige der anderen Stämme vertreten; von Dan und Benjamin, Asser aus Gilead und Issaschar sowie Deborahs Stamm Naphtalie. Das Fest der Erstlingsfrüchte war das große Treffen mit Bekannten aus den anderen Stämmen. Vor allem die Frauen interessierten sich dafür, wie es anderen Frauen ergangen war.

Die Frau Naomi aus Bethlehem bewunderte die imposante Figur von Lapidoth, der den Berg hinaufstieg. Hinter ihm ging der Metallarbeiter der Karawane und zwei Frauen. Naomi drängte weiter nach vorn, um einen besseren Blick auf die Frau zu erhaschen, die Lapidoth geheiratet hatte. Sie schien noch sehr jung zu sein. Unter ihrem blauen Kopftuch konnte Naomi eine Strähne von rotem Haar erblicken. Das also war Deborah.

Lapidoth fand einen Platz zum Sitzen. Als Deborah sich an seiner Seite niederließ, trafen sich ihre Augen mit denen Naomis. Deborah lächelte der anderen Frau freundlich zu. Dieses kurze Lächeln verwirrte Naomi so, daß sie sich abwandte und mit ihren beiden Söhnen beschäftigte.

Ihr Mann Elimelech legte ihr die Hand auf den Arm. „Nun, was hältst du von Deborah, Frau?“ fragte er. „Lapidoth hat sie genommen, ohne die geringste Mitgift zu bekommen.“

„Seine armen Eltern.“

„Aber sie ist kein gewöhnliches Mädchen“, mischte sich ihr Verwandter Boas in die Unterhaltung.

„Willst du damit sagen, sie war keine Jungfrau mehr?“ Naomis Augen glitzerten vor Neugier.

„Naomi!“ mahnte Elimelech.

„Keinesfalls“, antwortete Boas ruhig. „Ich hörte, ihre Hingabe an Jahwe sei außergewöhnlich für ihr Alter. Das Erstaunliche ist, daß sie überhaupt geheiratet hat. Es ist eine heilige Ehe. Deine Söhne Mahlon und Chilion wären gut beraten, wenn sie solche Frauen finden würden.“

„So, so, dann sollte ich sie also kennenlernen, damit ich weiß, nach welchen Schwiegertöchtern ich Ausschau halten muß“, bemerkte Naomi ironisch.

Boas überhörte ihren Sarkasmus. „Das wäre weise von dir, Naomi.“

Naomi blickte wieder zu Deborah hin. In einem hatte Boas wohl recht, sie war keines der üblichen Mädchen. Aber sie würde sich hüten, für Mahlon und Chilion nach ähnlichen Frauen zu suchen, die einem dann mit ihrem Blick scheinbar tief in die Seele schauen konnten.

Als die Bundeslade dann auf dem Altar aus unbehauenen Steinen stand, führte der Hohepriester das Volk in den Lobgesang für Jahwe. Das Echo der vielen tausend Stimmen hallte von den Bergen wider. Älteste aus jedem Stamm brachten Opfertiere für ihre Stämme zu den Priestern. Während das Volk Gebete sang, stieg der Rauch der Opferfeuer zum Himmel empor, und der Geruch gerösteten Fleisches lag über der Menge. Als die Priester das Opferfleisch gesegnet und davon gegessen hatten, wurde es unter die Menge verteilt, damit alle daran teilhaben konnten, während sie Jahwe für den Segen der Ernte dankten und vor allem auch für das Land Kanaan, das Er ihnen zum Besitz gegeben hatte.

Drei Tage wurde so das Fest mit Freude, Opfern und Lobpreis zu Jahwe gefeiert. Unter den Feiernden waren auch eine ganze Reihe Menschen, die nicht von den Stämmen Israels kamen, die aber Israels Gott als ihren Gott angenommen hatten.

Deborah war hingerissen. Nie hatte sie so viele Menschen auf einmal beieinander gesehen, die gemeinsam Jahwe anbeteten. Sie saß mit Lapidoth und den beiden Kenitern in der Nähe des Altars und ihr Herz war von Freude erfüllt. Laut erklang ihre Stimme bei den gesungenen Lobliedern.

Jael beobachtete immer wieder erstaunt Deborah. Sie bewunderte den Eifer und die Hingabe, mit der die junge Frau Jahwe pries, und sagte sich, daß das Herz Deborahs erfüllt sein mußte von der Liebe zu ihrem Gott. Dann wandte sie ihre Aufmerksamkeit wieder dem Priester zu und lauschte seinen Worten. Es waren die alten Überlieferungen, die er, wie jedes Jahr zum Fest, wiederholte:

„Mose befahl dem Volk an jenem Tag und sagte: Wenn ihr über den Jordan gezogen seid, sollen diese auf dem Berg Garizim stehen, um das Volk zu segnen: Simeon und Levi und Juda und Issaschar und Joseph und

Benjamin. Und diese sollen auf dem Berg Ebal stehen zum Verfluchen: Ruben, Gad und Asser und Sebulon, Dan und Naphtalie."

Jael sah, wie sich die Lippen vieler Zuhörer bewegten, als sie die altbekannten Worte gemeinsam mit dem Priester wiederholten.

„Verflucht sei der Mann, der ein Götterbild oder ein gegossenes Bild macht und es im Verborgenen aufstellt!" rief der Priester.

„Amen!" donnerte die Menge.

„Verflucht sei, wer seinen Vater oder seine Mutter verachtet!"

„Amen!"

„Verflucht sei, wer die Grenzen seines Nächsten verrückt!"

„Amen!"

Und so ging es fort, bis all die Flüche, vor denen Mose die Israeliten gewarnt hatte, wiederholt waren. Als dies geschehen war, erhob der Hohepriester segnend seine Hände und begann: „Wenn du der Stimme des Herrn, deines Gottes, gehorchst, dann wird der Herr, dein Gott, alle diese Segnungen über dich kommen lassen: Gesegnet wirst du sein in der Stadt, und gesegnet wirst du sein auf dem Feld."

„Amen!" echoten die Versammelten.

„Gesegnet wird sein die Frucht deines Leibes und die Frucht deines Ackerlandes und die Frucht deines Viehs."

„Amen!"

„Gesegnet wird sein dein Korb und dein Backtrog. Gesegnet wirst du sein bei deinem Eingang und gesegnet wirst du sein bei deinem Ausgang."

„Amen!"

Und so wurden auch alle Segnungen, die Gott dem Volk Israel verheißen hatte, wieder ganz neu den Versammelten in Erinnerung gebracht.

Am vierten Tag wurden die Opferzeremonien und Feierlichkeiten abgelöst von geschäftlichen Angelegenheiten, die unter den Stämmen zu besprechen waren. Mittlerweile wußten durch die Gespräche der vorangegangenen Tage alle, um welche Dinge es diesmal hauptsächlich gehen würde. Eines nach dem anderen wurden die Probleme vorgebracht, von denen die Stämme betroffen waren: die Dürre im Süden, die fortwährenden Überfälle, die Machtlosigkeit der zerstreuten Stämme besser bewaffneten Feinden gegenüber.

„Was können wir tun?“ rief Mamre, der oberste Älteste von Not. „Wo immer wir Felder bestellen und Aussaat hineinbringen, werden sie von unseren Feinden entdeckt.“

Ehe jemand zu Mamres Worten Stellung nehmen konnte, brach eine heftige Diskussion unter den Männern aus, die vor dem Altar saßen. Endlich erhob sich ein Mann aus ihrer Mitte und bat um das Wort. Er hatte volles weißes Haar. Seine ganze Haltung und seine Kleidung zeigte, daß er ein Mann von hohem Ansehen war.

„Ich bin Kanah, Ältester von Sichem“, begann er. „Wir haben weniger Sorge wegen der Angreifer von außen, sondern mehr wegen denen aus unserer Mitte. Ich rede von unserem Nachbarstamm, den Ephraimiten. In den Grenzen des Landes, das Mose dem Stamm Manasse gegeben hat, ist Sichem die größte und reichste Stadt. Fast täglich kommen Karawanen nach hier, und sie sind uns alle im Frieden willkommen.

Auch die Ephraimiten haben unsere guten Dienste stets in Anspruch genommen, und mittlerweile wohnen eine ganze Anzahl von ihnen in unserer Stadt. Manche davon sind meine guten Freunde. Doch unsere Ältesten möchten sagen, daß die Ephraimiten zwar mit lächelndem Mund kamen, aber mit Hinterlist in ihrem Herzen. Sie machten uns mit ihren Geschäften in unserer Stadt Konkurrenz. Sie heirateten in die von unseren Familien hinein, die großen Landbesitz hatten. Mit den Jahren sind sie in Sichem fast so mächtig geworden wie wir aus Manasse selbst."

„Wenn ihr euren Besitz nicht festhalten könnt, ist das euer Problem!" rief ein Ephraimite.

„Aber Mose hat uns nicht gesagt, daß wir gegen unsere eigenen Brüder kämpfen sollten, um unser Erbteil festhalten zu können", erinnerte Kanah den Zwischenrufer.

Deborah spürte, wie Lapidoth neben ihr unruhig wurde. Er erhob sich und ging zum Altar hinauf. „Ich bin Lapidoth der Ephraimite." Seine tiefe und volle Stimme wurde von allen gut gehört. „Keine unserer Städte ist mein Heim, denn ich bin der Herr vieler Karawanen. Meine Soldaten haben gegen die Midianiter, die Beduinen, die Kanaaniter und gegen die Banditen gekämpft, die unsere Berge unsicher machen. Ich möchte eine Sache betonen: Kanah ist im Recht mit seinen Sorgen. Die Probleme in unserer Mitte sind mindestens so gefährlich für uns als die von außen. Wer ist unser mächtigster Feind? Ist es nicht König Sisera? Und woher hat er seine Macht? Er faßt unter seiner Macht all die Stadtstaaten und kleineren Könige der Kanaaniter zusammen. Die Macht Siseras ist die Macht der vereinigten Kanaaniter.

Wohin ich auf meinen Reisen auch komme, erlebe ich, daß unsere Städte sich nur mit ihren eigenen Problemen beschäftigen und sich nicht um ihre Nachbarn aus dem eigenen Volk kümmern. Und die Kanaaniter geben sich Mühe, bei ihren Überfällen auf uns immer nur eine Stadt auszusuchen. Aber hat das unsere Stämme dazu gebracht, endlich gemeinsam zu handeln? Nein! Ephraimiter kämpfen gegen die Leute aus Manasse. Benjaminiter gegen Judäer. Kein Stamm kommt dem anderen zu Hilfe. Doch wir müssen endlich als ein Volk handeln, denn wir sind alle Israeliten."

„Aber wie?“ wurde von allen Seiten gefragt.

„Wüßte ich das, wäre ich ein Prophet.“ Lachen wurde überall laut. „Ich kann nur sagen, was ich sehe. Das ist alles.“

„Er hat recht!“ rief jemand, als Lapidoth zu seinem Platz zurückging.

„Wir sind ein Volk, wir brauchen einen König wie die anderen Völker!“ schrie ein anderer.

„Ja! Ja!“ reagierte die Menge spontan. „Jahwe sollte uns einen König geben!“

16. Kapitel

„Ich bin …“ Heber blieben die Worte im Hals stecken. Er war es nicht gewöhnt, im Zentrum der Aufmerksamkeit zu stehen. Er hörte viel lieber zu, wenn andere sprachen. Doch Jael hatte darauf bestanden. Er räusperte sich und begann nochmals: „Ich bin Heber, der Keniter.“

Wie es die Tradition erforderte, berichtete er erst über seine Familiengeschichte, dann erzählte er die Sache mit dem gestohlenen Silber und wie es zurückgekommen war. Er sprach auch von den drei Soldaten, die versuchten, Deborah zu entführen. „Unser Sohn kämpfte wie zehn Löwen. Aber er war nur ein Halbwüchsiger, und die Männer schlugen ihn tot“, fuhr er fort. „Ich glaube, unser Sohn war Jahwes Opfer, um diese Frau zu beschützen.

Seit dieser Zeit hat sie viele Male mit der Stimme eines Orakels gesprochen. Hauptmann Lapidoth sagte, er sei kein Prophet. Aber es wurde verheißen, daß Gott in Zeiten der Krise einen Propheten erwecken will. Ist denn Deborah keine Prophetin? Möchte Sisera sie nicht deshalb fangen, weil seine eigenen Propheten ihm manches über sie erzählt haben? Wir sollten um göttliche Führung durch sie bitten.“

Man spürte die Spannung, die jetzt über allen Anwesenden lag. War die Frau von Lapidoth eine neue Prophetin? Erregtes Gemurmel war von allen Seiten zu hören. Lapidoth war bis zu seiner heutigen Rede nicht sehr vielen bekannt gewesen, und nur sehr wenige kannten bisher Deborah.

Deborah selbst war durch Hebers Worte völlig verwirrt worden und verharrte in überraschtem Schweigen.

„Aber wir kennen Deborah nicht." Purah, einer der Priester, hatte das Wort ergriffen. „Wenn sie eine Prophetin ist, was ist bisher eingetroffen von ihren Aussprüchen? Jahwe freut sich immer über gerechte und tugendsame Frauen. Aber du hättest dein Silber vielleicht auch ohne Deborahs Hilfe zurückbekommen. Wenn Jahwe durch Deborah spricht", fügte Purah durchaus freundlich noch hinzu, „werden wir es wissen."

Heber war schweißnaß, als er sich wieder neben seine Frau setzte. „Ich bin stolz auf dich, Heber", sagte Jael. „Was du gesagt hast, ist wahr, unser Sohn starb als ein Held."

Deborah blickte Heber verwundert an. „Was hast du getan?" flüsterte sie. „Ich bin doch kein Orakel."

Lapidoth hörte die Furcht in ihrer Stimme, als sie wiederholte: „Ich bin kein Orakel. Jahwe spricht nicht durch mich zu Israel. Es ist Gotteslästerung. Lapidoth, laß uns gehen. Ich wollte, diese Versammlung wäre vorüber und wir wären wieder in der Karawane."

Lapidoth lächelte: „Du möchtest also immer noch ein Karawanenmädchen sein?"

„Ja."

„Na komm. Ich habe meinem Vater einen Besuch versprochen."

Einige Zeit später gingen Dorcas und Deborah über den Marktplatz in Sichem. Plötzlich hörten sie hinter sich eine Stimme rufen: „Hallo, meine Dame! Hallo!"

Die beiden drehten sich um und sahen ein junges Mädchen zu ihnen laufen und winken. Sie war sehr einfach gekleidet und trug keinerlei Schmuck. Deborah schätzte sie auf vielleicht dreizehn Jahre. „Friede sei mit dir“, sagte sie, als das Mädchen atemlos vor ihnen stehenblieb.

„Friede sei auch mit dir!“ Das Mädchen verbeugte sich. „Bist du Deborah, die Prophetin?“

Deborah blickte überrascht zu Dorcas. „Ich bin Deborah, die Frau von Lapidoth“, antwortete sie.

„Meine Herrin bittet dich, auf sie zu warten. Sie möchte mit dir sprechen.“

„Wer ist deine Herrin?“ fragte Dorcas.

„Hannah, die Frau von Raham dem Kanaaniter.“

„Sage deiner Herrin, daß wir mit Kanaanitern nichts zu tun haben“, wies Dorcas sie ab.

„Warte.“ Deborah legte ihre Hand leicht auf den Arm ihrer Schwiegermutter. „Ich möchte dich nicht verärgern, Dorcas. Doch wir sollten hören, was dieses Mädchen uns zu sagen hat.“ Sie wandte sich wieder an das Mädchen. „Warum möchte deine Herrin mit mir sprechen?“

„Ich ... ich weiß es nicht“, stammelte das Mädchen. „Sie ist schon lange Zeit ganz unglücklich. Bitte, sage doch, daß du kommen wirst.“

„Wir gehen zu dem Brunnen in der Nähe des Nordtores. Dort will ich gern auf sie warten“, antwortete Deborah.

Als das Mädchen davonlief, blickte Dorcas Deborah tadelnd und mit zusammengepreßten Lippen an. Doch Deborah sagte lächelnd: „Danke, Dorcas, es ist die Liebe zu deinem Sohn, die dich um meine Sicherheit besorgt sein läßt. Lapidoth macht sich auch so viele Sorgen darum.“ Als wäre nichts geschehen, schob sie ihren Arm unter den ihrer Schwiegermutter. Die beiden Frauen gingen langsam weiter.

„Lapidoth wird wegen dir noch allerhand Mühe haben“, platzte Dorcas endlich mahnend heraus. Doch Deborah drückte ihr nur beruhigend den Arm.

Als sie den Brunnen erreichten, zog Deborah den

ledernen Eimer herauf und reichte ihrer Schwiegermutter mit ihrem eigenen Becher einen kühlen Trunk.

Dorcas nahm den Becher dankbar entgegen. „Du bist eine seltsame junge Frau“, sagte sie kopfschüttelnd. „Wieso bist du so schnell bereit, mit einer Feindin zu sprechen?“

„Niemand ist meine Feindin, es sei denn, sie wäre eine Feindin von Jahwe.“

„Du sprichst von Jahwe wie von einem Freund“, sagte Dorcas nachdenklich. Jeder wußte doch, daß die Götter sich nicht um die Menschen kümmerten, sie waren zu sehr mit ihrem eigenen Vergnügen beschäftigt. Man fürchtete die Götter und versuchte, sie mit Opfern zu besänftigen und günstig zu stimmen, doch wer konnte schon sagen, er hätte sie als Freund? Dorcas hoffte, Lapidoth würde all diesen Unsinn aus Deborahs Kopf vertreiben, ehe es zu schlimm wurde.

Dorcas betrachtete Deborah, während sie am Brunnen ausruhten. Sie war ein schönes Mädchen, aber offensichtlich zu ernst für ihr Alter, doch stark und mit großen Fähigkeiten. Ob sie bei ihren schmalen Hüften in der Lage sein würde, Kinder zu gebären? Aber Kinder wären für sie vielleicht gerade das Richtige; das würde ihr die seltsamen Ideen austreiben, die sie im Kopf trug.

Eine Sänfte wurde von vier großen schwarzen Männern herangetragen. Neben der Sänfte ging das junge Mädchen vom Markt. Als sie Deborah und Dorcas bemerkte, sagte sie einige Worte, und Minuten später wurde die Sänfte neben ihnen niedergesetzt.

Der Vorhang der Sänfte wurde beiseite geschoben. Die Frau, die herausschaute, mußte früher einmal sehr schön gewesen sein, doch jetzt konnte sie ihr Altern nicht mehr verbergen.

Deborah erhob sich. „Meine Dame, du hast nach mir gefragt?“

„Du bist Deborah?“ fragte die Fremde in traurigem Ton.

„Ja, ich bin Deborah. Sage mir, wie ich dir eine Hilfe sein könnte.“

Die Frau betrachtete Deborah so aufmerksam, als ob rundum nichts weiter existierte. „Du bist noch so jung“, sagte sie endlich. „Bitte, setz dich zu mir.“

Deborah setzte sich zu der Frau in die Sänfte.

„Ich bin Hannah, die Frau von Raham von Haroscheth, dem Königreich im nördlichsten Teil Kanaans. Mein Gatte ist sehr reich. Wir haben einen tüchtigen Sohn und eine sehr, sehr schöne Tochter, die noch ein Kind war, als der König Sisera sie zu Gesicht bekam. Sie war erst elf Jahre alt, aber wegen ihrer Schönheit forderte der König sie für sich, später wollte er sie dann als Tempeldienerin an den Tempel der Astarde abgeben. Auch unseren Sohn lernte er dabei kennen. Er war einige Jahre älter und sehr tüchtig. Der König nahm ihn ebenfalls für seinen Dienst.

Als wir immer wieder Bitten vorbrachten, uns unsere Kinder zurückzugeben, wurden wir von Sisera verbannt. Seither haben wir von unserem Sohn und unserer Tochter nichts mehr gehört und gesehen. Die Gedanken an meine Kinder quälen mich Tag und Nacht, und ich finde keine Ruhe mehr.“

Als Deborah den Kummer der Frau sah, wurde sie von Mitleid ergriffen und war bereit, für Hannah zu Jahwe zu beten, obwohl diese eine Heidin war.

„Deborah“, fuhr Hannah fort, „ich würde alles, was ich besitze, hergeben, könnte ich meine Kinder wieder bekommen. Es wäre mir auch ganz gleich, was bis jetzt mit ihnen geschehen ist.“

„Ich leide mit dir, Hannah, aber ich sehe nicht, wie ich dir helfen könnte“, sagte Deborah.

„Im Innersten meines Herzens fürchte ich, daß ich

meine Kinder für immer verloren habe. Meine Götter sind kein Trost für mich. Ich habe ihnen große Opfer gebracht, aber sie haben mir den Frieden des Herzens verweigert. Aber ich habe gehört, daß du anderen Frieden in ihr Leben gebracht hast. Sage mir, Deborah, wie kann man Frieden bekommen, wenn man von der Gnade der Götter abhängig ist und von der Gnade eines bösen Königs?"

„Es gibt keinen anderen Gott oder König als Jahwe", sagte Deborah sanft. „In Jahwe allein finden wir wahren Frieden."

„Und fordert Jahwe auch, daß die besten unserer Kinder zu seinen Tempeln gebracht werden?"

„Niemals würde Jahwe so etwas fordern. Schon allein der Gedanke daran ist Ihm ein Greuel", erklärte Deborah entrüstet.

„Dann kann dein Jahwe auch mir Frieden geben?" Ein wenig Hoffnung klang in dieser Frage Hannahs mit.

„Du bist keines von Jahwes Kindern", antwortete Deborahs freundlich. „Jahwe hat die Kanaaniter nicht gerufen. Aber ich werde für dich beten, damit du Frieden findest. Ich weiß aber nicht, ob Jahwe mich erhören wird."

Hannah begann leise zu weinen.

„Eines kann ich dir sagen", redete Deborah der weinenden Frau zu. „Vor Jahwe ist nichts verborgen. Obwohl du nicht zu Ihm gehörst, weiß Er, daß du Buße getan hast über deinen früheren Ehrgeiz, durch den du deine Kinder verlorst. Aber trotz des Verlustes deiner Kinder ist es nicht richtig, daß du dein Leben lang keinen Frieden mehr finden sollst. Ihr Verlust ist eine böse Tat einer bösen Welt und nicht übles Handeln von deiner Seite."

„O Deborah", seufzte Hannah, „schon allein diese Worte sind ein Trost für mich."

Deborah stieg aus der Sänfte. Sie lächelte der Frau ermutigend zu. „Leere dein Herz von allem, was an dir frißt, Hannah von Haroscheth, und vielleicht wirst du auch deine Kinder wiedersehen. Jahwes Friede sei mit dir.“ Damit ließ sie den Vorhang herunterfallen.

Dorcas wußte nicht recht, ob sie ärgerlich sein sollte oder nur verwundert. „Ist dir klar, daß dich viele Leute in vertrautem Gespräch mit einer Kanaaniterin gesehen haben? Das wird sich sehr schnell in Sichem herumsprechen. Was treibt dich dazu, Frau meines Sohnes?“

„Aber Dorcas, ich sehe in dieser armen Frau nicht mehr Übles als in jedem anderen Menschen.“

Dorcas schnaufte vor Entrüstung.

„Gute Dorcas, wie kann sie den Frieden Jahwes erlangen, wenn sie nicht einmal von Ihm weiß? Es ist schon in Ordnung vor Jahwe, daß ich dies getan habe“, schloß sie in ernstem Ton.

„Nun, nun, junge Frau, ich frage mich jedenfalls, wie sehr Lapidoth das in Ordnung finden wird. Wir wollen zum Lager zurückkehren.“

„Ja, Mutter von Lapidoth.“ Die beiden Frauen machten sich auf den Rückweg.

17. Kapitel

In jener Nacht erwachte Deborah plötzlich in den Armen ihres Gatten. Durch einen Spalt im Zeltvorhang konnte sie eine Anzahl Sterne glitzern sehen. Vorsichtig schlüpfte sie aus den Armen des schlafenden Lapidoth und erhob sich. Sie warf einen Umhang über und verließ das Zelt.

Eine seltsame Gegenwart schien die Luft zu erfüllen. Es war still, kein Tier rührte sich. Als Jahwes Liebe auf sie kam, eilte sie durch das Lager, hinaus auf ein Stoppelfeld, wo sie stehen blieb. Langsam breitete sie die Arme aus und drehte sich im Kreis. Sie blickte zum Himmel empor und trank die Herrlichkeit Jahwes ein. Ihr Herz klopfte, und übersprudelnde Freude durchdrang sie. „Ich bin hier, Jahwe! Ich, Deborah!“ rief sie.

Als sie sich selbst wieder bewußt wurde, war der größte Teil der Nacht schon vorüber. Weit im Süden wurde die Nacht von Blitzen erhellt, und entferntes Rumpeln des Donners drang durch die Stille. Sie spürte die Feuchtigkeit des Taus, der in der Stunde vor der Morgendämmerung fiel, und begann leise Jahwe zu preisen. Früher Nebel breitete sich aus.

Als sie sich umwandte und zum Lager zurückblickte, sah sie am Rand im Morgendunst eine schattenhafte Figur stehen. Sie ging darauf zu, und Lapidoth breitete die

Arme aus. Erst jetzt, als sie sich in seine Arme schmiegte und die Wärme seines Körpers fühlte, merkte sie, wie kühl es ihr geworden war. „Ich werde in Schiloh vor der Bundeslade zu den Stämmen sprechen“, sagte sie.

Sie spürte, wie sein Körper sich spannte, als er antwortete: „Die Bundeslade war immer hier in Sichem, sie ist nie nach Schiloh gekommen. Du mußt dich irren.“

Deborah schüttelte den Kopf. „Nein, mein Lieber, Jahwe hat deutlich zu mir gesprochen. Ich werde zwar morgen hier zu dem Volk sprechen. Doch du weißt ja, wie sie sind. Als du zu ihnen sprachst, haben sie ihre falsche Einstellung nicht eingesehen, sondern nach einem irdischen König gerufen. Das wird noch so bleiben. Erst wenn ich in Schiloh vor der Bundeslade zu ihnen spreche, werden sie auf mich hören.“

Lapidoth blickte seine Frau verwundert an. „Ich weiß, daß Jahwe dich mir gegeben hat, Deborah, aber manchmal habe ich direkt ein wenig Angst vor dir.“

Am Morgen sagte Deborah zu Jael und Heber, sie würde an diesem Tag auf dem Berg Garizim vor der Bundeslade vor dem Volk sprechen. Dann verschwand sie in ihrem Zelt.

Eifrig verbreiteten die Keniter diese Neuigkeit unter den Leuten. Dorcas, die ihre Tongefäße zum Verkauf vor ihrem Zelt aufgebaut hatte, hörte die Neuigkeit mit Stirnrunzeln. Sie ärgerte sich über die Metallarbeiter und hätte sich nicht gewundert, wenn sie kleine Götterbilder von Deborah hergestellt hätten. Dabei fragte sie sich, was Lapidoth zu diesem neuen Ärgernis sagen würde.

Unbemerkt von seiner Mutter war Lapidoth zum Tempel gegangen, während Deborah noch schlief. Er traf dort den Priester Phurah, der die Veränderung bemerkte, die in Lapidoth vorgegangen war. „Ich dachte, die Heirat macht das Herz eines Mannes froher, Lapidoth“, sagte er.

„Ich möchte dich wegen einer Angelegenheit, die

meine Frau betrifft, um Rat fragen“, begann Lapidoth und berichtete ernst von dem nächtlichen Erlebnis seiner Frau und ihrer Absicht, heute, am letzten Tag des Festes, vor den Versammelten zu sprechen.

Phurah hörte aufmerksam zu und unterbrach ihn ab und zu mit einer Frage. Lapidoth schloß mit den Worten: „Ich bin ganz sicher, daß meine Frau nicht verrückt ist. Was ist deine Meinung?“

„Moses sagte, dadurch, daß die Aussprüche der Propheten wahr werden, sollen wir merken, daß Jahwe sie gesandt hat“, bemerkte Phurah.

„Wie meinst du das?“ fragte Lapidoth.

„Wir wollen hören, was sie zu sagen hat.“

Erleichtert durch die Ruhe des jungen Priesters erhob sich Lapidoth, um zu gehen. Er blieb stehen und sagte: „Da fällt mir noch ein, sie sagte, das Volk wird nicht auf sie hören. Erst wenn sie vor der Bundeslade zu ihnen spricht.“

„Es ist den Frauen verboten, vor der Bundeslade zu sprechen.“

„Trotzdem behauptet sie das.“

„Und wann soll das sein?“

„Wenn die Bundeslade nach Schiloh gebracht worden ist.“

Nun mußte Phurah lachen. „Ich glaube, da brauchst du keine Sorge zu haben, Bruder Lapidoth. Kennst du Schiloh?“

„Es ist mein Heimatort“, nickte Lapidoth. „Ein armseliges Dorf kleiner Bauern und Hirten.“

„Du weißt selbst, es gäbe dort nicht einmal ein Haus für die Lade des Bundes“, fügte Phurah hinzu. „Ich würde sagen, du solltest dich sehr um deine Frau kümmern, Lapidoth.“

Lapidoth blickte sich in dem prächtigen Haus um, das der Aufenthaltsort der Bundeslade war. „Du hast wohl recht. Jahwe würde dieses Haus nicht aufgeben, um in Schiloh in einem Zelt zu wohnen. Vielen Dank, Phurah." Er griff in seinen Beutel und drückte dem Priester einige Silbermünzen in die Hand.

„Jahwe segne dich, Lapidoth, und gebe dir viele prächtige Söhne."

Als Lapidoth jetzt durch die Straßen ging, bemerkte er, daß viele ihn neugierig anblickten. Im Vorübergehen vernahm er Worte wie: „Das ist der Gatte von Deborah", oder „Der Ehemann der neuen Prophetin". Er bemerkte, wie Ärger langsam seine Seele ergriff. Es wurde wirklich Zeit, daß sie zusammenpacken konnten und er Deborah nach Schiloh brachte.

Deborah war nicht in ihrem Zelt, als Lapidoth das Lager betrat. Außer den Wachen schien das ganze Lager verlassen zu sein. Selbst seine Mutter, die während der ganzen Woche nicht zum Berg gegangen war, und auch sein Vater mit dem Ochsenkarren waren verschwunden. Lapidoth beeilte sich, ebenfalls zum Garizim zu kommen.

Als er zu der großen Versammlung am Garizim kam, hielt er Ausschau nach dem Ochsenkarren. Ehe er ihn erreichte, hörte er schon laute ärgerliche Stimmen vom Berg her. Es schien unglaublich, aber dort diskutierte eine Frau mit den Priestern.

„Es ist Moses Gesetz", hörte er die laute Stimme eines großen Priesters. „Frauen ist es nicht erlaubt, in einer heiligen Versammlung zu sprechen!"

„Aber Deborah ist eine Prophetin!" rief Jael ebenso laut zurück. „Willst du es wagen, dich gegen Jahwes Prophetin zu stellen?" Sie hatte ihre Arme in die Hüften gestemmt und sah die Priester, die sich wie schützend vor der Bundeslade aufgestellt hatten, herausfordernd an.

„Man kann mehr Vernunft von Schafen erwarten als von Frauen!" rief ein anderer Priester.

„Seht, da kommt sie!“ rief jemand aus der Menge.

„Das ist Gotteslästerung!“ rief der erste Priester. „Wir werden es nicht erlauben!“

Hoch aufgerichtet ging Deborah die letzten Schritte den Berg hinauf auf die Priester zu. Deren Augen weiteten sich, sie schienen nicht gewiß, was sie tun sollten. Da riß der erste Priester die Arme empor und schrie, so laut er konnte: „Ich erkläre die heilige Versammlung für beendet! Das diesjährige Erstlingsfest Jahwes ist vorüber!“ Er ergriff eine der Stangen, die zum Transport der Bundeslade gebraucht wurden, und schob sie durch die Ringe an der Lade. Andere Priester taten nun gleiches an der anderen Seite.

„Wartet!“ rief Phurah, da Deborah jetzt den Platz, da die Lade stand, erreicht hatte. Doch die Priester nahmen die Bundeslade nun auf die Schultern und trugen sie den Berg hinunter.

Erregung hatte auch die Versammlung ergriffen, überall wurden Rufe laut. Doch endlich beruhigten sich die Israeliten wieder, und dann war es, als lege sich ein Gefühl der Erwartung über die Menge des Volkes.

Deborah hatte sich jetzt den Versammelten zugewandt. Doch ihre Blicke gingen über die Menschen hinweg, als schaue sie auf etwas, das erst noch kommen sollte.

Ruhe war eingetreten, und dann schallte ihre klare jugendliche Stimme vom Berg herab: „Das sagt der Herr: Meine Dienerin Deborah soll zum Fest der Erstlingsfrüchte für mich sprechen! Sie soll Meine Kinder vor dem Sturm warnen, der gegen sie heraufzieht. Sie soll Mein Volk ermahnen, denn sie blicken nach anderen Göttern. Ich will dafür sorgen, daß die Dürre das ganze Land überzieht. Ich will Mein Volk plagen, weil sie widerspenstig sind und nicht einig sein wollen. Wenn sie nicht Buße tun, werde ich sie den Geiern vorwerfen, damit diese ihr Fleisch fressen. Ich werde ganz gewiß all jene strafen, die

Meine Gebote nicht halten, denn dies ist Mein Volk, und Ich bin Jahwe! Ich bin der Herr!"

Eine eigentümliche Furcht befiel die Menge. Hier und da hörte man Stimmen, die Einwände vorbrachten: „Wir sind hilflos gegen die Männer, die mit ihren Streitwagen über die Ebenen donnern und unsere Felder verbrennen. Wie können wir gegen die Wüstenräuber ankommen, die auf ihren Kamelen über uns herfallen, uns berauben und dann wieder verschwinden? Beweist Jahwe Seine Liebe zu uns, Seinem Volk, darin, daß Er zu allen unseren Sorgen auch noch eine Dürre sendet! Was soll das alles bedeuten, Deborah, sage uns das?"

Deborah streckte ihre Hand aus. „Fragt eure Führer, eure Richter und eure Priester, und prüft eure eigenen Herzen. Ich kann euch nur das sagen, was Jahwe zu mir geredet hat."

Als Deborah in die Masse der zornigen Gesichter blickte, überkam sie eine große Müdigkeit. Dann war Lapidoth an ihrer Seite, und auch Jael. Als sie durch die Menge hindurch den Berg hinunter ging, wurden überall Hände ausgestreckt, um ihr Gewand zu berühren. Doch sie sah auch Gesichter voller Zorn und Haß

Naomi stellte sich ihr in den Weg und rief: „Im letzten Frühling erlaubte Jahwe den Midianitern, die Hälfte unserer Felder abzubrennen. Unser Land wird schon jetzt von einer Trockenheit heimgesucht. Wieso sind wir widerspenstig gewesen, Deborah? Wir dienen keinen fremden Königen, und in unserem Haus befindet sich kein falscher Gott oder ein Götzenbild. Ich sage, deine Visionen sind nur leere Träume." Mehrere Zuhörer nickten bei diesen Worten eifrig.

„Halt, Naomi!" hörte man nun eine Stimme, der man die Autorität des Redenden anhörte. Ein Mann, etwa im Alter von Lapidoth, trat vor. „Ich bin Boas, ein Verwandter von Elimelech, dem Gatten von Naomi. Vergib

Naomi, Deborah. Sie spricht aus der Bitterkeit ihres Herzens, nicht aus Mangel an Gehorsam. Wir sind immer versucht, schlechte Nachrichten in Zweifel zu ziehen."

„Habe Dank, Boas", sagte Lapidoth.

„Warum verteidigst du sie?" Naomi fuhr Boas an.

„Siehst du nicht, daß Jahwe sie berufen hat?" antwortete Boas.

18. Kapitel

Wie Lapidoth es gesagt hatte, verließ er Sichem am nächsten Tag. Die Karawane war unter der Führung von Ira schon nach Hebron aufgebrochen, das etwa eine Woche südlicher im Gebiet des Stammes Juda lag. Lapidoth wollte wieder zu ihr stoßen, sobald er seine Familie sicher nach Schiloh gebracht hatte.

Von der Mauer am Nordtor aus blickte Joasch der Karawane nach. Er war fast völlig wieder geheilt. Lapidoth hatte ihm neue Kleidung geschenkt. Deborah hatte ein Paar Sandalen dazugelegt, die Gemalli gehört hatten, und von Ira hatte er einen Dolch erhalten.

Als die Karawane in der Ferne verschwand, ordnete Joasch nochmals sein Haar und machte sich dann auf den Weg zu Kanah. Er fand ihn, im Schatten vor seinem Geschäft sitzend. Sein langer weißer Bart fiel ihm bis auf die Brust hinunter. Hinter ihm in seinem Geschäft arbeiteten Frauen an Webstühlen und stellten Stoffe mit vielerlei verschiedenen Mustern her.

Joasch grüßte den Stadtältesten höflich und wartete, bis dieser ihn zum Sitzen einlud. Nachdem eine Dienerin Wein gebracht hatte, kam er auf sein Anliegen zu sprechen: „Kanah von Manasse“, begann er, „ich habe gehört, du seiest der weiseste Israelit von ganz Sichem.“

Kanah blickte ihn amüsiert an. „Hast du irgendein Anliegen, junger Freund, und willst mich günstig stimmen?“

„Nein, Herr, ich sage dies, weil es wahr ist. Ich möchte dir einen Vorschlag unterbreiten.“

Kanah lehnte sich bequem in seinem Stuhl zurück. „Also gut, laß mich hören.“

„Als ich noch mit anderen Karawanen überfiel, um leben zu können – Herr, du mußt wissen, entflohene Sklaven haben nicht viele Möglichkeiten, für ihren Lebensunterhalt zu sorgen –, haben wir oft abends am Lagerfeuer damit geprahlt, wie leicht es ist, kleine Städte und Marktplätze zu überfallen. Dann begegnete ich Lapidoth und seinen Leuten und erkannte den Wert einer gut beschützten Karawane. In Sichem aber leben hundertmal mehr Menschen als in einer Karawane. Sollte deshalb Sichem nicht auch einen guten Schutz haben?“

„Wir haben Mauern, aber die Karawanen haben keine.“

„Du und Lapidoth, ihr habt beide auf der Stammesversammlung von der fehlenden Einigkeit eurer Stämme gesprochen, deshalb könnt ihr auch nur so wenig Widerstand leisten. Eure Probleme liegen *innerhalb* eurer Mauern, Kanah. Was ihr braucht, ist eine Armee.“

Kanah fuhr sich nachdenklich über den Bart.

Joasch fuhr fort: „Selbst wenn ihr Stadtältesten einen Übeltäter zu einer Strafe verurteilt habt, kommt er gewöhnlich unbestraft davon, weil ihr keine Soldaten habt, die euren Beschluß ausführen und das Urteil vollstrecken. Wenn zum Beispiel jemand ein Mädchen vergewaltigt, das in deinem Geschäft arbeitet, wer bestraft dann den Übeltäter?“

„Ihre Brüder natürlich.“

„Und wenn sie keine Brüder hat?“

„Ihr Vater, ihre Onkels oder ihre Cousins. Joasch, willst du sagen, wir brauchen eine Armee, um unsere Witwen und Waisen zu beschützen? Dafür haben wir unsere Gesetze.“

Und wenn Familien Streitigkeiten mit Ephraimiten haben, die in Sichem leben, um den Besitz eines bestimmten Feldes, oder gar mit Kanaanitern oder Philistern, gibt es da genug Männer, die dafür sorgen, daß den Leuten aus Manasse Gerechtigkeit widerfährt?“

Kanah runzelte die Stirn. „Was du vorschlägst, könnte uns noch mehr trennen, statt uns zusammenzuführen. Solange sich Männer gegenseitig aufeinander verlassen, brauchen sie keinen Schutz durch Söldner. Ist es nicht besser, auf deinen Nachbar für Hilfe zu vertrauen als auf Fremde?“

„Ich habe Städte gesehen, in denen ein Mann die Macht hat, und seine Soldaten machen mit den Bürgern, was sie wollen. Sie tun Unrecht, aber niemand hindert sie.“

„Du sprichst ohne Zweifel von den kanaanitischen Königen, Joasch, aber bei uns ist Jahwe König.“

„Dann baue eine Truppe mit Soldaten auf, die Jahwe gehorchen und die von den Ältesten kontrolliert werden. Ich habe gehört, Kanah, daß jeder zu dir kommt, der Gerechtigkeit sucht. Aber was geschieht, wenn diese Gerechtigkeit auch Strafe erfordert, vielleicht gegen jemand, der nicht eurem Gott gehorcht. Wer wird dann die Strafe vollziehen?“

„Wir überlassen dies dann Jahwe.“

Joasch nahm kopfschüttelnd einen Schluck Wein.

Kanah fuhr fort: „Ich hörte von Hamid, daß du ein Schreiber bist. Wie willst du dir deinen Lebensunterhalt verdienen? Ich hoffe, du kehrst nicht zu deinem früheren Leben zurück.“

„Brauchst du einen Schreiber?“ fragte Joasch.

„Ich habe einen Schreiber viel nötiger als einen Soldat. Aber nur aus Interesse: Wie würdest du denn eine solche Armee organisieren, die du vorschlägst?“

Schnell erklärte Joasch seinen Plan: „Ich bin sicher,

daß jede Familie in Sichem einen kleinen Betrag zahlen würde. Davon könnten wir eine kleine, aber sehr tüchtige Truppe aufstellen, die in den Straßen patrouilliert, so daß die Bürger sich sicherer fühlen und Diebe und Räuber sich in andere Städte verziehen. Außerdem könnten wir, wenn die Ernte heranreift, auch die Felder gegen Überfälle schützen."

„Sicher, eine solche Truppe würde viele Verbrecher abschrecken. Aber du bist ein Kanaaniter, Joasch. Warum machst du dir Sorgen um unser Wohlergehen?"

„Weil ich glaube, daß dies die richtige Aufgabe für mich wäre."

Kanah war beeindruckt, obwohl er sich das selbst nicht recht zugeben wollte. „Männer, die Farmer oder Händler sind, ziehen nicht mehr gern in den Kampf, da hast du recht", sagte er nachdenklich.

„Das stimmt", nickte Joasch. „Man sollte das Kämpfen den Soldaten überlassen."

„Ich werde morgen mit den anderen Ältesten darüber sprechen", erklärte Kanah sich einverstanden.

Naomi, Elimelech, ihre Söhne und andere vom Stamm Juda zogen mit einer großen Schar anderer Pilger vom Fest der Erstlingsfrüchte zurück in ihre Städte. Zwei Tage zogen sie südwärts, immer wachsam nach Banditen Ausschau haltend. Nachts machten sie kein Feuer, sondern versteckten sich in Höhlen und hinter Felsen.

Als sie sich Bethlehem näherten, seufzte Naomi immer häufiger, so daß Elimelech endlich fragte: „Was bekümmert dich denn, Naomi?"

„Nächstes Jahr ist das Jahr, von dem Jahwe gesagt hat, daß die Dürre das ganze Land überziehen würde."

„Machst du dir deshalb Sorgen?"

„Wir ernten in diesem Jahr der Trockenheit wegen schon sehr wenig. Wird es im nächsten Jahr noch schlimmer, werden wir es kaum überstehen.“ Naomi blickte in Richtung Osten, auf die Berge in der Ferne. „Weißt du, Elimelech“, sagte sie listig, „in Moab herrscht keine Dürre.“

„Auch wir werden die schwere Zeit überstehen, Naomi“, sagte Elimelech ermutigend.

„Nicht, wenn die Trockenheit noch schlimmer wird. Übertrage unsere Felder einem vertrauenswürdigen Mann, von dem wir sie wiederbekommen, wenn wir in wenigen Jahren zurückkehren. Inzwischen laß uns nach Moab ziehen und dort säen und ernten.“

„Aber Jahwe hat durch Deborah gesagt, wir sollen in dem Land bleiben, das Er uns gegeben hat.“

„Aber das waren nur die Worte der Frau Deborah.“

„Sie ist doch eine Prophetin.“

„Das behauptet sie“, gab Naomi zurück. „Aber für sie ist es ja auch leichter, in schweren Zeiten durchzukommen; sie hat keine Kinder, für die sie sorgen muß.“

„Also gut, Naomi“, willigte Elimelech ein. „Wir werden sehen, daß wir jemand finden, dem wir unsere Felder anvertrauen können. Aber nur für kurze Zeit. In zwei bis drei Jahren werden wir zurückkehren.“

Naomi klatschte vor Freude in die Hände und umarmte ihren Gatten.

Noch zwei andere, die das Fest beobachtet hatten, verließen Sichem sehr zufrieden. Gaius und Sacar zogen mit dem Esel, der ihr Gepäck trug, in nordwestlicher Richtung nach Taanach. Unterwegs unterhielten sie sich darüber, daß König Sisera ihnen sicher eine große Belohnung zahlen würde, wenn sie ihm Nachricht bringen konnten, wo er die Prophetin Deborah finden konnte.

19. Kapitel

König Sisera lehnte an der Brustwehr der Stadtmauer von Taanach. Querabliegend vom Paß von Meggido, etwa sieben Kilometer entfernt, konnte er die Überreste einer anderen Festung sehen, die jetzt in Trümmern lag. Vor etwa einhundert Jahren hatte man Megiddo für uneinnehmbar gehalten, so wie Taanach jetzt. Durch den engen Paß zogen die reichsten Karawanen der Welt. Es war der Scheitelpunkt der Hauptstraße zwischen Damaskus und dem großen Meer (Mittelmeer) und von Phönizien nach Ägypten. Wer den Paß kontrollierte, konnte durch hohe Zollgebühren an dem Reichtum der Völker teilhaben.

Ein erfrischender Wind wehte von dem etwa 25 Kilometer weiter westlich gelegenen großen Meer herüber. Von Taanach aus bis zum Berg Tabor erstreckte sich die weite fruchtbare Ebene von Jesreel. Hier arbeiteten Siseras Sklaven und bauten Getreide, Gemüse und Früchte an. Auf den Hängen der Berge, die zu steil waren zum Anbau, weideten große Herden von Schafen, Ziegen und Rindern.

Vor etwa einem Jahr hatten die Israeliten vom Stamm Manasse die befestigte Stadt Jesreel erobert, zerstört und in Besitz genommen. Im Kampf waren die Israeliten wilde und tapfere Krieger. Mit Keulen und anderen Holzwaffen gingen sie auf ihre mit Metallwaffen ausgerüsteten Feinde los. Diese dickköpfigen Stämme! Warum hätten sie nicht auf der anderen Seite des Jordans bleiben können? Warum mußten sie unbedingt nach Kanaan kommen? Nun hatten sie die meisten Berggebiete des Landes erobert und waren kaum wieder daraus zu vertreiben. Siseras Kriegswagen waren in dem Bergland nicht zu gebrauchen.

Vor rund einer Generation hatte der israelitische Stamm Ephraim weiter südlich einen Angriff gegen die in den Vorbergen liegenden Städte der Philister unternommen. Nach mehreren Niederlagen hatten die Philister sich zusammengeschlossen und die Ephraimiten wieder in ihr Bergland zurückgedrängt. Doch ganz gleich, von welcher Seite aus Sisera die Dinge betrachtete, irgendwann würde er mit den Israeliten kämpfen müssen.

Es war nicht der Krieg, den Sisera fürchtete, sondern die interne Uneinigkeit. Als König Jabin noch regierte, hatte Sisera ihm als Offizier gedient. Doch Jabins Reich war zerbrochen, weil die kleineren Könige Kanaans sich immer wieder gegen ihn wandten. Sisera hatte von dem Zusammenschluß der Philisterstädte gelernt. Zum Glück waren die Philister noch damit beschäftigt, ihre innere Festigkeit auszubauen. So blieb Sisera vor Angriffen von dieser Seite verschont, und er konnte die kleinen Stadtkönige Kanaans einen nach dem anderen unterwerfen.

Als kluger Diplomat hatte Sisera eine Art Frieden mit den Philistern und auch mit den Phöniziern zustande gebracht. Der Preis dafür war, daß er die Karawanen dieser beiden Länder beschützte, wenn sie auf der großen Handelsstraße durch sein Land zogen, und daß er von ihnen am Paß von Megiddo einen viel niedrigeren Zoll als von den anderen verlangte.

Die Israeliten, die in das Land eingedrungen waren und auch Jesreel immer noch besetzt hielten, drohten, dieses Machtgleichgewicht zum Einsturz zu bringen. Sollte es zu größeren Auseinandersetzungen kommen, konnte es auch noch geschehen, daß die Großmacht Ägypten sich einmischte. Der Pharao Ramses IV. wünschte Ruhe an seinen Grenzen und sichere Handelswege.

„König Sisera!“

Sisera drehte sich um. Ein junger Soldat stand vor ihm. „Ja, Omar?“

„Der neue Gerber, den du mitgebracht hast, Herr, möchte wissen, ob du heute noch in die Gerberei kommst. Es geht um einen neuen Harnisch.“

„Sage ihm ... Oder halt, ich gehe gleich jetzt zu ihm.“

Die Stadt hatte zwei Mauern. Eine äußere, hinter der die meisten Bürger wohnten, und eine innere, hinter der sich der Königspalast, der Tempel, die Vorratshäuser und auch die Werkstätten der Handwerker befanden. Hier fand man an einer Straße Weber, Schmiede, die Gerberei und andere Werkstätten, die für eine Stadt nötig waren.

Sisera erreichte die Gerberei. Was, im Namen aller Götter, würde er Schamer erzählen, wenn seine Männer hier mit Deborah ankamen? Er fragte sich, warum sie bisher noch nicht zurück waren. Doch er hatte sie ermahnt, vorsichtig und geduldig zu sein, denn Deborahs Sicherheit war am wichtigsten.

Sisera betrat die Gerberei. Schamer aus Naphtalie kommandierte ein halbes Dutzend Männer, wärend er selbst mit der Bearbeitung einer großen Pferdehaut beschäftigt war. Sein Gesicht war gerötet und seine Muskeln traten stark hervor. Als der König erschien, unterbrach er seine Arbeit und wischte sich den Schweiß von der Stirn. „Guten Morgen, Schamer, ich habe deine Meisterhand an dem neuen Harnisch von Schassbar gesehen.“

Schamer nickte. „Die Schwierigkeiten, die ihr vorher hattet, lagen darin, daß ihr Leder benutztet, das nicht sehr fest war. Was die neuen Harnische für die Streitwagen betrifft, Herr ...“

Sisera hörte aufmerksam zu. In dem Monat seit seiner Ankunft hatte Schamer bewiesen, daß er ein überaus guter

Experte war und sein Handwerk verstand. Die Gerberei hier war dreimal so groß wie seine armselige Werkstatt in Hammath, und er hatte die besten Werkzeuge, die zu bekommen waren.

„Wie gefällt es dir in Taanach, Schamer?" fragte Sisera endlich. „Bist du auch mit deiner Wohnung zufrieden?"

„Wenn ich nicht meine Kinder vermissen würde, wäre ich so glücklich, wie ein Mann nur sein kann", antwortete der Gerber.

„Ich werde sie einladen, wenn du es wünschst", versprach der König.

Schamer strahlte bei diesen Worten, und der König lachte innerlich. Er wandte sich Omar zu, der in diesem Augenblick wieder erschien.

„Herr, zwei Bauern warten am inneren Tor. Sie möchten mit dir sprechen."

„Worüber?"

„Sie sagen, sie kämen von Sichem und ..."

Sisera zog den Soldat schnell von Schamer weg. „Von Sichem?" wiederholte er. „Ist eine Frau mit ihnen?"

Leichter Spott flackerte in Omars Augen. „Nein, mein Herr", antwortete er.

„Oh!" Offensichtlich waren es doch nicht die Soldaten, die er ausgesandt hatte. „Sie sollen sich erfrischen, dann bringe sie zu mir."

Die beiden Männer, die eine Stunde später vor Sisera erschienen, machten einen sehr nervösen Eindruck. Sie verbeugten sich, und einer sagte: „Er ist Sacar, und mein Name ist Gaius." Der andere fügte hinzu: „Wir sind Hirten, Herr."

„Seid uns willkommen, ihr seid sicher hier bei uns", antwortete der König.

Was die beiden Männer ihm berichteten, machte Sisera ärgerlich und besorgt zugleich. „Da waren auch Habiru bei der Karawane, die sahen, wie meine Soldaten getötet wurden?"

„Ja, Herr, es ging dabei um die rothaarige Frau, die Deborah heißt. Dann war da der Habiru Joasch."

„Joasch, sagst du? Ich hatte einen Sklaven mit diesem Namen."

„Er ist es wohl, Herr. Sein Ohr war durchbohrt", sagte Sacar. „In Sichem ritten er und zwei andere Männer auf deinen Pferden."

„Und ihr sagt, die Frau heiratete dann den Führer der Karawane?"

„Ja, Herr. Den Hauptmann Lapidoth."

Sisera runzelte die Stirn. Er kannte den großen Philister. Welche Lügen hatte Schamer ihm da erzählt: Deborah sei verlobt gewesen mit einem Ephraimiten."

Gaius berichtete weiter: „Dann gingen wir zum Berg Garizim, um zu sehen, was an diesem Tag in der Versammlung geschehen würde. Dort trat diese Deborah vor das Volk und behauptete, sie spräche im Namen ihres Gottes."

„Was sagte sie?" Sisera unterbrach sich. „Halt, wartet." Er rief nach einem Diener und befahl ihm, Darkon, den Hohenpriester des Gottes EL BAAL zu holen. Darkon war sehr erfahren mit anderen Religionen. Während sie warteten, fragte Sisera die beiden Männer über Deborah aus. Es dauerte geraume Zeit, bis Darkon erschien. Er wollte damit demonstrieren, daß er kein Diener des Königs war und daß man ihm nicht befehlen konnte. Er kam, wenn es ihm paßte.

„Ich bin dankbar, daß dein heiliger Dienst dir Zeit ließ, meiner Einladung zu folgen", sagte Sisera schmeichelnd.

Darkon nickte, ohne auf Siseras Worte einzugehen.

„Darkon, glaubst du, du könntest etwas über die Aussprüche eines Propheten eines anderen Gottes sagen?"

„Um welchen Gott handelt es sich?"

„Um den unbekannten Gott der Israeliten, den sie Jahwe nennen."

„Von Ihm ist sehr wenig bekannt, König Sisera. Aber ich will es immerhin versuchen."

Sisera wandte sich wieder den beiden Männern zu. „Nun berichtet, was Deborah den Israeliten sagte", forderte er.

Gaius begann: „Sie sagte: Das sagt der Herr: Meine Dienerin soll beim Fest der Erstlingsfrüchte zu Meinem Volk reden. Sie soll Meine Kinder vor dem Sturm warnen, der gegen sie heranzieht. Sie soll sie ermahnen, denn sie blicken nach anderen Göttern. Ich werde Mein Volk mit einer Dürre plagen, denn sie sind widerspenstig und halten nicht zusammen. Ich werde sie in die Hände der Geier geben, die ihnen das Fleisch von den Knochen reißen werden, wenn sie nicht Buße tun und umkehren. Ich werde ganz gewiß alle, die Meinen Bund nicht halten, auf diese Weise bestrafen. Ich bin Jahwe! Ich bin der Herr!"

Sisere klatschte in die Hände. „Bei allen Göttern! Ihr Gott ist auf unserer Seite. Nun, Darkon, sage mir, was du aus diesen Worten erkennen kannst." Er fragte die beiden Boten: „Haben die Leute ihr geglaubt?"

„Wir wissen es nicht, Herr. Viele waren ärgerlich, als Deborah ihre Rede beendet hatte."

„Menschen reagieren so, wenn sie hören, was ihnen nicht gefällt." Darkon wandte sich nun dem König zu. „Ich weiß nicht recht, Sisera. Wenn sie gute Dinge vorausgesagt hätte, wäre es leicht gewesen zu sagen, man muß die Sache nicht ernst nehmen. Niemand, der vernünftig ist, wird einem Volk so üble Sachen sagen."

„Du könntest sagen, daß sie ein wenig verrückt ist, Herr", sagte Sacar eifrig.

„Deborahs Vater steht in meinen Diensten", überlegte Sisera und freute sich über Darkons Erstaunen. Es war immer gut, wenn man noch etwas auf Lager hatte, womit man die anderen überraschen konnte. „Ich werde einmal mit ihm darüber reden. Erst heute erwähnte er, er würde sich freuen, wenn seine Kinder ihn besuchten. Glaubst du nicht, wir sollten diese Deborah einladen?“

Gaius und Sacar wechselten besorgte Blicke, und Gaius schüttelte leicht den Kopf. Doch Darkon hatte den Blick und das Kopfschütteln bemerkt. „Ich denke, ich sollte diese beiden Boten belohnen, König Sisera“, sagte er gnädig.

„Bitte, tue das“, stimmte der König zu.

Während Darkon mit den beiden Boten verschwand, begann Sisera darüber nachzudenken, wie es sein würde, wenn er Deborah in seine Gewalt bekäme. Freudig rieb er sich die Hände. Als Darkon endlich zurückkehrte, sagte der König zu ihm: „Ich habe noch nie näheren Umgang mit einer Prophetin des unbekannten Gottes gehabt.“

„Du hast dich überhaupt nie sehr viel um Religion gekümmert“, stellte Darkon fest.

„Wie kannst du das sagen?“ ärgerte sich Sisera. Schau dich nur einmal in diesem Raum um. Da steht das Götterbild von EL BAAL, unseres großen Gottes, und dort das von seiner Gefährtin Aschera. Und hier haben wir noch Dagon, den alten Fischgott der Philister mit seinem Fischkörper. Ich achte alle unsere Götter.

„Denke an das, was ich dir jetzt sage“, mahnte der Priester. „Diese Frau bedeutet Schwierigkeiten für uns. Verbanne sie aus deinen Gedanken.“

Sisera starrte Darkon ungläubig an. „Ich werde sie einladen. Und sie wird kommen“, erklärte er. „Rufe einen Schreiber für mich!“

„Ich glaube nicht, daß ich das tun werde.“

„Nein? Wer kann sich weigern, König Siseras Befehle auszuführen?“

„Sei vorsichtig, Sisera, daß du nicht über deine Möglichkeiten hinausgehst. Mir gefällt dein Interesse an dieser selbsternannten israelitischen Prophetin überhaupt nicht."

„Ach was!" wischte Sisera die Mahnung hinweg. „Sag mir, Darkon, glaubst du an unsere eigenen Propheten?"

„Dann willst du sie also gar nicht haben, weil sie eine Prophetin ist, sondern du willst nur wieder eine andere Frau?" fragte der Priester spöttisch.

„Sicher", bestätigte der König. Aber sie ist nicht nur eine andere Frau, sondern sie beherrscht mein Denken. „Ich werde zehn vertrauenswürdige Männer und zwei Dienerinnen schicken, die sich auf der Reise zu uns um sie kümmern. Außerdem soll ihr Vater ihr ein ganz besonderes Geschenk machen, das ich ihm geben werde."

„Ehe du diese Israelitin einlädst, kluger Sisera, höre noch folgendes:" Der König blickte Darkon zornig an, doch dieser fuhr ungerührt fort: „Die beiden Boten berichteten mir noch von einem sehr unglücklichen Vorfall: Einer deiner drei Männer, die du gesandt hattest, diese Deborah zu entführen, tötete bei diesem Zwischenfall den Bruder der Israelitin, der wohl Gemalli hieß."

Sisera fuhr verblüfft zurück. Dann entfuhr ihm ein Fluch. „Laß mich jetzt allein!" schrie er den Priester an, und fügte wütend hinzu: „Diese Narren! O diese großen Narren!"

Wenn er Schamer davon berichtete, würde dieser sich nicht bereit finden, Deborah einzuladen. Erzählte er ihm nichts, würde der Gerber es von seiner Tochter erfahren, und wie würde er dann reagieren? Gut, er konnte Schamer töten. Seinen besten Lederarbeiter umbringen? Das kam nicht in Frage. Keine Frau war das wert. Er würde Deborah vergessen müssen. Er würde Schamer den Tod seines Sohnes mitteilen, das war er ihm schuldig.

20. Kapitel

Deborah fühlte quälenden Durst, als sie an dem Brunnen vorüberzogen, der innerhalb des Stadttors von Schiloh lag. Doch da niemand anders ein ähnliches Verlangen zu haben schien, schwieg sie. Schiloh war, wie Hammath, ein kleiner Ort, doch damit hörte die Ähnlichkeit schon auf. Hier gab es keinen kühlenden Wind, der von einem nahen See herüberzog, sondern nur heißes, staubiges Land.

Endlich zügelte Lapidoth sein Pferd vor einem kleinen weißen Haus, auf dessen Dach es noch einen Raum gab, und angebaut im Hof eine Werkstatt.

„Wir sind daheim!" rief Dorcas, rutschte vom Esel und verschwand in dem Haus. Lapidoth hob seinen Vater vom Ochsenkarren, als Dorcas mit einem Armvoll Kissen und Decken erschien, die sie auf einer Art breiten Bank ausbreitete, damit der Hausherr hier gut sitzen konnte.

„Ah!" Dimon sank dankbar in die Kissen. „Nichts ist mit dem eigenen Heim und der eigenen Familie vergleichbar." Sein Lächeln schloß Deborah ein.

Deborah lächelte zögernd zurück und blickte sich dann nach Lapidoth um. Er war damit beschäftigt, einen großen Gegenstand von dem Wagen zu laden.

„Hier ist dein neues Töpferrad, Mutter!" rief er eifrig. Du kannst nun schneller Gefäße herstellen, als Vater sie bemalen kann. In Babylon werden sie auf folgende Weise benutzt." Unbeholfen versuchte er zu demonstrieren, wie man mit der Töpferscheibe arbeiten mußte.

Dimon, der ihm voller Staunen zusah, rief bewundernd: „Welch eine großartige Sache! Warum haben wir nie an so etwas gedacht?“

„Wir wollen es in die Werkstatt tragen, Mutter. Wo sollen wir es hinstellen?“

Zwei seiner Männer folgten ihm und seiner Mutter mit der Töpferscheibe in den hölzernen Anbau. Auch Deborah blickte in die Werkstatt und betrachtete interessiert die herumstehenden Werkzeuge und die verschiedenen fertigen und halbfertigen Tongefäße.

Dorcas verließ die Werkstatt wieder und sagte: „Lapidoth, laß deine junge Frau nicht so lange in der heißen Sonne stehen, sondern bring sie ins Haus.“ An Deborah gewandt fügte sie hinzu: „Unser armseliges Haus ist nicht darauf vorbereitet, die Frau meines Sohnes zu empfangen. Aber alles, was hier ist, gehört auch dir.“

„Vielen Dank“, flüsterte Deborah.

Sie folgte Dorcas in das dunklere und kühlere Innere des Hauses. Über dem Herd war die Wand schwarz von Ruß. Überall hingen hölzerne Regale an den Wänden, auf denen Gefäße mit Gewürzen, Ölen und anderen Dingen standen. In einer Nische über dem Schlafteil erblickte Deborah etwas, das ihr Blut fast gefrieren ließ. Sie warf Lapidoth einen schnellen Blick zu. Da standen sechs kleine Götterbilder von Dagon in einer Reihe in der Nische.

Empört fuhr sie zu Lapidoth herum: „Hier kann ich nicht bleiben. Was hast du dir dabei gedacht, als du mich nach hier brachtest? Jahwe hat uns gewarnt, wenn wir die Götter der Heiden dieses Landes anbeten, will Er uns in ihre Hand überliefern.“

Lapidoth machte eine hilflose Geste mit den Händen. „Meine Mutter ist eine Philisterin, Deborah. Sie hat ein Recht, ihre eigenen Götter zu haben.“

„Nur Jahwe ist Gott! Es gibt keinen Gott außer Ihm!“

„In der Hälfte der Häuser in Schiloh gibt es ähnliche

Götterfiguren. Und auch in deinem geliebten Hammath ist es nicht anders."

„Aber dein Vater ist ein Ephraimit. Wie konnte er das erlauben?"

„Welches Recht hast du, danach zu fragen?"

Deborah wrang ihre Hände. „Er sollte deine Mutter gezwungen haben, ihre Götter in Philistäa zu lassen. Welch ein Greuel ist in dem Haus, in das du mich gebracht hast, um hier zu wohnen."

Plötzlich bemerkten beide, daß Dorcas in der Tür stand. „Meine Götter gehören mir, Deborah von Naphtali. Ehe du kamst, waren sie schon hier. Und ich werde sie nicht aufgeben, nur weil du gekommen bist."

„Und ich werde nicht in einem Haus leben, in dem man falsche Götter anbetet." Deborah drängte sich an Dorcas vorbei nach draußen. „Lapidoth, ich komme mit dir."

Lapidoth hielt sie auf der Straße mit einem harten Griff fest. „Nein, das wirst du nicht. Und nun entschuldige dich bei meiner Mutter", forderte er.

„Das werde ich nicht tun. Und ich werde nicht hier leben. Dein Vater hatte kein Recht, eine Philisterin zu heiraten."

Plötzlich schlug Lapidoth ihr vor den Augen seiner Eltern und seiner Männer ins Gesicht. Beschämt senkte Deborah den Kopf. Dorcas stand trimphierend in der Haustür.

Deborah blickte zu den Männern hin, die plötzlich eifrig mit ihren Pferden beschäftigt waren. Lapidoth ging zu ihnen und gab ihnen Anweisungen. Sie begannen nun, auch noch die Waren auf den Eseln abzuladen. „O Jahwe, erlöse mich von dieser Stunde", murmelte Deborah.

„Deborah", sagte Dimon, „komm und setze dich zu mir. Erzähle mir von deiner Heimatstadt in Naphtali. Konntet ihr von da aus den See Genezareth sehen?"

Mit gesenktem Kopf setzte sie sich neben den körperbehinderten Mann. Lapidoth trat ebenfalls herzu und umarmte seinen Vater. „Jahwe bewahre dich, Vater. In drei Monaten kehre ich zurück.“ Er wandte sich ab.

„Drei Monate!“ schnaufte Deborah. Er würde gehen, ohne sich von ihr zu verabschieden? „Lapidoth“, schluchzte sie und rannte ihm nach. Sie erreichte ihn, als er sein Pferd besteigen wollte. „Lapidoth, vergib mir bitte!“ Sie schmiegte sich an ihn.

Er blickte auf sie herab und strich ihr leicht über den Kopf. „Du mußt noch viel lernen, Tochter von Schamer.“ Dann schob er sie eine Armlänge fort und schwang sich auf sein Pferd. „Schau mich an“, sagte er.

Sie blickte zu ihm auf. Ihre Augen waren voll Kummer. Er sagte: „Dein Benehmen kommt mir manchmal seltsam vor, doch ich weiß, daß Jahwe zu dir redet. Deshalb sei es dir auch erlaubt, dein Zelt auf der anderen Seite der Werkstatt aufzustellen und dort zu wohnen. Jahwe bewahre dich, Deborah.“

Er winkte ihr und seinen Eltern nochmals zu und folgte dann seinen Begleitern, um mit ihnen wieder zur Karawane zurückzukehren.

Deborah blickte ihm nach, bis sie ihn nicht mehr sehen konnte. Langsam ging sie zum Haus zurück. Dort sagte sie leise: „Vater meines Gatten, ich bitte dich, vergib mir. Ich werde zwar nicht in deinem Haus wohnen, doch ich werde mich bemühen, dir eine gehorsame Tochter zu sein.“

„Wir können nicht immer alles haben, was wir wollen, Deborah. Du bist Lapidoths Ehefrau. Deshalb werde ich dich als die Gattin von Lapidoth achten.“ Sie ging in das Haus.

Deborah kümmerte sich um ihre wenigen Besitztümer, die auch abgeladen worden waren. Auch ihr Zelt war dabei. Sie brachte alles hinter die Werkstatt, wo sie ihr Zelt aufrichtete.

Am nächsten Morgen nach dem Frühstück nahm Dorcas den Wasserkrug und lud Deborah mit zurückhaltender Stimme ein, mit ihr zum Brunnen zu gehen. „Bitte, Mutter, darf ich daheim bleiben und die Gerste mahlen", bat Deborah.

„Aber der Mahlstein ist in meinem Haus", erklärte Dorcas.

„Erlaube Deborah doch, den Mahlstein herauszubringen", mischte Dimon sich ein. „Sie hat meine Geschichten noch nicht gehört."

Dorcas überlegte. Das Mahlen der Gerste war schwere Rückenschmerzen verursachende Arbeit. Sie würde lieber Gefäße auf der neuen Töpferscheibe herstellen oder mit ihren Freundinnen am Brunnen lange Unterhaltungen führen. Andererseits wußte sie nicht, warum sie dieser jungen dickköpfigen Frau das Leben leichter machen sollte. Doch endlich willigte sie in den Vorschlag ihres Mannes ein, weil er dadurch auch jemand hatte, dem er erzählen konnte.

So kam eine gewisse Ordnung zustande. Der Mörsel und der Zerstampfer zum Zerkleinern der Gerstenkörner blieben im Hof. Jeden Morgen, ehe sie mit dem Krug zum Brunnen ging, schüttete Dorcas eine Portion Gerste neben den Mörsel, damit Deborah Mehl daraus stampfte, das dann zu Brot gebacken wurde. Am Freitag war es immer die doppelte Portion, denn Dimon bestand darauf, den Sabbath genau einzuhalten.

Die Geschichten, die Dimon während dieser Vormittage erzählte, drehten sich um Lapidoths Kindheit und auch um die Jahre vorher, als Dimon selbst noch ein junger Soldat war und die Ephraimiten mit den Philistern Krieg führten.

Zu jener Zeit waren die Philister untereinander uneins. Die Ephraimiten sahen dies als einen Hinweis von Jahwe, ihr eigenes Wohngebiet in Kanaan zu erweitern. Die stark befestigten Städte der Philister lagen am großen Meer. Die großen fruchtbaren Ebenen, die sich in das Innere des Landes erstreckten, waren von den Philistern nur dünn besiedelt und kaum verteidigt. So konnten die Ephraimiten bei ihrem ersten Angriff auch die kleine Stadt Lachisch erobern und im Namen Jahwes in Besitz nehmen.

Dimon war zu der Zeit ein Kämpfer der Ephraimiten. Er fand die Philister sehr interessant und nahm sich eine philistäische Frau. Doch die Eroberung von Lachisch währte nicht lange. Als nach drei Jahren die Philister dabei waren, die Stadt zurückzuerobern, mußte auch Dimon mit seinem kleinen Sohn und dessen Mutter Dorcas fliehen.

Dimon hatte überlegt, ob er Dorcas in Lachisch zurücklassen sollte. Doch die Philister würden sie höchstwahrscheinlich töten. Sicher, sie war überaus groß; größer als die ephraimitischen Frauen und auch größer als er selbst. Doch sie war eine tüchtige Hausfrau und die Mutter seines Sohnes. Also nahm er sie mit.

Er hatte bald Grund, sich zu seinem Entschluß zu beglückwünschen. Die Ephraimiten wurden bei ihrem Rückzug in die Berge von Soldaten der Philister verfolgt. Bei diesen Rückzugskämpfen wurde Dimas von einem Pfeil in die Hüfte getroffen, wodurch er lahm wurde. Dorcas schlich sich in der Nacht in die Stadt zurück und stahl zwei Pferde. Mit diesen beiden Pferden gelang es ihr, ihren verwundeten Gatten und ihren Sohn in die Wohngebiete der Ephraimiten zu bringen.

Sie zogen nach Schiloh, einem kleinen Dorf tief in den Bergen Ephraims. Hier wuchs Lapidoth zum Mann heran.

Dimas Geschichten erleichterten Deborah die schwere Arbeit des Zerstampfens der Gerste. Sie wurde dadurch auch oft an ihr Leben in Hammath erinnert. Nachmittags, wenn Dorcas keine andere Arbeit für sie fand, bis es Zeit war die Ziegen zu melken, bat Deborah um die Erlaubnis, ein wenig spazieren zu gehen. Zuerst war Dorcas überrascht. „Spazieren, wohin?“

„In die Hügel, Mutter von Lapidoth.“

„Aber warum?“

„Jahwe spricht zu mir, wenn ich allein bin.“

Da hörte Deborah von Dorcas die gleiche Frage, die Lapidoth ihr gestellt hatte: „Wie spricht Er denn zu dir?“ Doch noch immer war sie nicht in der Lage, diese Frage zu beantworten.

Jeden Tag ging sie in die Hügel rund um Siloh. Sie fand einige Lieblingsplätze, zu denen sie immer wieder zurückkehrte. Von einem bestimmten Hügel aus konnte sie die Karawanenstraße überblicken, auf der Lapidoth eines Tages zurückkehren würde. Dorthin ging sie am liebsten.

In dieser Zeit sorgte nur die Freundlichkeit von Dimon dafür, daß Deborah nicht verzweifelte. Die Art, wie sie sich gegen die Götter von Dorcas aufgelehnt hatte, war mittlerweile im ganzen Dorf bekannt. Die meisten Bewohner hatten schon lange vergessen, sich nach Jahwes Geboten zu richten und hatten ebenfalls manche anderen Götter. Niemand wollte Deborah verstehen, denn Dorcas war doch eine gute Frau, die sich treu um ihren behinderten Mann kümmerte. Auch die Meinung der Dorfältesten war klar: Eine gehorsame Frau aus den Heiden war besser als eine dickköpfige Fanatikerin.

21. Kapitel

Überall in Schiloh erzählte man sich Geschichten über Deborah. Schiloh war zu klein, um einen eigenen Priester zu unterhalten, deshalb unterhielten sich die Leute über sie untereinander, bis der nächste reisende Levit kam. Einige hatten Achtung vor der großen jungen Frau mit dem roten Haar, die lieber bei jedem Wetter in einem Zelt wohnte als zusammen mit Götterbildern im Haus ihrer Schwiegereltern.

Dorcas forderte von Deborah, ihr bei der Arbeit in der Töpferei zu helfen. Obwohl das Verhältnis der beiden Frauen sehr kühl war, bewunderte Deborah ihre Schwiegermutter. Dorcas war eine begabte Handwerkerin. Die Gefäße, die sie mit den vermehrten Möglichkeiten des neuen Töpferrades herstellte, wurden immer schöner. Auch die Art, wie sie die Last ihres behinderten Gatten ertrug, brachten ihr Deborahs Respekt.

Von ihren täglichen Spaziergängen in die Hügel brachte sie oft Wurzeln und Pflanzen mit, die Dorcas nicht kannte, aus denen sie aber in Hammath Farben für ihr Leder hergestellt hatten.

Während aus Wochen Monate wurden, war Deborah zu einer bekannten Erscheinung in Schiloh geworden. Obwohl sie ihre Augen nicht niederschlug, wie die anderen Frauen es taten, sprach sie doch niemals jemand von sich aus an; und wenn sie angesprochen wurde, antwortete sie mit ruhiger Achtung.

Zu Dorcas wachsender Enttäuschung kam Deborah nur sehr selten mit ihr zu den anderen Frauen am Brunnen. „Wie geht es deiner neuen Tochter heute, Dorcas?“ wurde sie von den anderen oft gefragt. Sie weigerte sich, irgendwelchen Klatsch über Deborah zu verbreiten. Doch auf der anderen Seite sagte sie auch nichts Positives über sie.

„Es geht ihr gut“, antwortete sie gewöhnlich. Eines Tages fügte sie hinzu: „Wo ist eigentlich Nedra? Sie ist schon lange Zeit nicht mehr am Brunnen gewesen. Ist sie krank?“

„Nein, sie holt ihr Wasser, wenn sonst niemand am Brunnen ist. Seit ihr Mann gestorben ist, scheint sie alles Interesse am Leben verloren zu haben.“

„Sorgen die Verwandten ihres Mannes nicht für sie?“

„Doch, das tun sie schon. Doch du weißt ja auch, wie es ist, wenn erst einmal die Trauerzeit vorüber ist. Sie wird sich schon wieder fangen.“

„Ich weiß nicht recht. Es ist fast ein Jahr her, seit ihr Mann starb“, antwortete Dorcas. Plötzlich hatte sie einen Gedanken. Wenn Deborahs Gott wirklich zu ihr sprach, konnte Er ihr vielleicht auch etwas über Nedras nicht endenden Kummer sagen. „Ich habe noch etwas zu erledigen“, sagte sie und ging eilig davon. Die anderen blickten ihr verwundert nach.

Als sie um die Hausecke bog und von den anderen Frauen nicht mehr zu sehen war, ging sie zu Nedras Haus. Sie klopfte mehrere Male und rief immer wieder: „Nedra!“ Endlich öffnete eine bleiche, etwas aufgedunsene Frau die Tür. „Darf ich hereinkommen?“ fragte Dorcas und drängte sich an ihr vorbei.

Nach etwa zehn Minuten erschienen beide Frauen wieder und gingen zusammen zu Dorcas Haus. Hier machte sie Deborah mit Nedra bekannt und erzählte, daß ihr schon lange kranker Mann vor einem knappen Jahr gestorben war, nachdem die Frau ihn viele Jahre aufopfernd gepflegt hatte. Sie hatte ihre ganze Jugend dem schwer kranken Mann geopfert.

Deborah wurde von Mitleid mit der armen Frau ergriffen. Sie betete innerlich zu Jahwe, ob Er ihr nicht helfen könne.

Nedra wandte sich nun direkt an Deborah und sagte: „Vergib mir, aber mein Leid hat mich bitter gemacht. Ich bin wie eine Kornähre, die abgeknickt wurde, ehe sie reif war, und nun verwittert. Dorcas hat mir erzählt, daß Jahwe zu dir spricht. Wird Er vielleicht durch dich auch zu mir sprechen? Ich habe keine Kinder und niemand, der sich wirklich um mich kümmert."

Deborah legte ihr voller Mitleid die Hand auf den Arm und bemerkte, wie Nedra dabei zu zittern begann. „Du bist die erste, die mich seit dem Tod meines Gatten berührt", schluchzte sie.

Deborah dankte Jahwe innerlich dafür, daß Nedra ihren kranken Gatten so viele Jahre treu versorgt hatte. Lächelnd sagte sie dann: „Nedra, du hast Jahwe gut gedient, als du für Nathan gesorgt hast. Er hat dich nicht vergessen. Kennst du Eladah, die Witwe von Suppur?"

„Natürlich, aber sie hat Cousinen – nein, es sind Kinder von Cousinen. Obwohl sie nun auch allein lebt, ist es in ihrem Haus doch wie in einem Bienenkorb."

„Hast du heute schon Brot gebacken?"

„Warum sollte ich? Ich bin die einzige, die es ißt."

„Höre, Nedra, das ist, was du tun sollst: Backe zwei Laibe Brot mit besonders feinem Mehl und süße sie mit Honig vom Nektar einiger Früchte. Tue auch feine Gewürze daran, damit sie einen guten Duft ausströmen."

Nedra lehnte sich zurück. „Warum soll ich ein Opfer bringen. Will Jahwe mich noch mehr strafen? Bin ich nicht schon genug gestraft worden?"

„Habe Geduld, Nedra. Wickle die beiden Brote in feines Leinen und gehe mit ihnen zu Eladah."

„Sie braucht doch sicher kein Brot“, wandte Nedra ein.

„Bist du gekommen, um Jahwes Rat zu hören oder um zu jammern?“ fragte Deborah ein wenig schärfer.

Nedra ließ den Kopf sinken. „Ich will tun, was du sagst, Deborah“, murmelte sie.

Am nächsten Morgen tat Nedra, wie Deborah ihr gesagt hatte. Sie bereitete einen besonders feinen und süßen Brotteig zu, tat gute Gewürze daran und formte daraus zwei Laibe, die sie dann buk. Anschließend wickelte sie die noch warmen Brote in feines Leinen und ging zu Eladahs Haus.

Das Haus Eladahs lag ganz still. *Auch sie ist also allein,* dachte Nedra. Sie wußte, wie es war und wie Eladah fühlen mußte. Da konnte man die feinsten Speisen zubereiten. Nichts wollte mehr recht schmecken, wenn man ohne ein Gegenüber am Tisch saß und immer allein war.

Nedra empfand auf einmal Mitleid mit der anderen Frau. „Eladah!“ rief sie.

Eladah erschien an der Tür. Sie sah das Leinenbündel in Nedras Hand und blickte sie fragend an.

„Ich bringe dir ein Geschenk“, sagte Nedra.

„Für mich? Weshalb? Oh, es riecht so gut!“ Sie nahm das Bündel, öffnete es und atmete den Geruch der Brote tief ein.

„Ich ... ich habe niemand, mit dem ich es teilen könnte. Da dachte ich, du würdest vielleicht das Brot mit mir teilen.“

Eladahs Gesicht begann zu strahlen. „O ja, sehr gern“, sagte sie.

Am nächsten Nachmittag erschien Nedra bei Deborah, die vor dem Ort auf einem Hügel saß. Nedra schnaufte zwar ein wenig, aber sie schien nicht mehr bekümmert zu sein. „Woher hast du gewußt, daß Eladah so traurig war?“

fragte sie. „Hat Jahwe dir das gesagt? Die arme Frau. Wir haben uns bis spät abends unterhalten. Sie bat mich, bei ihr zu bleiben, statt heimzugehen und extra noch Feuer zu machen.“

Deborah lachte und umarmte sie.

„Sie braucht mich wirklich, Deborah. Wir sind einander in vieler Weise ähnlich. Wie konnte ich denken, dieses Brot sei nur eine Opfergabe.“

Deborah sagte erfreut: „Sieh, du hast Jahwe damit ein Opfer gebracht. Wenn wir Jahwe dienen, dienen wir uns auch untereinander.“

Eine ganze Woche lang kam Nedra zu Deborah auf den Hügel. Sie stellte viele Fragen und hörte aufmerksam zu. Am siebenten Tag kam auch Eladah mit ihr. Nachdem sie sich begrüßt hatten, sagte Eladah: „Durch Nedra ist mein Leben ganz anders geworden, und sie behauptet, das käme durch dich.“

„Nicht von mir“, widersprach Deborah lachend. „Ich habe ihr nur das gesagt, was Jahwe mir ins Herz gegeben hat.“

„Darf ich nun auch mit Nedra zu dir kommen, und wirst du uns sagen, was Jahwe dir ins Herz gibt?“

„Sehr gern, Eladah.“

Am nächsten Morgen erschienen Nedra und Eladah wieder bei ihren Freundinnen am Brunnen. Die anderen drängten sich um die beiden und wollten wissen, was diese wunderbare Veränderung im Leben der beiden Witwen bewirkt hatte.

„Es war Deborah“, rief Nedra. „O Dorcas, du mußt eine gesegnete Frau sein mit einer solchen Schwiegertochter. Sie erkannte, daß mein Kummer aus meiner Einsamkeit erwuchs und zeigte mir, daß man die Einsamkeit besiegen kann, wenn man anderen aus ihrer Einsamkeit heraushilft. Was wir weggeben, so sagt Deborah, gibt uns Jahwe hundertfach wieder.“ Sie legte den Arm um Eladah und die beiden blickten sich lächelnd an. „Ich nahm Eladah die Einsamkeit hinweg, und Jahwe nahm meine. Mein Herz ist so voll, daß ich davon reden muß."

Dorcas schwieg erstaunt. War Deborah denn wirklich eine Prophetin? Hatte sie Deborahs Gott verärgert mit ihrer schlechten Behandlung? Die Frauen hörten nicht auf zu erzählen, also konnte sie sich fast unbemerkt verabschieden. Sie suchte ihre Schwiegertochter auf.

Deborah war in der Töpferei. Sie zestampfte trockene rötliche Blätter in einem Mörser. Respektvoll erhob sie sich, als Dorcas eintrat. „Deborah, ich habe gerade Nedra getroffen. Was hast du zu ihr gesagt?"

Bereitwillig berichtete Deborah, was geschehen war.

Dorcas schien enttäuscht zu sein. „Aber jede von uns hätte das zu Nedra gesagt haben können. Jemand hat ihr vielleicht auch den Rat gegeben, geh und suche dir neue Freunde." Sie blickte Deborah an und fügte reumütig hinzu: „Aber ich habe es nicht getan. Du scheinst wirklich für dein Alter eine ganz erstaunliche Weisheit zu besitzen."

Deborah freute sich über dieses brummige Lob. „Vielen Dank, Mutter", sagte sie warm.

Dorcas fragte: „Aber sage mir, Deborah, wie spricht euer Gott zu dir? Hat er mit dir über Nedra gesprochen? Aber das ist töricht. Die Götter sind an unserem Kummer oder unserer Einsamkeit nicht interessiert."

„Doch, Jahwe ist", antwortete Deborah ruhig.

Dorcas schüttelte den Kopf. „Die Götter bereiten uns nur Not", widersprach sie. „Sie sind nur an ihrem eigenen Vergnügen interessiert. Warum sollte Jahwe anders sein, und warum können Seine Leute Ihn nicht sehen. Wenn ich zu Dagon bete, verspüre ich seinen Geist in seinen Götterbildern."

„Und spricht Dagon auch zu dir?" forderte Deborah sie heraus. „Hat er jemals auf deine Fragen geantwortet?"

Dorcas sagte überheblich: „Wann würde ein Gott das wohl tun?"

„Ach Dorcas, Jahwe spricht wirklich zu uns. Er ermutigt uns, wenn wir Gutes tun. Er mahnt und straft uns, wenn wir Ihn vergessen. Er brachte uns in dieses Land und machte einen Bund mit unserem Volk. Er ist der Gott der ganzen Welt. Er hat Himmel und Erde gemacht. Setz dich, Dorcas, und laß uns von Jahwe sprechen."

Und so begann eine ganz neue Weise des Lebens für Deborah.

Lapidoth kehrte nach drei Monaten zurück und blieb eine Woche in Schiloh, während die Karawane in Sichem Handel trieb. Sie hatten beide die bitteren Worte beim Abschied vergessen, und Deborah war ganz die liebende Ehefrau. Sie betete dafür, daß aus ihrem Zusammensein ein Kind erwachsen möchte.

Gleich am Morgen nach seiner Rückkehr heuerte Lapidoth eine Anzahl junge Männer an, die hinter der Werkstatt ein Steinhaus errichten sollten. Außerdem sandte er eine Nachricht zu ihrem Vater. Er teilte ihm ihre Hochzeit und auch den Tod Gemallis mit; aber nicht, daß Gemalli von den Kanaanitern getötet wurde. Lapidoth fürchtete, Schamer könnte so zornig auf die Kanaaniter werden, daß er sich in Taanach in Schwierigkeiten bringen würde.

Lapidoth brachte Dorcas Neuigkeiten von ihrer Freundin Naomi. Ihre Familie war in das Land Moab, östlich vom Jordan, ausgewandert, da die Dürre in Juda und Benjamin immer noch anhielt.

Hamid, der einen Tag von Sichem zu Besuch gekommen war, brachte auch Neuigkeiten von Joasch. Die Ältesten von Sichem hatten den Vorschlag des jungen Habiru, eine Stadtarmee in Sichem aufzubauen, angenommen, und Joasch hatte mit dem Aufbau dieser Truppe begonnen.

Ein Monat nach dem anderen verging, und es waren seit der Hochzeit von Lapidoth und Deborah schon zwei Jahre vorübergegangen. Die Angriffe der Kanaaniter gegen kleinere Städte und Dörfer und gegen Reisende wurden immer schlimmer. Sichem war wie ein Platz des Friedens inmitten dieser Unruhe. Die Ältesten und die Bürger Sichems freuten sich, daß Jahwe ihnen Joasch gesandt hatte, der mit seinen Soldaten nun ihr Beschützer war.

Deborah bekam immer noch kein Kind. Mittlerweile hatte die Trockenheit, unter der Juda und Benjamin litten, auch das Gebiet der anderen Stämme überzogen, so wie Deborah es vorausgesagt hatte. In den Städten sank der Wasserspiegel der Brunnen immer tiefer, aus Flüssen und Bächen wurden schlammige Wadis. In den Oasen wurden die Quellen, von denen die Karawanen abhingen, streng bewacht.

Auf den Feldern wuchsen nur noch kärgliche Ernten heran, so daß die Preise für Lebensmittel immer höher stiegen und die ärmeren Leute schon zu hungern begannen. Das Vieh fand nicht mehr genug Futter auf den Weiden, so daß Kühe und Ziegen immer weniger Milch gaben und viele Lämmer starben.

Überall im Land sprach man voller Sorge über Deborahs Worte beim Fest der Erstlingsfrüchte in Sichem. Viele wurden zornig auf die Prophetin und sahen in ihr die Ursache ihres Übels. Auf den Karawanenstraßen hörte Lapidoth immer häufiger ärgerliche Reden gegen seine Frau.

Mittlerweile flehten die Priester in Sichem vor der Bundeslade zu Jahwe um Regen. Immer drängender richteten sich ihre Blicke vom Ebal aus westwärts zum großen Meer. Sie konnten in der Ferne Wolken ziehen sehen, doch bis zu den Siedlungsgebieten der Stämme Israels kamen sie nicht. Viele Israeliten sagten: „Jahwe ist eben ein Wüstengott. Die Götter der Philister und Kanaaniter sorgen für deren Land für Regen."

Als die Dürre in das dritte Jahr ging, wurde ein neuer Ruf laut unter den Israeliten. „Wann wird Jahwe uns endlich erlösen?“ fragten sie. Viele begannen wieder ernstlich Jahwe zu suchen, während andere sich an EL BAAL und Dagon wandten und ihm Opfer brachten. Das Land der Stämme Israels litt schwer unter der Trockenheit.

22. Kapitel

In dem kleinen Ort Schiloh hatten sich in diesen drei Jahren nur leisere Veränderungen ergeben. Das Haus, in dem Deborah wohnte, war an der Stelle gebaut worden, an der vorher ihr Zelt stand, nämlich hinter der Töpferei, in der sie unter den kritischen Augen von Dorcas immer noch arbeitete.

Deborah verbrachte jeden Tag etliche Stunden im Gebet. Gewöhnlich saß sie dann auf dem Hügel, auf dem ihre Lieblingseiche stand. Von Nedra an hatte es sich so eingebürgert, daß hierher Menschen kamen und ihren Rat suchten. Am Anfang kam nur ab und zu jemand, dann wurden es zwei bis drei Pilger am Tag, auch von entfernteren Orten, die zu ihr kamen.

Immer öfter begegnete Lapidoth Reisenden, die ihn fragten: „Bist du der Ehemann der Prophetin?“ Sie baten dann darum, unter dem Schutz der Karawane mit nach Schiloh ziehen zu dürfen. Von Sichem und Beth-Schean, von so weit südlich als Bethlehem, von ihrem Heimatort Hammath und von allen zwölf Stämmen suchten Menschen ihren Rat. Manche Fragen konnte sie direkt beantworten. Andere Fragende blieben in Schiloh, bis Deborah die Probleme zu Jahwe getragen und von Ihm Antwort erhalten hatte. Dann rief sie die Wartenden und teilte ihnen Jahwes Antwort mit.

Im dritten Jahr wurde aus dem Rinnsal ein ständiger ansteigender Strom von Menschen, die zu Deborah kamen. Mit ihnen stiegen auch die Geschäfte der Händler von Schiloh an, und in Schiloh wurde man immer stolzer darauf, die Prophetin in der Mitte zu haben.

Die Zeit verging schnell. Oft mußte Deborah an ihren Vater denken. In letzter Zeit wurde sie nachts von aufregenden Träumen geplagt. Nach einer solchen Nacht floh sie in die Hügel, um Jahwe zu fragen, was die Träume bedeuteten. Doch außer dem Geschrei spielender Kinder vernahm sie nichts.

Als sie heimkam, betrachtete Dorcas sie mit sorgenvoller Miene und fragte: „Tochter, was immer dich quält, sprich mit mir darüber. Bist du krank oder gar schwanger?“

Deborah schüttelte den Kopf. „Ich wünschte, es wäre so. Hoffentlich kommt Lapidoth bald zurück.“

„Sag uns, Deborah, was dich bedrückt“, fragte nun auch Dimon.

„Seit einigen Nächten schon habe ich seltsame Träume“, begann Deborah zögernd. „In ihnen donnert ein goldener Streitwagen mit schwarzen Pferden bespannt über neu gepflanzte Saat. Dann sah ich eine große Tenne, auf der vierzig Zelte standen. Der Streitwagen versuchte immer wieder, die Tenne zu erobern. Aber wie viele Zelte er auch zerstörte, es wuchsen immer wieder neue.“ Bedrückt fügte sie hinzu: „Und ich glaube, ich weiß jetzt die Antwort für diese Träume.“

„Aber was ist es, Deborah, sage es uns!“ drängte Dorcas.

„Es ... es ist eine Botschaft für König Sisera.“

Dimon und Dorcas wechselten besorgte Blicke. „König Sisera?“

„Wir müssen einen Boten nach Taanach schicken mit der Nachricht: ‚Deborah, die Prophetin Jahwes, hat eine Nachricht für Sisera, den König von Kanaan.‘ Wir müssen um freies Geleit bitten.“

„Du willst nach Taanach gehen? Das ist nicht dein Ernst? Ich verbiete es! Wäre Lapidoth hier …“

„Ich weiß, Frau Mutter“, antwortete Deborah voller Eifer. „Ich weiß, was du denkst. Doch auch wenn Lapidoth hier wäre, müßte es sein.“

„Aber Deborah, willst du das Leben von Ephraimiten aufs Spiel setzen?“ gab Dimon zu bedenken. „Sie würden getötet, ehe sie Taanach erreichen. Wer soll der Bote sein? Und wie willst du wissen, daß Sisera sein Wort hält, wenn er dir freies Geleit verspricht?“

„Ich weiß es nicht, Vater“, antwortete Deborah kleinlaut. „Ich weiß nur, daß es sein muß.“

„Wir sollten Joasch rufen“, schlug Dorcas vor.

„Auch er wird mich nicht aufhalten können, liebe Mutter.“

„Vielleicht doch“, widersprach Dorcas.

Dimon runzelte nachdenklich die Stirn. „Bereite deine Botschaft vor, Deborah. Wir werden jemand nach Sichem senden zu Joasch, er wird einen Boten finden. Willst du uns etwas versprechen?“

„Wenn ich kann.“

„Du darfst nicht gehen, wenn Sisera dir kein freies Geleit verspricht.“

Deborah zuckte hilflos mit den Achseln. „Ich werde mein Bestes tun.“

„Ich gehe mit dir“, erklärte Dorcas überraschend. Dimon blickte seine Frau verwundert an.

„Wer wird sich dann um die Töpferei kümmern?“ fragte Deborah, *und sich um Dimon kümmern,* dachte sie.

„Du brauchst eine Gehilfin“, gab Dorcas zu bedenken.

„Dann werde ich Nedra bitten, wenn das nötig ist.“

Eine knappe Woche später ritt Joasch mit zwei Begleitern in Schiloh ein. Sein Benehmen war ganz anders als früher. Man konnte sehen, daß er Erfolg hatte und zu befehlen gewöhnt war.

Als sie alle vor der Töpferei unter dem Olivenbaum saßen, kam er sofort zur Sache. „Mein Bote teilte mir mit, daß Sisera dir freies Geleit verspricht. Doch ehe wir weiterreden, will ich wissen, ob dein Gott dir auch gesagt hat, daß du sicher sein wirst.“

„Israel wird sicher sein. Vielleicht kann ich einen Krieg verhindern.“

„Einen Krieg?“

„So ist es.“

„Und das nimmst du alles aus Träumen, Deborah?“ Joaschs Gesicht war besorgt. „Ich werde dich begleiten, denn ich kenne Siseras Methoden.“

Dimon nickte. „Tue wie Joasch dir rät, Deborah.“

„Lieber Joasch, oft hast du zu Lapidoth gesagt, Sisera würde dich töten lassen, solltest du wieder nach Taanach zurückkehren.“

„Dein Gott wird doch sicherlich ...“

„Du mußt Sisera nicht den Fehdehandschuh hinwerfen. Wir springen nicht in eine Grube voller Giftschlangen und erwarten dann, daß Jahwe uns rettet“, wandte Deborah ein.

Joasch lachte. „Und was wirst du tun, meine Dame?“

„Ich gehorche Jahwe.“

„Du glaubst vielleicht, du bist sicher, weil dein Vater in Taanach ist“, widersprach Joasch. „Für Sisera ist ein Menschenleben nichts, ihm geht es nur um seine Interessen. Es ist zu gefährlich, Deborah. Dein Gott kann dich doch nicht in den Rachen eines Löwen senden. Es kann sogar sein ...“

„Was, Joasch?“

Joasch fuhr sich nervös über das Haar. „Hast du daran gedacht, was Sisera gewinnt, wenn er die Frau von Lapidoth in seiner Gewalt hat? Lapidoth wäre wahrscheinlich bereit, vieles für deine Sicherheit zu geben. Wenn Lapidoth gebrochen werden kann, wem werden Israels Händler ihre Waren anvertrauen? Wer wird den Handel aufrecht erhalten, der unsere Städte verbindet?"

Deborah preßte ihre Hände an den Kopf. „Nein, nein, nein", rief sie, „das hat nichts mit Lapidoth zu tun!"

Ein spöttischer Zug erschien um Joaschs Lippen. „Vor drei Jahren wurde dein Bruder getötet, weil du nicht nach Taanach gehen wolltest. Nun glaubst du, Jahwe schickt dich nach dort. Warum mußte dann dein Bruder sterben?" Man sah ihm an, daß er zornig wurde.

Deborah lächelte leicht. „Was ich möchte oder du, darauf kommt es nicht an, lieber Joasch. Es geht allein um Jahwes Willen. Ich verstehe deinen Ärger. Du machst dir Sorgen, weil Lapidoth nicht hier ist. Auch ich bin besorgt. Ich fürchte ..."

„Dann laß mich mit dir gehen", unterbrach Joasch sie.

„Nein!" antwortete sie fest. „Und nun sage mir, welche Nachricht der Bote von Sisera zurückbrachte."

Achselzuckend gab Joasch nach. „In zwei Tagen will Sisera Soldaten und Dienerinnen nach Sichem senden, die dich sicher nach Taanach bringen sollen. Dieser Ring ist das Zeichen dafür, daß du unter seinem Schutz reisen wirst." Joasch nahm den Ring vom Finger und übergab ihn Deborah. Dann ging er zu seinen beiden Begleitern, die im Schatten des Hauses warteten, und befahl ihnen: „Reitet sofort nach Sichem zurück und berichtet Kanah, was geschehen wird. Nehmt dann noch zwei weitere Männer und zusätzliche Pferde und sucht Lapidoth. Ihr werdet ihn auf der Straße nach Damaskus finden."

„Und was tust du, Hauptmann?"

„Ich bringe Deborah nach Sichem und gehe dann nach Taanach", sagte er leise.

„Aber die Prophetin sagt doch ..."

„Deborah sagt." Joasch machte ein entschlossenes Gesicht. „Wenn man unter den Kanaanitern gelebt hat, fällt es leicht, eine Sache zu sagen und dabei etwas ganz anderes zu meinen."

„Aber Hauptmann, Prophetin oder nicht, diese Frau scheint deinen Verstand verwirrt zu haben. Wenn Sisera dich erwischt, ist dein Leben keinen Pfennig mehr wert."

„Ich möchte alt und gebrechlich sterben, liebe Freunde", lachte Joasch. „Sagt Lapidoth, ich werde immer in der Nähe seiner Frau sein. Wenn Deborahs Gott sie beschützt, wird Er vielleicht auch ein Auge auf mich werfen. Macht euch auf den Weg, es gibt viel zu tun."

Am nächsten Tag begleitete Joasch Deborah und Nedra und einige der Ältesten von Schiloh nach Sichem, um dort König Siseras Abgesandte zu treffen. Die Neuigkeit von Deborahs Vorhaben lief wie ein Feuer durch die Stadt. Als die Gesandtschaft der Kanaaniter am Nordtor von Sichem erschien, war fast die halbe Stadt auf den Beinen, um einen Blick auf ihre Feinde zu werfen.

Es waren zehn kanaanitische Krieger in prächtigen Uniformen und auf feinen Pferden. Sie wurden von zwei Frauen begleitet, die auf weißen Eselinnen ritten und ein drittes gleiches Tier für Deborah mit sich führten.

Deborah erhob sich und begrüßte den Anführer der Kanaaniter. Dieser stieg vom Pferd und verbeugte sich leicht vor ihr. „Mögen die Götter dich bewahren", sagte er ruhig. „Ich bin Beno, Berater und Bote des großen Königs Sisera. Wir fühlen uns geehrt, weil du uns besuchen willst. Außerdem bringe ich dir hier ein Geschenk von deinem Vater Schamer."

Voller Eifer nahm Deborah das Geschenk entgegen. Es war ein chamois-farbener Ledersack, in dem sie ihre Sachen mit sich führen konnte. Das Leder war butterweich und mit feinen Mustern versehen. Sie konnte sich vorstellen, wie viele Stunden ihr Vater zur Herstellung gebraucht hatte. „Vielen Dank, Herr Beno", sagte sie.

Beno verbeugte sich nochmals und antwortete: „Du

brauchst dir keine Sorge um deine Sicherheit zu machen. Wir werden dich vor allen Gefahren beschützen, und die beiden Frauen sind dazu da, dich zu bedienen und dir alle Wünsche zu erfüllen."

„Und alles, was sie von dir hören und sehen, Sisera zu berichten", flüsterte Joasch ihr leise ins Ohr.

„Das ist Joasch, der Führer der Soldaten von Manasse", sagte Deborah. Dann stellte sie die Ältesten von Siloh vor. Als sie sich alle zur Begrüßung auf einen großen Teppich setzten und Erfrischungen serviert wurden, blickte Beno Joasch von der Seite an. Dieser bemerkte es und legte wie unabsichtlich die Hand auf seinen langen Dolch.

„Darf ich eine Warnung aussprechen, meine Dame?" sagte Beno und zeigte auf Joasch. „Dieser Mann ist ein entflohener Sklave. Er hat versucht, den König Sisera zu ermorden."

„Der Mann ist meines Gatten und unser aller Freund", antwortete Deborah fest. „Was früher einmal geschehen sein sollte, interessiert uns nicht. In Sichem ist er ein freier Mann. Doch ich möchte eine Gefährtin mitbringen, wenn es euch recht ist."

„Selbstverständlich, ganz wie du wünschst", stimmte Beno zu. „Wir werden unsere Zelte vor der Stadt aufstellen und uns morgen früh auf die Rückreise machen."

❧

Deborah nickte zustimmend. Sie hatte mittlerweile auch die beiden Frauen betrachtet und sagte: „Ich benötige keine Dienerinnen, Herr Beno, aber als Begleiterinnen sind mir die beiden willkommen."

„Es soll alles nach deinen Wünschen geschehen", erklärte Beno. Er verabschiedete sich und zog mit seiner Schar wieder zum Stadttor, um draußen vor dem Tor ein Lager aufzuschlagen.

23. Kapitel

Anderthalb Tage später zog ein armseliger Händler in einem alten braunen Gewand unbeachtet durch das Stadttor in Taanach ein. Auf dem Rücken trug er ein ganzes Gebirge von Vogelkäfigen. Er schenkte den Soldaten, die überall zu sehen waren, keine Beachtung, sondern schlug direkt den Weg zum Hauptbasar ein. Hier bot er mit lärmenden Worten seine Vögel an.

Plötzlich stieß er einen Fluch aus und rutschte aus einem der Trageriemen für seine Käfige. Er wandte sich an einen Händler für Gewürze und Öle, der neben ihm stand, und sagte: „Diese Trageriemen sind ganz schlechte Arbeit. Sag, gibt es einen Gerber in der Stadt, der sie reparieren kann?"

„Dort drin ist ein ganzes Nest von ihnen." Der Gewürzhändler deutete mit dem Finger nach der inneren Stadt.

„Alle Gerber leben da drin?" Das war gut und schlecht zugleich.

Der Händler nickte. „Sisera hat in letzter Zeit nichts anderes im Kopf als seine schrecklichen Pferde und die Streitwagen. Und die Gerber werden gebraucht, um alles Lederzeug für sie herzustellen."

„Vielen Dank." Der Vogelhändler knüpfte die zerrissenen Riemen provisorisch zusammen, lud sie wieder auf die Schulter und ging zum Tor, das in die innere Stadt führte. Der Sonnenuntergang war nahe und er fragte sich, ob er noch unbehelligt hineinkommen würde und ob ihn jemand erkennen konnte.

„Was willst du?“ fragte ein Wächter am inneren Tor.

„Meine Trageriemen sind zerrissen. Mir wurde gesagt, daß ich nur in der inneren Stadt geeignete Handwerker finden kann, um sie reparieren zu lassen.“

„Das stimmt“, nickte der Wächter. „Dort unten findest du die Gerber.“ Er wies mit der Hand auf eine große Werkstatt.

Unbehelligt ging der Käfighändler auf das Gebäude zu.

Leah, die Königinmutter von Sisera, trödelte über ihrem Frühstück. Trotz der frühen Stunde war sie schon völlig frisiert und angekleidet, weil ihr Sohn heute die Ephraimitin Deborah erwartete. Sie war allerdings mehr mit ihren Gedanken als mit dem Frühstück beschäftigt.

Welche Torheit, überlegte sie, *mein Sohn hat doch genug andere Frauen. Ganz gleich, was er mit der tut, die er heute erwartet. Er ist eben ein Frauenliebhaber und wird sich bald wieder nach einer anderen umschauen. Nichts wird sich deshalb ändern.* Aber sie selbst war ja auch nicht anders. Obwohl sie schon im mittleren Alter war, mußten ihre Dienerinnen sich immer wieder nach jungen Männern umschauen, die sie ihr zuführten.

Ein Seufzer entrang sich ihren Lippen. Da war ein junger Mann gewesen, den sie nicht vergessen hatte, obwohl schon mehrere Jahre vergangen waren. Alles wäre vielleicht gut geblieben, hätte ihr törichter Sohn sich nicht an der sehr jungen Schwester dieses jungen Mannes vergangen, und zwar so übel, daß sie daran gestorben war. Als der junge Mann das erfuhr, hatte er versucht, Sisera zu töten und war deshalb zur Zwangsarbeit in die Steinbrüche verurteilt worden. Von dort war er aber entkommen.

Manchmal hatte sie sich gefragt, wo er wohl sein mochte. Nun, wie auch immer, sie brauchte wohl einen neuen Mann, um mit ihren Gedanken von der fremden Frau loszukommen, die heute erwartet wurde.

Seit die Ephraimitin Deborah eine Nachricht gesandt hatte, daß sie zu Besuch kommen wollte, hatte ihr törichter Sohn den gesamten Palast umgekrempelt. Sogar der übel riechende Gerber hatte von ihm neue Gewänder erhalten und erwartete jetzt in seiner Wohnung hinter der Gerberei seine Tochter. Na, wenn sie so ähnlich war wie ihr Vater, mußte sie ein schöner Trampel sein.

Schamer wartete tatsächlich auf seine Tochter. Er hatte eines der neuen Gewänder angezogen, doch er fühlte sich durchaus nicht wohl darin, weil der Stoff juckte und er sich fortwährend hier oder da kratzen mußte. Er fragte sich, wie die Soldaten diese Gewänder ertrugen. Seit Sisera bei ihm den Ledersack für Deborah bestellt hatte, fragte sich der Gerber immer wieder, mit welchen Mitteln es Sisera gelungen war, seine Tochter nach Taanach zu locken. Er konnte nur darauf hoffen, daß Jahwe sie immer noch führte und beschützte.

Als er mit seinen Überlegungen so weit war, beschloß er, das neue Gewand vorläufig wieder auszuziehen und wieder an die Arbeit zu gehen, bis er Nachricht von der Ankunft seiner Tochter erhielt.

Joasch, denn er war der angebliche Vogelhändler, ging zu dem Gebäude, das die Wache ihm gezeigt hatte. Er hätte es auch allein gefunden, da er sich hier ja auskannte. Doch er wollte keinerlei Verdacht erregen.

Als er sich jetzt der Gerberei näherte, hörte er von der anderen Straßenseite den Klang von Metall. Dort arbeiteten die Schmiede. Die Gerberei war teilweise ein Gebäude mit Wänden und teilweise offen, mit nur einem Dach darüber. Im offenen Teil arbeiteten mehrere Männer, die lederne Schürzen trugen.

Joasch fragte sich, wer von ihnen wohl Deborahs Vater war. Na, wenigstens waren keine Soldaten in der Nähe, die vielleicht Verdacht geschöpft hätten. Die Männer unterhielten sich bei der Arbeit, und beim Näherkommen fiel Joasch auf, daß ein kräftiger, etwas untersetzter Mann einen etwas fremdartigen Dialekt sprach.

Joasch setzte seine Käfige ab und schimpfte wieder über die schlechte Arbeit seiner Tragegurte. Die anderen Gerber schenkten ihm kaum Beachtung, als er jetzt mit dem zerrissenen Gurt auf den Mann mit dem fremden Akzent zuging. Der kräftige Gerber betrachtete erst ihn und dann den zerrissenen Gurt und sagte lächelnd: „Sohn, wir können das nicht reparieren, ehe wir nicht die Arbeit für den König beendet haben. Laß es doch hier."

„Bist du Schamer von Naphtali?" fragte Joasch leise. Ein gespannter Ausdruck erschien auf dem Gesicht des Gerbers. Er blickte kurz zu den anderen, nahm dann eine Ölflasche und sagte: „Komm nach drinnen."

Im Inneren der Werkstatt fragte Schamer: „Wer bist du?"

„Jemand mit Nachrichten von Deborah. Wo können wir uns unterhalten?"

„Geht es ihr gut?"

„Ja."

Schamer führte Joasch schnell in einen abgetrennten Teil, der seine eigene Wohnung war. Hier gab es nur ein Bett auf dem Fußboden, einen Tisch, einige Stühle und einen Schrank. „Warte hier", sagte Schamer, „die anderen gehen bald, dann komme ich zurück." Er nahm die gefüllte Ölflasche und ging wieder nach draußen zu seiner Arbeit.

Als die anderen nach Arbeitsschluß gegangen waren, kam Schamer zurück, nahm einen Weinschlauch vom Haken, brachte Brot, Früchte und Käse auf den Tisch und setzte sich ebenfalls.

„Schamer“, sagte Joasch ungeduldig.

„Wer bist du eigentlich?“ fragte der Gerber.

„Ich bin Joasch.“

„Gut, aber laß uns zuerst essen.“ Schamer sprach ein kurzes Tischgebet. Während des Essens erzählte er von dem, was während der letzten Jahre in Taanach vorgegangen war. Endlich schob er den Stuhl etwas zurück. „Nun, Joasch, berichte mir von meiner Tochter.“

„Du weißt, daß sie auf dem Weg nach hier ist?“

„Ja, obwohl ich mir keinen Grund denken kann, warum sie kommt.“

„Sie kommt, um mit Sisera zu sprechen.“

Erstaunen machte sich auf Schamers Gesicht breit. „Aber warum?“

„Sie sagt, ihr Gott habe ihr in einem Traum eine Botschaft für Sisera gegeben. Sie redet davon, sie müsse einen Krieg verhindern.“

„Das ist es also!“ Schamer nickte. „Dann spricht Jahwe immer noch zu ihr.“

„Viele glauben es. Menschen kommen aus allen Stämmen und suchen ihren Rat und ihr Urteil.“

„Ist das so? Meine Tochter!“ wunderte sich Schamer.

„Sie nennen sie eine Prophetin.“

Schamer dachte über Joaschs Worte nach und schüttelte endlich den Kopf. „Hier redet niemand von Krieg. Ich kann es auch nicht glauben, denn Sisera ist ein aufrichtiger Mann.“

„Ein aufrichtiger Mann? Nachdem er deinen Sohn töten ließ?“

Schamer starrte Joasch überrascht an. „Gemalli wurde doch bei einem Überfall der Midianiter getötet“, sagte er.

„Das stimmt nicht, Schamer. Ich war dabei. Es waren Kanaaniter.“

„Kanaaniter? Du bist doch selbst ein Kanaaniter.“

Joasch mußte nun dem überraschten Gerber einiges

von sich selbst erzählen. Zum Schluß zeigte er ihm sein durchbohrtes Ohr. Er schloß seinen Bericht mit den Worten: „Sisera mag nicht direkt die Absicht gehabt haben, Gemalli töten zu lassen, Schamer. Trotzdem ist er ein Verräter und Lügner. Er hat seinen Leuten den Überfall auf die Karawane befohlen, um Deborah zu rauben. Und nun begibt sie sich freiwillig in seine Hand. Ich frage mich, wie du es bei diesem Betrüger aushältst, Schamer, so weit entfernt von deinem Volk und deinem Gott?"

Schamer antwortete: „Jahwe ist überall bei seinen Kindern, ganz gleich, wo sie sich befinden. Mein Geschäft geht hier viel besser als früher und ich werde gut bezahlt. Welch ein betrügerischer König! Er hat meine Familie zerstört. Und Deborah hat einen Philister geheiratet."

„Sein Vater ist ein Ephraimite. Er ist ein guter Mann und dient Jahwe. Du kennst Lapidoth doch."

„Jahwe straft das Haus von Schamer. Warum tut Er das?" Schamer schlug die Hände vor sein Gesicht. Endlich fuhr er fort: „Ich fühle mich wie eine Art Gefangener hier. Gewiß, Sisera erlaubt mir, zu Jahwe zu beten. Doch wenn ich jetzt gehen wollte, wohin soll ich denn gehen? Mein Sohn ist tot und mein ganzes Geschäft ist jetzt hier. Wohin also sollte ich gehen?"

Schamer erhob sich und blickte eine ganze Weile zum Fenster hinaus, ehe er sagte: „Du hast ein großes Risiko auf dich genommen, junger Mann, als du nach hier gekommen bist. Glaubst du an Jahwe?"

Joasch lächelte. „Ich glaube an alle Glötter."

„Es gibt nur einen Gott. Gepriesen sei Jahwe! Wenn nicht um Jahwes willen, warum bist du dann gekommen?"

„Weil ich Lapidoths Freund bin. Er hat mich aufgenommen, als ich gejagt wurde. Und Deborah ist seine Frau. Ich bin es ihm schuldig."

„Aber was können wir tun?“ Schamer wrang seine Hände.

Joasch lachte bitter: „Um die Wahrheit zu sagen: Ich weiß es auch nicht. Ich kam in erster Linie, um zu sehen, ob Sisera sein Wort hält und Deborah ungehindert wieder abreisen darf. Wenn er das nicht tut, müssen wir erst sehen, wie die Umstände sind und dann einen Plan zur Flucht ausarbeiten.“

„Schamer!“ rief eine junge Stimme aus dem Raum vor dem Vorhang.

„Psst!“ Schamer hob die Hand. „Ich bin hier!“ antwortete er.

„Komm und erzähle uns eine Geschichte, Schamer!“ Ohne Warnung wurde der Vorhang beiseite geschoben und ein Junge von etwa zwölf bis dreizehn Jahren erschien. Er beachtete Joasch kaum. „Mein Vater läßt dir bestellen, er habe mehrere Schläuche mit altem Wein, der bei deinen Geschichten am besten schmeckt, Schamer. Wirst du kommen? Wir warten alle auf dich.“

„Ja“, nickte Schamer. „Sage deinem Vater, ich komme bald.“

Mit einem neugierigen Blick auf Joasch verschwand der Junge. Joasch blickte Schamer fragend an.

„Ich erzähle ihnen die Geschichten unseres Volkes, vor allem die unseres Stammes Naphtali. Bleibe vorläufig bei mir, Joasch. Ich erzähle den anderen, du seiest der Sohn meiner Cousine. Jahwe hat dich sicher für einen bestimmten Zweck nach hier geschickt.“ Er drehte sich nochmals um und fragte: „Gehören die Vögel und die Käfige dir?“

„Ja.“

„Ich werde den Jungen bitten, sich um sie zu kümmern, bis du wieder gehst. Es wäre nicht gut, wenn sie zu sehr auffallen.“

24. Kapitel

Deborah trug Siseras Ring und ritt auf einer weißen Eselin. Nedra und die beiden kanaanitischen Frauen sorgten für sie. So gelangte sie relativ komfortabel nach einer zweitägigen Reise nach Taanach.

Als sie durch das Stadttor ritten, mußte sie über die Größe der Stadt staunen. Es gab nicht nur einen Marktplatz, sondern viele. In fast allen Straßen konnte man Händler finden, und die Stadt war voller Menschen. Es schien ein Durcheinander von bunten Gewändern, verschiedenen Sprachen und Kopfbedeckungen zu sein. Neben den Kanaanitern selbst schien es hier eine ganze Anzahl Ägypter, Phönizier, Philister und Assyrer zu geben. Viele verschiedene Tiere in Käfigen waren zu sehen und exotische Vögel mit buntem Gefieder. Fein gemusterte Teppiche wurden ausgestellt, daneben fand man Metallwaren und Tongefäße aller möglichen Art. Bei manchen fragte sich Deborah, wozu sie überhaupt gebraucht wurden.

Fasziniert schaute sie sich nach allen Seiten um. „Wo ist die Gerberei meines Vaters, Beno?" fragte sie.

Beno, der auf einem Pferd neben ihr ritt, antwortete: „Hinter den Mauern der inneren Stadt, meine Dame. Im Palastbezirk."

„Im Palast?"

Beno lächelte nachsichtig. „Nein, nicht im Palast, sondern im Palastbezirk. Die Geschäfte und Werkstätten, die du hier siehst, sind für die Bevölkerung und die Karawanen. Doch die wirklich tüchtigen Handwerker arbeiten direkt für den König."

„Verkaufen die Gerber und die Metallarbeiter ihre Ware nicht auch auf dem Markt?"

„Alles, was sie produzieren, gehört Sisera."

Deborah dachte über diese Worte nach, während sie sich jetzt der inneren Mauer näherten, die den Palastbezirk von der übrigen Stadt trennte. Sie ritten durch das Tor der inneren Mauer, und sofort war die Atmosphäre eine andere. Die Straßen waren alle gepflastert und die Menschen hier trugen alle Schuhe und bessere Kleidung als jene draußen in der Stadt. Überall sah man Soldaten in den Uniformen der Armee Siseras.

Die Reisegruppe hielt vor den Stufen des Palastes. Beno sandte einen Boten zu Sisera, um ihre Ankunft zu melden. Deborah spürte, wie Furcht ihr Herz ergreifen wollte. Sie erinnerte sich an den arroganten Soldat, dem sie vor reichlich drei Jahren am Seeufer begegnete und der zu ihr sagte: „Junge Mädchen, die zu eigensinnig sind, finden sich vielleicht im Tempel wieder, um der Göttin zu dienen."

Nun kam König Sisera die Stufen herunter. Diesmal nicht als Soldat, sondern in der Kleidung eines Staatsmannes, hieß er sie freundlich willkommen. Sie betrachtete das wettergebräunte, gut geschnittene Gesicht. Nein, äußerlich hatte er sich überhaupt nicht verändert. „Es ist mir eine Ehre, dich in Taanach willkommen zu heißen, Deborah, Tochter von Schamer und Frau von Lapidoth."

Ehe sie antworten konnte, hörte sie eine ihr so liebe Stimme: „Deborah!" Ein kräftiger Mann eilte mit ausgebreiteten Armen auf sie zu.

Sie rutschte von ihrem Reittier und warf sich in die Arme ihres Vaters. „O Vater! Vater! Preis sei Jahwe!" Schamers Umarmung drückte fast die Luft aus ihr. Endlich hielt er sie auf Armeslänge und betrachtete ihr Gesicht. Tränen liefen ihm über die Wangen.

„Wie oft habe ich an dich gedacht, Vater." Sie umarmte ihn nochmals und wandte sich dann an Beno. „Ich möchte mit meinem Vater gehen."

Beno antwortete höflich: „Dazu wird später noch genug Zeit sein." Er blickte zum König hin. „König Sisera hat für die Zeit deines Aufenthalts Räume für dich herrichten lassen. Er bittet dich, sie als deine eigenen zu betrachten, solange du hier bist."

„Bitte erlaube meinen Dienern, dir die Räume zu zeigen", fügte Sisera hinzu. „Anschließend wollen wir essen, und dann können wir uns unterhalten."

„Ich würde gern bei meinem Vater bleiben."

„Meine Räume sind dafür zu klein", warf Schamer schnell ein.

Deborah bemerkte den warnenden Blick ihres Vaters und gab nach. „Ich werde dich aber bald sehen, Vater", sagte sie. Schamer nickte erleichtert.

Bedrückt folgte Deborah mit Nedra den beiden Dienerinnen zu einem feinen Appartement in der zweiten Etage des Palastes. Der Wohnraum und auch das Schlafzimmer waren mit prächtigen Möbeln ausgestattet. Sie hatte noch nie so prächtige Räume gesehen und war sichtlich erfreut darüber. Sie blickte sich nach Nedra um, die sich in einer Ecke auf ein Sitzpolster gesetzt hatte. „Nedra, ist das nicht wunderschön?"

„Ach, ich werde froh sein, wenn ich wieder in meinem eigenen Haus schlafen kann", antwortete die ältere Frau.

„Sollen wir ein Bad für dich vorbereiten, Herrin?" fragten die Dienerinnen.

„Ein Bad?" Gab es denn so etwas für Frauen im Palast? Freudig sagte sie: „Sehr gern, vielen Dank."

Während die Dienerinnen das Bad zubereiteten, ging

Deborah von einem Fenster zum anderen und blickte über die Stadt hinaus. Sie staunte darüber, wie weit sich die Stadt über die rundum liegenden Hügel ausbreitete und daß trotz der Größe eine Mauer rundum ging. Wie viele Menschen mußten lange Jahre an ihr gearbeitet haben, fragte sie sich.

Während sie so über die Stadt blickte, fühlte sie einen leichten Windzug, der über sie hinstrich, und eine tiefe Ruhe erfüllte ihr Herz. Sie blickte zum Himmel empor und erhob ihre Arme. „Ich, Deborah, danke Dir, Jahwe, daß Du mich führst. Bitte, öffne mein inneres Ohr, daß ich nicht nur höre, was Sisera sagt, sondern auch das, was er eigentlich meint. In allen Dingen bin ich Deine Dienerin."

Als sie sich umdrehte, erblickte sie die beiden Dienerinnen, die sie mit einer Mischung von Staunen und Furcht anblickten. „Sprichst du wirklich mit deinem Gott?" platzte die Jüngere heraus.

„Ja", lächelte Deborah. „Er ist mir immer nahe und wie ein Freund."

Das Mädchen zog ängstlich den Kopf zwischen die Schultern. „Und Er redet zu dir?"

„Ja."

„Dein Bad ist fertig, Herrin. Auch kühle Getränke und frische Kleider stehen bereit", sagte die andere.

„Wer hat die Kleider ausgewählt?" fragte Deborah.

„König Sisera." Sie hielt eine meergrüne Robe hoch, dazu einen golden schimmernden Schleier und einen goldenen Gürtel, der mit Edelsteinen besetzt war.

„Es ist prächtig", erklärte Deborah ein wenig bedauernd. „Aber ich werde meine eigenen Gewänder tragen."

Eine Stunde später hatte Deborah die Hitze und Mühsal der Reise vergessen. Sie erlaubte den Dienerinnen, sie mit parfümiertem Öl zu salben und ihr Haar herzurichten; allerdings nicht in dem künstlichen Stil der Kanaaniterinnen, sondern in einfacherer Weise. Dann zog sie eine weiße Leinenrobe an und wählte dazu einen blauen Schleier, der von ihrem Haar bis auf die Schulter fiel.

Als Beno erschien, um sie zum König zu führen, blickte Deborah sich nach Nedra um. „Mache dir keine Sorgen um deine Begleiterin", sagten die beiden Dienerinnen, „wir kümmern uns um sie."

Beno führte sie hinunter, und dort durch einen riesigen Empfangssaal in einen kleineren, der auf dem Fußboden und an den Wänden mit kostbaren Teppichen ausgestattet war. Sisera stand draußen auf dem Balkon, und Beno sagte laut: „Deborah von Ephraim ist hier, Majestät."

Sisera drehte sich um und kam lächelnd auf sie zu. Er nahm ihre Hände in die seinen und sagte: „Deborah, du siehst wunderschön aus."

„Vielen Dank, Herr." Sie senkte ihre Augen, weil ihr bewußt war, wie er sie anstarrte.

„Wie ist es dir in den Jahren ergangen?" wollte er wissen.

„Soll ich wirklich glauben, daß du es nicht weißt?"

Sisera lachte laut. „Ach, du hast immer noch so gute Antworten bereit wie früher. Komm, ich will dir etwas zeigen." Er legte ihr die Hand auf den Arm und führte sie auf den Balkon. In der Ferne sah man die letzten Strahlen der untergehenden Sonne. Scharf hob sich zwischen zwei Bergen ein tiefer Einschnitt ab. „Schau, Deborah, das ist der Paß von Megiddo. Durch ihn hindurch führt der Weg zum großen Meer. Wer den Paß beherrscht, ist der Herr des Landes. Und der Paß ist in meiner Hand."

Er lächelte auf sie herab. „Ich freue mich, daß du gekommen bist, Deborah. Du bist nicht mehr ganz so dürr wie damals. Und irgendwie machst du nicht den Eindruck, als wärest du die Tochter eines Gerbers. Früher hast du dich gefürchtet, nach Taanach zu kommen. Vielleicht fürchtest du mich immer noch? Sonst hättest du doch das Kleid angezogen, das ich dir zum Geschenk gemacht habe."

„Es ist ein feines Gewand, doch ich trage lieber meine eigenen." Deborah wandte sich ab, ging im Raum herum und betrachtete die einzelnen Figuren. Vor der Statue einer nackten Frau auf einem Pferd blieb sie stehen. Sisera nahm die Schnitzarbeit von ihrem Sockel. „Das ist Anath, Deborah. Du erinnerst mich an sie. Sie ist meine liebste Göttin. Sie ist die Göttin der Liebe und des Krieges."

„Das ist aber eine seltsame Kombination."

„Nicht zu sehr. Liebe ist oft nicht weit vom Krieg. Anath ist die Gefährtin von EL BAAL. Zusammen sind die beiden allmächtig."

„Und wer ist das?" Deborahs Finger zeigte auf eine etwa 60 cm hohe weibliche Elfenbeinfigur.

„Das ist Astarte, die Göttin der Fruchtbarkeit. Ihr Tempel steht dort drüben, neben dem von EL BAAL." Sisera zeigte aus dem Fenster. „Und sieh hier, Deborah, das ist für euren Gott."

Es war eine schlanke Säule aus weißem Kalkstein, etwas mehr als einen Meter hoch. Auf ihr stand nichts. Sie blickte ihn fragend an. „Für den unbekannten Gott", sagte er. Ehe sie etwas erwidern konnte, fuhr er fort: „Dein Volk und das meine, wir sind wie Ziegen- oder Schafherden. Wir bewohnen das gleiche Land. Wir in den Stadtstaaten von Kanaan haben gelernt zusammenzuleben. Ich habe Frieden mit allen Königen Kanaans und der Philister. Wir sind bereit, auch euch und euren Gott in Frieden mit uns leben zu lassen, so wie Schamer es hier in Taanach tut."

„So wie deine Soldaten meinen Bruder in Frieden leben ließen?" fragte Deborah herausfordernd.

Sisera wandte den Blick ab. „Was da geschehen ist, tut mir sehr leid", sagte er. „Es war nie beabsichtigt."

Deborah unterdrückte ihre Bitterkeit. Jahwe hatte sie

nicht nach hier gesandt, um ihren eigenen Schmerz zu betrauern. „Du sagst, eure Götter wünschen mit uns in Frieden zu leben. Das mag ja so sein, denn sie haben keine Kraft gegen unseren einzig wahren Gott."

Sisera schien sich nun zu amüsieren. „Das war eine echte Frauenantwort. Ich rede davon, wie wir im Frieden zusammen leben könnten, und du wechselst plötzlich das Thema."

„Ich bin nicht einfach eine Frau, König Sisera. So wie Mose und Josua nicht so waren wie andere Männer, bin ich nicht wie andere Frauen. Ich bin Deborah, die Prophetin Jahwes und Richterin in Israel."

Sisera spottete: „Ist es das, was du unter den Eichen von Schiloh predigst?"

„Ich muß sagen, du hast gute Augen", gab Deborah zurück. „Es ist nur schade, daß deine Ohren nicht ebenso gut sind."

„Meine Ohren haben in den letzten Jahren immer wieder von dir gehört, Deborah von Ephraim. Wer hat dich eigentlich zur Prophetin eingesetzt?"

„Jahwe hat mich berufen."

„Woher willst du das wissen? Hast du vielleicht bei Ihm einige Lehrjahre zugebracht?"

„Du magst lachen, aber ich weiß um meine Berufung."

„Du meinst also, Er sagt dir nicht alles?"

„Nein."

Die Antwort schien Sisera zu gefallen. „Aber trotzdem sprichst du in Seinem Namen", stellte er fest.

„Ja."

Sisera schaute Deborah fest in die Augen und fragte: „Dann sage mir jetzt, warum du gekommen bist."

Deborah preßte ihre Hände zusammen. Sie zögerte einen Augenblick und antwortete dann: „Du hast die Macht, im ganzen Land zuzuschlagen. Nirgends sind wir Israeliten außerhalb unserer Ortschaften sicher. Du redest von einem Leben in Harmonie, und das klingt verführerisch. Es ist etwa so, als würde der Löwe das Lamm einladen, mit ihm die Schlafstatt zu teilen. Sogar in unserer Zeit werden manche dazu versucht, obwohl sie es besser wissen sollten. Doch merke dir dies, Sisera: Unser Gott ist ein eifersüchtiger Gott. Er ist nicht nur der oberste aller Götter, sondern Er ist der einzige Gott."

„Ja, ja, das haben wir doch alles schon oft von euch gehört." Er machte eine verächtliche Handbewegung.

„König Sisera, Jahwe hat uns dieses Land gegeben. Er sagte nicht, wir sollten es nehmen, wenn es leer ist. Er sagte: Ich, euer Gott, gebe euch dieses Land, denn es gehört Mir! Und ihr sollt in Meinem Land keine anderen Götter anbeten. Das bedeutet ganz klar: Wenn das Land unser ist und die Menschen, die im Land wohnen, sind Jahwes Volk, dann müssen alle Heiden, die falsche Götter anbeten, ausgetrieben werden."

„Das ist aber ungeheuer anmaßend", empörte sich Sisera. „Bist du zu mir gekommen, um mir das zu sagen?"

„Ich bringe dir eine Warnung. Ich träumte von einem goldenen Streitwagen, der von schwarzen Pferden gezogen wurde und über bepflanzte Felder raste. Die Räder zerstörten die Pflanzen und ließen den Boden leer. Dann sah ich eine Tenne mit vierzig Sack Gerste. Rund herum standen vierzig Zelte. Der Streitwagen versuchte die Tenne zu erobern. Wo immer er durch den Ring der Zelte hindurchbrach, erwuchsen neue Zelte hinter ihm. Jedesmal, wenn er über die Tenne fuhr, wurden Gerstensäcke zerstört, und die Räder des Streitwagens blieben in der Gerste stecken."

Sisera wurde ungeduldig. Ironisch fragte er: „Hat Jahwe dir auch gesagt, was der Traum zu bedeuten hat?"

„Die Zelte sind die Nomaden, unser Volk, die wandern und eine Heimat suchen. Die Gerstensäcke sind unsere Bauern, die sich niederlassen und Ortschaften gründen. Die Räder des Streitwagens repräsentieren die Macht Siseras. Ganz gleich, wie oft du die Zelte unseres Volkes zerstörst, es kommen immer neue. Die Gerstenkörner sind unser Volk. Sie werden dich überwältigen und ersticken, wie die Räder deines Streitwagens in der Gerste versanken."

„Aber ich habe nicht die Absicht, gegen euch Krieg zu führen."

„Ob der Löwe das Lamm nur stückchenweise frißt oder auf einmal, bleibt für das Lamm gleich."

„Das liegt daran, daß der Löwe immer der Stärkere ist."

„Etwas ..." Deborah suchte nach Worten, um auszudrücken, was sie empfand, doch es gelang ihr nicht recht. „Etwas sagt mir, daß es nicht immer so sein wird." Das Feuer in ihren Augen hielt ihn fest. Sie spürte, wie ihr von Jahwe Kraft zufloß.

„Ich verstehe, was du sagen willst." Sisera wandte sich von ihr ab.

Eine gespannte Stille breitete sich zwischen ihnen aus. Endlich sagte sie: „Darf ich jetzt zu meinem Vater gehen?"

„Sicher. Eine Sänfte wartet auf dich, wenn du bereit bist." Sisera führte sie aus dem Raum.

Darkon, der Hohepriester von EL BAAL, trat hinter einem Vorhang hervor und blickte ihnen nach. Prophetin oder nicht, sie war jedenfalls eine gefährliche Feindin. Er raffte sein weites Gewand zusammen und eilte zum Tempel.

25. Kapitel

Von vier starken Sklaven getragen schwebte die Sänfte mit Deborah und Nedra durch die Straßen. Die beiden Frauen blickten verstohlen durch die Vorhänge hinaus. Die Straßen der inneren Stadt waren erstaunlich sauber. Hier gab es keine Bettler und keine aufdringlichen Händler. Keine Gefäße mit Schmutzwasser wurden hier auf der Straße ausgeleert.

Bald stieg Deborah ein bekannter Geruch in die Nase. „Wir nähern uns der Gerberei", sagte sie zu Nedra.

„Aha!" Nedra rümpfte die Nase.

Schamer wartete schon auf sie. „Vater!" Deborah warf sich wieder in seine Arme. Als sie ihn dann betrachtete, fragte sie: „Wo hast du die feine Kleidung her?"

Schamer strich einige Falten glatt. „Von König Sisera. Extra für deinen Besuch."

Deborah stellte Nedra vor. „Es ist gut, hier einem anderen Israeliten zu begegnen", sagte Nedra. „Es ist furchterregend, wenn man so weit von daheim fort ist."

Schamer nickte verständnisvoll, während Deborah Nedras Arm nahm. „Laß uns hineingehen, Vater."

„Aber der Geruch", gab Schamer zu bedenken.

„Bin ich denn nicht die Tochter eines Gerbers, Vater? Wie habe ich diesen guten, ehrlichen Geruch nach neuem Leder vermißt."

Die Gerberei war viel größer als ihr einfaches Heim in Naphtali. Sisera war gut zu Schamer gewesen, erklärte der Gerber, als er Deborah und Nedra die Werkstatt zeigte. „Ich habe die besten Werkzeuge und die teuersten Farben. Sisera hat extra von Ägypten die neuesten Stanzwerkzeuge kommen lassen", sagte er stolz.

Ein Arbeiter bot Nedra einen Platz zum Sitzen und einen Becher Wein an, während Schamer Deborah durch den Vorhang in seine Wohnung führte. „Und nun, Tochter", sagte er mit großem Verlangen in der Stimme, „wie ist es dir ergangen?"

Sisera ging langsam durch den Palastgarten. Seine Laune wurde auch durch die Schönheit rundum nicht besser. Er sah Beno am Ende des Gartens und winkte ihn heran.

„Sie ist bei ihrem Vater", sagte Beno.

„Dann komm, wir sind mit Darkon verabredet."

Beno mochte den Priester nicht, doch er war zu vorsichtig, dies merken zu lassen. Obwohl Sisera und er seit zwanzig Jahren Freunde waren, trennte Sisera die Politik sorgfältig von seiner Freundschaft. Und Darkon fand bei Sisera sehr oft Gehör.

Bald saßen die drei Männer in einer versteckten Kammer im Zentrum des Tempels von EL BAAL. Trotz der Hitze draußen war es hier kühl und ein wenig feucht. Ungeachtet der brennenden Fackeln schauerte es Beno. Er wäre lieber wieder draußen gewesen.

„Also, Darkon, was denkst du von unserem Gast?" begann Sisera das Gespräch.

„Das beste wäre, du läßt sie töten. Dann ist dieses Problem erledigt."

Beide, Sisera und Beno, wurden von diesen Worten überrascht. „Glaubst du denn, sie ist wirklich eine Prophetin?"

„Ich denke, alle Fanatiker sind gefährlich, besonders, wenn sie vorgeben, ein heiliges Ziel zu verfolgen. Solche

Leute kennen keine Furcht. Deshalb kann man auch nie voraussehen, was sie tun werden."

Sisera bewegte unbehaglich den Kopf hin und her. „Beno, was meinst du?"

Beno meinte achselzuckend: „Ich habe nicht gehört, was sie von ihrem Gott sagt."

„Ja, ja, aber du bist mehrere Tage mit ihr unterwegs gewesen. Ist sie eine Fanatikerin?"

„Sie machte den Eindruck einer recht normalen jungen Frau. Manchmal ist sie ein wenig überspannt. Wenn sie sagt, sie spricht im Namen ihres Gottes, wenn sie redet, dann ..."

„Was dann, Beno?"

„Ich denke, sie glaubt, daß es so ist. Sie hatte Angst davor, nach Taanach zu kommen, sie fürchtete sich vor dir, mein König. Aber sie kam trotzdem, weil sie fest daran glaubte, es sei der Wille ihres Gottes."

„Da hast du es", knurrte Darkon. „Religiöser Fanatismus schlimmster Art. Auf diese Weise rennt diese törichte junge Frau in ihren Tod."

„Sie ist für mich die Inkarnation von Anath", überlegte Sisera.

„Wenn du das glaubst, hat sie deinen Verstand schon bezaubert."

„Mein Herr", sagte Beno, „wenn du glauben könntest, sie ist nicht mehr als eine ungewöhnlich abenteuerlustige junge Frau, würde dadurch nicht ihr Anspruch, eine Prophetin zu sein, erledigt? Propheten sind heilige Männer, sie haben kein Interesse an äußeren Vergnügungen, wie wir anderen."

Sisera dachte an das grüne Gewand, das sie nicht angezogen hatte. „Ich sehe in ihr eine Frau mit geringem Selbstbewußtsein. Sie hat eine unschuldige Art an sich, die für sie in gewissen Situationen wie ein Schutz wirkt."

„Unsinn!" ärgerte sich Darkon.

Sisera nickte. Er mußte daran denken, wie sie vor einigen Jahren als junges Mädchen im Wasser des Sees Genezareth herumwatete.

Beno fuhr fort: „Wenn sie nun doch wie alle anderen Frauen ist und sich nur hinter ihrer scheinbaren Unschuld versteckt?"

Sisera lachte laut. „Schlägst du vor, ich soll die Dame verführen, Beno?"

Beno grinste. „Wenn nicht Darkon es lieber probieren möchte."

Ärgerlich fuhr Darkon auf. „Ich habe den Verdacht, ihr wollt sie nicht ernst nehmen, um ihr Leben zu retten."

Sisera erhob sich. „Ich werde noch mehr Zeit mit der jungen Frau verbringen. Was immer sie ist, sie interessiert mich jedenfalls."

Darkon hob seine Hand und hielt damit die beiden anderen auf. „Hört noch, was die Moabiter sagten, als sie den Israeliten vor einigen Jahrzehnten das erste Mal begegneten: ‚Diese Horde wird nun alles rund um uns verzehren, wie der Ochse das Gras des Feldes verzehrt.' Nimm dich in acht, Sisera, daß du bei deinem Suchen nicht die richtige Zeit versäumst."

„Genug jetzt, wir werden später wieder darüber reden. Komm, Beno!"

Darkon erhob sich. „Sprich mit deiner Frau Mutter, Sisera. Frauen können leichter in die Seele einer anderen Frau blicken als wir Männer."

„Wir werden sehen." Sisera ahnte schon, wie seine Mutter auf Deborah reagieren würde. „Aber entschuldige uns jetzt bitte, Priester, ich werde nun die Dame Deborah treffen."

„Aha, jetzt ist sie also schon eine Dame!"

Sisera und Beno, der nichts dazu gesagt hatte, verließen den Raum. „Ich werde sie selbst abholen, Beno", sagte Sisera zu ihm.

In der Gerberei herrschte bedrücktes Schweigen. Endlich sagte Schamer: „Ich hoffe, du weißt, was du tust, Deborah. Bist du dir wirklich sicher?“

„Aber Vater ...“

„Nun, nun, ich kenne doch deine Träume, doch wir waren zu lange nicht zusammen. Aber wie steht es mit deiner Ansicht, daß wir, um Jahwes Bund zu erfüllen, alle Bewohner dieses Landes, die keine Israeliten sind, daraus vertreiben müssen?“

„Wie könnten die falschen Götter sonst vernichtet werden?“

„Indem wir ...“ Schamer dachte an die anderen Gerber, die mit ihm arbeiteten, an die Weber und Streitwagenbauer sowie die Metallarbeiter. Manche von ihnen waren seine Freunde geworden. Er hatte ihnen immer Geschichten erzählt, wie Gott sie geführt hatte, und einige glaubten nun sogar an Jahwe. Aber Deborah wartete auf eine Antwort.

Langsam begann er und suchte dabei nach Worten. „Ich bin nur ein Gerber, du bist zur Prophetin berufen. Aber ich habe entdeckt, daß die Leute hier auch nicht so böse sind, Deborah. Wenn sie sich von ihren falschen Göttern lossagen, würde Jahwe sich doch freuen.“

Deborah runzelte die Stirn. „Das vielleicht schon, aber sie können nie Jahwes Kinder werden, Vater. Die Metallschmiede in der Karawane meines Gatten sind Keniter, aber sie erzählen überall, sie seien Jahwes Kinder. Ich freue mich, daß sie nicht länger falsche Götter anbeten, aber Jahwes Kinder ...?“ Deborah schüttelte zweifelnd den Kopf.

„Wieso bist du so überzeugt, daß dies nicht möglich ist?“

„Es ist nicht eine von den Sachen, über die Jahwe zu mir spricht. Und ...“

„Und was, meine Tochter?“

Deborah seufzte traurig. „Vielleicht hat Jahwe unsere Ehe deshalb nicht mit Kindern gesegnet, weil die Mutter meines Gatten eine Philisterin ist."

Schamer legte seinen Arm tröstend um Deborahs Schulter. „Wo ist dein eigener Glaube, Tochter. Vielleicht bist du eine von den Einsamen. Vielleicht wirst du nie Kinder gebären. Aber bezeuge überall deinen Glauben, und du wirst viele Nachkommen anderer Art haben." Eine plötzliche Bewegung hinter Deborah lenkte Schamer ab.

Sie drehte sich um und sah, wie der Vorhang sich leicht bewegte. „Wer war das, Vater?"

„Niemand, Deborah. Doch ich muß meine Arbeit noch beenden. Es ist fast Zeit für Beno, dich und deine Begleiterin abzuholen." Er ging in die Werkstatt zurück und begab sich wieder an seine Arbeit.

Deborah verließ die Gerberei und sah sich auf der Straße um. Ihre Gedanken liefen durcheinander. Ihr Vater hatte sich so sehr verändert. Und wie konnte er sie mit diesen einsamen Frauen vergleichen? Der Gedanke erschreckte sie.

Ein Streitwagen näherte sich, gezogen von zwei weißen Pferden. Es war Sisera selbst. Er zügelte vor Deborah die Pferde und sprang vom Wagen. Mit einer leichten Verbeugung sagte er: „Darf ich dir eine Fahrt anbieten, Deborah? Meine Mutter wartet mit dem Abendessen auf uns."

Sie trat einen Schritt zurück und antwortete: „Vielen Dank. Aber ich glaube nicht, daß wir zu dritt Platz haben."

„Schamer!" rief der König.

Schamer erschien und stellte sich neben seine Tochter. „Ja, Herr?"

„Sorge bitte dafür, daß Deborahs Begleiterin zum Palast zurückkommt."

„Ja, Herr", sagte Schamer nochmals und wandte sich Nedra zu.

Sisera blickte Deborah einladend an. Sie zögerte einen Augenblick, aber sicher brauchte sie nichts zu befürchten. Sie trat an den Streitwagen heran und Sisera half ihr hinauf. Auf einen kurzen Zuruf hin setzten sich die Pferde in Bewegung, und Deborah fühlte, wie ihr Herz schneller schlug.

„Du hast scheinbar keine Angst vor Pferden", stellte Sisera fest.

„Ich habe bei meinem Gatten reiten gelernt. Er ist der beste Reiter in ganz Ephraim."

„Erzähle mir von ihm. Es gibt gewiß nur wenige Männer, die ihren Frauen erlauben, eine so weite Reise allein zu machen."

„Du weißt sicher, Majestät, daß Lapidoth unterwegs ist. Er hätte wohl in meine Reise nicht eingewilligt."

„Oh, du bist sehr ehrlich", lachte Sisera.

„Lapidoth wäre sehr erstaunt über diesen Wagen, Herr, denn er ist noch besser als die Streitwagen der Philister. Er sagt, sie seien sehr schwer und man könne nur schlecht mit ihnen wenden."

„So ist es", bestätigte der König. „Du solltest einmal sehen, wie diese Wagen über die Ebene von Jesreel jagen, weder Steine noch Vertiefungen können sie aufhalten. Und sieh dir einmal die Pferde an. Hast du je bessere gesehen?"

„Nein, bestimmt nicht. Wie schnell kannst du im freien Feld damit fahren?"

„Wärest du bereit für eine richtig schnelle Fahrt, damit ich dir zeigen kann, was Wagen und Pferde wert sind?" fragte Sisera.

Deborah mußte an ihren Traum denken. Doch andererseits machte ihr die Fahrt in dem Wagen richtig Spaß. „Ja, es würde mich freuen", erklärte sie.

Seine Antwort war ein Lächeln. Er lenkte den Wagen am Palast vorüber zum inneren Tor hin. Auf einen Wink von ihm folgten ihnen mehrere berittene Soldaten als Begleiter. Vorsichtig lenkte er den Wagen durch die vielen Menschen in den Straßen der äußeren Stadt. Als sie das äußere Tor passiert hatten, gab er den Pferden die Zügel frei, und der Wagen flog wie im Sturmwind dahin, so daß die berittenen Soldaten Mühe hatten, ihnen zu folgen. Immer schneller wurde die Fahrt, und Deborah schien es, als würden die Räder kaum mehr den Erdboden berühren.

Endlich beendete Sisera die wilde Jagd unter einem riesigen Feigenbaum. Er hob Deborah vom Wagen, und sie lehnte sich an den Stamm des Baumes. Die sie begleitenden Reiter waren in achtungsvoller Entfernung zurückgeblieben und dort von ihren Pferden gestiegen.

Sisera betrachtete Deborah mit glühenden Augen. „Jetzt!" sagte er und trat ganz nahe an sie heran. Ehe sie wußte, wie ihr geschah, hatte er einen Arm um ihre Taille gelegt und zog sie an sich. Sie wehrte sich eine Zeitlang mit allen Kräften, bemerkte aber bald, daß sie der Stärke dieses Mannes nicht länger widerstehen konnte. *„Jahwe, hilf mir bitte!"* flehte sie im Inneren.

Sie lehnte sich wieder an den Stamm des Baumes und versteifte sich völlig. Dabei blickte sie Sisera fest an, der unter diesem Blick unsicher wurde. Sie sagte, als sie seine Unsicherheit bemerkte: „Ich bin Deborah, die Frau von Lapidoth und die Prophetin Jahwes. Tue, was du meinst tun zu müssen. Aber mein Körper ist nichts, und Jahwe ist alles."

Siseras Augen verengten sich zu Schlitzen. „Und ich bin Sisera, König von Kanaan", erwiderte er. „Und du, Deborah, bist nichts anderes als eine Frau, so wie alle anderen Frauen."

Deborah schlug ihre Augen nicht nieder, sondern blickte ihn weiter fest an. Sie mußte hart mit sich selbst kämpfen, um nicht die Kontrolle zu verlieren. Endlich senkte er seinen Blick, ließ sie los und trat einige Schritte zurück. „Ein König nimmt sich nichts, was ihm nicht bereitwillig gegeben wird. Es wird die Zeit kommen, Deborah, da kommst du freiwillig zu mir.“

Einige Tagereisen von Taanach entfernt ritt ein Israelit auf müdem Pferd durch das Tor von Damaskus in die Stadt ein. Er erfuhr, daß die Karawane von Lapidoth dem Philister vor zwei Tagen von Babylon her in der Stadt eingetroffen war. Der Reiter betete zu Jahwe, Er möge geben, daß er Lapidoth in duldsamer Laune antreffen könnte.

26. Kapitel

Im kleinen Speisesaal des Palastes brannten alle Öllampen und erhellten den Raum mit ihrem warmen Licht. Der Tisch war beladen mit ausgesuchten Speisen. Da gab es mehrere Arten Fisch, verschiedene Fleisch- und Gemüsesorten, feine Früchte und prächtigen Wein.

Am Tisch saßen der König und seine Mutter und warteten auf ihren Gast. Die Königin-Mutter trug ein prächtiges blaues Gewand und war behängt mit viel kostbarem Schmuck.

Deborah erschien am Arm von Beno. Leah streckte ihr gnädig die Hand entgegen, während ihre Augen die Prophetin scharf musterten. König Sisera erhob sich und befahl Beno mit einer Handbewegung, den Raum wieder zu verlassen. „Das ist sie, Mutter", sagte er, „Deborah, die Prophetin aus Ephraim. Meine Mutter Leah." Deborah verbeugte sich vor ihr, wie sie es vor Lapidoths Mutter tat.

„Ich bin Leah, die Königin-Mutter der Kanaaniter", wiederholte sie. „Im Kopf meines Sohnes nimmst du derzeit den meisten Platz ein, Deborah. Ich glaube, du hast ihn irgendwie verzaubert." Sie hatte eine warme melodische Stimme, der man aber auch die Schärfe anhörte.

Deborah blickte nicht zum König hin. „Ein guter König muß alles über die lernen, mit denen er zu tun hat, nur so kann er immer die rechten Urteile fällen und Beschlüsse fassen." Deborahs Antwort überraschte Leah. Sie hatte schüchternes Benehmen oder törichtes Kichern erwartet, aber nicht dies.

„Ich freue mich, daß du denkst, er ist ein guter König.“ Deborah ging nicht auf diese verfänglichen Worte ein, also fuhr Leah fort: „Ich bin noch nie einer Prophetin begegnet. Natürlich haben wir unsere Priester, wie du sicher weißt. Der König und ich müssen sie unterstützen, um sie bei Laune zu halten. Ich nehme an, das ist mit euren Priestern ähnlich.“

„Nein, meine Dame, unsere Priester sind Priester Jahwes.“

„Des unbekannten Gottes, Mutter.“

„Ach ja, die leere Säule.“ Ein kurzes Lächeln zu Deborah. „Und haben alle Propheten eures Gottes rotes Haar?“

Nun mußte auch Deborah lächeln. „Das weiß ich wirklich nicht. Ich bin auch noch keinem anderen Prophet begegnet.“

„Was siehst oder hörst du? Siehst du Visionen? Und lebst du in einer Höhle wie die heiligen Männer?“

„Nein. Ich wohne im Dorf meines Gatten. Ich melke Ziegen, zerstampfe die Gerste, webe für meinen Gatten und stelle in der Töpferei Gefäße her.“

„Oh! Hast du denn keine Diener für diese Aufgaben?“

„Jahwe segnet alle Arbeit, meine Dame. Der Mann, der die Felder bearbeitet, erntet seinen eigenen Lohn. Aber jener, der andere zwingt, für ihn zu arbeiten und nicht die Fülle der Ernte mit den Arbeitern teilt, tut übel in den Augen des Herrn.“

Leah blickte zu Sisera hin. „Was meinte sie damit?“

„Ich glaube, das war ein Tadel an unseren kanaanitischen Lebensgewohnheiten, Mutter“, sagte Sisera breit lächelnd. „Aber wie sollte ich meinen riesigen Landbesitz selbst bearbeiten. Manche Menschen sind eben zu Dienern gemacht und andere zu Herren. Vögel können fliegen, die anderen Tiere eben nicht.“

„Jahwe hat uns gesagt, daß jeder sein eigenes Feld bearbeiten und dann seinen Kindern weiter vererben soll; bis hinab zur letzten Generation."

„Ach", meinte Leah verächtlich, „diese Art Unterhaltung langweilt mich. Deborah, du hast doch sicher gehört, daß zu viel Denken uns Frauen unfruchtbar macht. Hast du keine Sorge um deine noch ungeborenen Söhne?"

Diese Worte trafen Deborah hart. Wenn auch aus anderen Gründen, als Leah glaubte. Sie schüttelte den Kopf. „Nein, meine Dame. Ich höre auf die Worte Jahwes. Er sorgt ganz gewiß besser für mich, als ich es selbst tun könnte."

„Du mußt wissen, Mutter, die Frauen in Israel werden nicht so verwöhnt und verhätschelt wie die Konkubinen unserer reichen Männer."

„So, so." Leah lehnte sich lachend zurück. „Jetzt sehen wir also, warum du so fasziniert von ihr bist. Aber merke dir das, Sisera: Israelitische Frauen arbeiten nur deshalb so fleißig, weil ihre Männer zu arm sind, um ihnen ein anderes Leben zu bieten."

Sie ließ ihren Sohn nicht zu Wort kommen, sondern wandte sich wieder Deborah zu. „Ich bin neugierig, Deborah. Du bist so braungebrannt. Liebst du es, in der Sonne zu sein? Findet ihr Bauernfrauen nicht, daß dies eurer Haut schadet?"

„Mutter, ich werde durstig, würdest du bitte den Wein servieren." Deborah blickte kurz zu Sisera hin, dessen Gesicht einen ärgerlichen Ausdruck annahm.

Leah lächelte ihren Sohn süß an. „Ich bitte um Verzeihung, weil ich meine Aufgabe vergaß. Ich bin für meinen Sohn oft die Gastgeberin", sagte sie zu Deborah, während sie ihr Wein eingoß. „Seine Frauen sind so armselige kleine Kreaturen, die lieber den ganzen Tag in ihren Räumen spielen, als mit Gästen zu diskutieren. Wir hatten allerdings auch noch nie eine unbegleitete Frau als

Gast, Deborah. Gewöhnlich kommen Frauen nur als Kriegsbeute nach hier, und mein Sohn hat nie lange Interesse an einer von ihnen. Er wechselt die Frauen schnell."

Sie wandte sich wieder Deborah zu und fragte: „Hast du keine Familie?"

Deborah erwiderte das Lächeln. *Leah weiß genau, wer mein Vater ist,* dachte sie und sagte: „Das Haus meines Gatten liegt in Ephraim."

„Ach ja, das hatte ich vergessen. Und er erlaubt dir, in diesen gefährlichen Zeiten allein zu reisen?"

„König Sisera hat mir fest zugesagt, daß er für meine Sicherheit sorgen würde." Sie vermied es dabei, den König anzublicken.

„Ja, richtig. Nun, Sisera, du siehst, sie ist anders als all die anderen Frauen. Vielleicht können wir für ihre Haut Bimssteinpulver benutzen, aber was wir mit ihren Fingernägeln tun sollen, weiß ich nicht."

„Mutter, das ist genug! Deborah, verzeih bitte die Unhöflichkeit meiner Mutter, sie ist es nicht gewöhnt, sich mit Frauen zu unterhalten, die mehr im Kopf haben als sich selbst."

Leah erhob sich. Ihr Kopf war hochrot geworden. „Wer ist es wohl, der dich davon abhält, daß du fortwährend einen Narren aus dir machst? Bringe diese hier in den Tempel für die Götter und sieh zu, daß du sie schleunigst los wirst; sie ist böse."

Sisera erhob sich ebenfalls. Zornig schrie er seine Mutter an: „Du bettelst doch fortwährend um Kriegsgefangene, um junge Männer, an denen du deine Lust auslassen und deine Zauberei praktizieren kannst. Glaubst du, ich wüßte nicht, daß du nur Angst hast, deinen Ehrenplatz zu verlieren? Dein Benehmen macht dir keine Ehre, Mutter, verlasse uns!"

Leah hatte die Fäuste geballt. Man konnte sehen, wie

es in ihrem Gesicht arbeitete. Mit einem haßerfüllten Blick auf Deborah verließ sie den Raum.

Sisera ging unruhig in dem Speisesaal hin und her. Endlich fragte er: „Warum hat Jahwe dich zu einem solchen Dienst berufen, Deborah?“

„Um Seinem Volk Seine Gegenwart ins Gedächtnis zu rufen.“

„Das ist nicht leicht, wenn es keinerlei Abbild von Ihm gibt“, meinte er nachdenklich.

„Es gibt kein Abbild von Jahwe, weil Er weit über allen menschlichen Vorstellungen steht. Er ist Geist, Er ist Wind, Er ist Feuer, Er ist alles, Sisera. Er spielt nicht mit den Menschen, wie es eure armseligen Götter tun, Er beteiligt sich nicht an den ehrgeizigen Bestrebungen der Menschen und verlangt auch keine Menschenopfer. Durch Propheten hat Er Seine heiligen Gebote gegeben, die für alle Menschen gelten. Sie sagen, daß Familien sich um ihre armen alten Angehörigen zu kümmern haben, daß die Menschen in allem ehrlich sein müssen, Gott lieben sollen und die Götterbilder verwerfen; und über allem anderen auf dieser Erde muß es den Menschen darauf ankommen, den Willen dessen zu tun, der sie geschaffen hat. Das wahre Glück liegt im Tun des Willens Gottes, und wahrer Reichtum liegt nicht in Schatzkammern, sondern in dem, was wir im Namen Gottes für andere tun.“

Sisera hatte aufmerksam zugehört und dachte lange nach. Endlich fragte er: „Und warum möchte dein Gott, daß ich dies alles von dir erfahre?“

„Ich weiß es nicht, König Sisera. Vielleicht möchte Er, daß auch durch dich auf Erden Sein Wille geschieht.“

Eine seltsame Furcht, wie er sie bisher nie gekannt hatte, erfüllte Siseras Herz. Mit den schweigenden Götterbildern von Anath und EL BAAL, von Astarte und Dagon konnte er gut leben, aber ein Gott, der sogar die Macht hatte, eine einsame und hilflose Frau vor seinen

Gelüsten zu bewahren, mit dem wollte er nichts zu tun haben. Er bemühte sich, nichts von seinen Gefühlen zu zeigen, sondern sagte: „Bitte entschuldige mich jetzt, Deborah. Mein Diener wird dich in deine Räume zurückbringen."

Sisera ging in seine eigenen Räume und trat dort auf den Balkon hinaus. Als er über die im Mondlicht liegende Stadt blickte, wurde ihm eines klar. Sollte Deborah irgendein Unheil zustoßen, während sie hier in Taanach war, dann würde sein Reich zusammenbrechen.

„Pssst!"

Schamer erwachte schlaftrunken. Er hatte am Abend zuviel Wein getrunken. „Was ist? Wer will etwas?"

„Ich bin es, Joasch. Sisera hat irgend etwas vor. Er hat Beno befohlen, Deborah bei Tagesanbruch aus Taanach fortzubringen. Außerdem befahl er einer ganzen Abteilung seiner Streitwagen, sich zu einem Ausfall fertig zu machen."

Schamer richtete sich auf und suchte nach seinen Sandalen. „Aber warum?"

„Ich habe keine Ahnung. Wer weiß schon, was dieser Teufel sich wieder ausgedacht hat."

„Heißt das, daß ich meine Tochter nicht mehr sehen werde?" Schamers Stimme klang besorgt.

„Schamer, Schamer, komm, beeile dich!"

„Aber was kann ich tun, Joasch?"

„Geh zu den Ställen und hilf dort den Soldaten der Streitwagenabteilung, mit dem Lederzeug der Pferde und ihren eigenen Lederrüstungen zurecht zu kommen. Vielleicht erfährst du dabei durch die Soldaten etwas von dem, was Sisera plant. Ich gehe zurück zum Palast."

„Wirst du meine Tochter sehen?"

„Nein, aber eines ihrer Dienstmädchen."

Doch Joasch konnte nur erfahren, daß Deborah nach Schiloh zurückkehren würde. Nedra und die beiden Dienstmädchen sollten sie wieder begleiten. Es gab keinerlei Hinweis darauf, was Sisera mit den Streitwagen beabsichtigte.

Schamer kehrte kurz vor Sonnenaufgang mit der beunruhigenden Nachricht zurück, daß die Streitwagen einen kriegerischen Überfall ausführen sollten. Doch auch er wußte nicht zu sagen, wer überfallen werden sollte. Offensichtlich würde Sisera selbst nicht dabei sein. „Es ist vielleicht nur ein kleiner Vergeltungsschlag", überlegte Schamer.

„Oder etwas, womit Sisera selbst nicht in Verbindung gebracht werden will", meinte Joasch.

Schamer sah ihn nachdenklich an. „Was wirst du tun?"

„Ich weiß es noch nicht. Jedenfalls kann ich nicht beiden folgen, den Streitwagen und Deborah." Er schlug mit der Faust auf den Tisch. „Warum ist Deborah nicht in Schiloh geblieben!"

Kurz nach Sonnenaufgang brachen Deborah und Nedra mit ihrer Begleitung auf. Ihr Weg nach Schiloh ging an den Vorbergen des Tales Jesreel entlang. Unmittelbar nach ihnen verließ auch ein armer Vogelhändler die Stadt. Seine Käfige waren leer, er hatte also wohl gute Verkäufe gemacht. Er schien es nicht eilig zu haben. Als dann kurz darauf auch die Streitwagenabteilung unter ihrem Hauptmann Sem die Stadt verließ, schlug auch der Vogelhändler die Richtung ein, die die Streitwagen genommen hatten.

Deborahs Gedanken gingen wirr durcheinander. Warum hatte Sisera sie so plötzlich und überraschend fortgeschickt? Wo war Joasch? Warum hatte man ihr nicht erlaubt, sich von ihrem Vater zu verabschieden? Die drückende Hitze des Tages machte die Probleme, mit denen sie sich beschäftigte, nicht besser. Hatte sie wirklich getan, was Jahwe von ihr wollte? Wer konnte da sicher sein? Sisera hatte sich ihre Worte mit eiserner Selbstbeherrschung angehört. Würde Jahwes Botschaft ihn dazu bringen, den Israeliten weitere Ausbreitung zu erlauben?

„Meine Dame." Deborah blickte auf. Beno deutete zu den grauen Wolken, die im Westen sehr schnell aufstiegen. „Ein Unwetter kommt. Wir müssen das Tal sehr schnell durchqueren."

Ein guter Regen würde nur dem Boden guttun und die Saaten wachsen lassen. Doch manchmal kamen Regen und Sturm wie wilde Untiere. Dann schüttete es so, daß sich die Täler in kurzer Zeit füllten und zu reißenden Bächen wurden.

Die kleine Schar beeilte sich nun, die Vorberge auf der anderen Seite des Tales zu erreichen. Schon fielen die ersten Tropfen, als sie in die Hügel hineinritten. Die Soldaten fanden einen Felsvorsprung, der schon fast eine Höhle war. Hier konnte sie wenigstens der Regen nicht erreichen. Schnell wurde das Lager aufgeschlagen, denn es bestand kaum Aussicht, an diesem Tag noch weiterzuziehen.

So war es auch, deshalb brachen sie am nächsten Morgen schon auf, als sich die ersten Streifen der Morgendämmerung zeigten, um die verlorene Zeit wieder einzuholen.

Das unerwartete Unwetter hatte auch die Aufgabe der Streitwagenabteilung verzögert. Es war also schon früher Nachmittag des nächsten Tages, als Hauptmann Sem und seine Männer von den Hügeln aus das Manassedorf Not und die Gerstenfelder rundum beobachteten.

Sem versuchte zu überschlagen, wie viele Männer und Frauen auf den Feldern waren und arbeiteten. Das Land vor ihm war trocken. Es war schon erstaunlich und man mußte diesem Wüstengott der Israeliten hohe Achtung zollen, weil Er es fertigbrachte, den Regen vor den Grenzen der israelitischen Landesteile aufhören zu lassen, so daß dort immer noch Trockenheit herrschte.

Wenn er das friedliche Bild unter sich sah, konnte Sem nicht recht verstehen, was an dem Auftrag, den er von König Sisera erhalten hatte, so eilig gewesen war. Und was war schon dabei zu gewinnen, wenn man so ein elendes Dorf zerstörte und die Bevölkerung umbrachte? Er gab seinen Unterführern noch kurze Anweisungen, welchen Weg die einzelnen Gruppen der Streitwagen beim Angriff zu nehmen hatten, dann stürmte die Abteilung den Hang hinunter, über die Felder hinweg und in das Dorf hinein.

27. KAPITEL

Als Deborah und Nedra mit ihrer Begleitung Schiloh erreichten, kam ihnen fast die gesamte Einwohnerschaft entgegen. „Ihr seid zurück und glücklich wieder daheim!" rief die Witwe Eladah. „Jemand soll Dorcas rufen. Deborah ist frei von den Kanaanitern zurückgekehrt." Als sie ihre Freundin inmitten der Soldaten entdeckte, rief Eladah voller Freude laut: „Nedra!"

„Preis sei Jahwe, wir sind daheim!" rief Nedra zurück. „Eladah warte, bis ich dir erzählen kann."

Beno stieg vom Pferd und half Deborah beim Absteigen. „Bleibt ein wenig und erfrischt euch, Beno", sagte Deborah.

„Nein, meine Dame. Mit deiner Genehmigung werden wir nur unsere Tiere tränken und dann nach Sichem weiterreiten. Dort fühlen sich meine Männer wohler." Er würde mit seinen Männern auch nicht lange in Sichem bleiben. Bei der mit Sem abgestimmten Zeit mußten sie spätestens vor Sonnenuntergang auch Sichem verlassen haben, um dem Zorn und der Vergeltung zu entgehen, die sicher kommen würde, wenn man in Sichem von der Zerstörung Nots hörte.

Deborah lächelte. „Vielen Dank, Beno, daß du und deine Leute auf der Reise so gut für uns gesorgt haben."

Beno verbeugte sich achtungsvoll. „Ich wünschte, wir könnten demselben Stern folgen, Deborah, Prophetin von Israel. Dein Gott mag mit dir sein."

Prophetin von Israel. Die Leute blickten sich verwundert an. Dieser kanaanitische hohe Offizier hatte Lapidoths Frau Prophetin Israels genannt.

Als Beno mit seinen Männern davonritt, drängten sich die Leute um die beiden Frauen. „Erzählt uns, was ihr erlebt habt. Habt ihr Sisera selbst gesehen? Wie sieht er aus? Beschreibt uns den Palast und die Stadt. Was hat Jahwe dir gezeigt, Deborah?"

Deborah freute sich über die bekannten Gesichter und das herzliche Willkommen. Sie liebte Jahwes Leute, und ihr Herz war voll Dankbarkeit. Dann erblickte sie Dorcas, die gelaufen kam so schnell sie konnte.

Die beiden Frauen umarmten sich und Dorcas sagte: „Du hattest recht, Deborah, Jahwe hat dich nach Taanach gesandt, sonst wärest du nicht in Freiheit zurückgekehrt."

Deborah schob ihren Arm unter den von Dorcas. „Gute Freunde", rief sie, „ich werde euch erst alles über Taanach erzählen, nachdem ich es meinem Gatten mitgeteilt habe. Er muß bald zurückkehren." Und so sehr Dorcas auch drängte und Dimon sie erwartungsvoll anblickte, Deborah schwieg.

Nedra jedoch fühlte sich wohl in ihrer neuen Rolle. Den ganzen Tag saß sie am Brunnen, umringt von vielen Frauen, und erzählte ihre Geschichten.

In den nächsten beiden Tagen mahlte Deborah das Mehl und dachte über den kommenden Krieg nach. Sie arbeitete in der Töpferei und sehnte sich nach Lapidoth. Sie wanderte über die Hügel, sammelte Kräuter und wunderte sich, daß Jahwe schwieg. Hatte Er vielleicht schon Anweisungen gegeben und sie hatte versäumt, es zu verstehen? Sie prüfte ihr Herz. Ja – Krieg sollte sein. Aber mehr hatte Jahwe darüber noch nicht gesagt. Sie würde also warten müssen, bis Er über Einzelheiten reden wollte.

Am vierten Tag, als sie unter ihrer Lieblingseiche saß, erblickte sie auf der Straße, die von Norden kam, eine

Bewegung. Ja, da kam Lapidoth mit einem Begleiter, der wohl Hamid sein mußte. So schnell sie konnte, eilte Deborah ihnen entgegen und traf sie schon ein ganzes Stück außerhalb der Stadt.

Lapidoth und Hamid, er war der zweite Reiter, stiegen von ihren Pferden. Nach einer freudigen Begrüßung gingen sie zu Fuß weiter und Deborah begann zu erzählen. Wie ein Wasserfall kamen die Worte aus ihrem Mund, als sie von ihrer Reise nach Taanach und ihrer Rückkehr berichtete.

In Lapidoth stritten Erleichterung und Ärger miteinander. „Wieso konntest du nach Taanach gehen und dich in die Hände von Sisera begeben?" fuhr er sie endlich an.

„Warum redest du so? Vor drei Jahren verbot Jahwe mir, zu gehen, doch jetzt hat Er mich gesandt. Ihr müßtet es sehen, Siseras Macht ist schrecklich!" Und wieder berichtete sie von dem Reichtum, von den vielen Soldaten und den eisernen Streitwagen und Waffen.

„Und was soll nun geschehen?" fragte Lapidoth.

„Ich weiß es nicht. Ich warte auf Jahwes Anweisungen."

Gegen Mittag saßen Deborah und Lapidoth mit den Ältesten vor dem Tor von Schiloh und berieten über das, was Deborah berichtete. Da wurde plötzlich Pferdegetrappel hörbar, und schon tauchte eine große Schar von uniformierten Reitern auf, an ihrer Spitze ritt Joasch. Hinter ihnen kam eine Schar von Bewaffneten in Zivilkleidung.

Lapidoth sprang auf. „Hallo Joasch, sei gegrüßt im Namen Jahwes! Was bringt dich und die Männer Kanahs nach Schiloh?"

„Schlechte Nachrichten", antwortete Joasch. Er stieg vom Pferd, nahm den Helm ab und wischte sich den Schweiß von der Stirn. „Siseras Horden haben vor drei Tagen die kleine Ortschaft Not überfallen."

Die Ältesten sprangen auf und brachen in Schreie von Empörung und Kummer aus.

„Alle Erwachsenen und auch die Kinder wurden getötet. Kein Haus steht mehr, und die Felder wurden verwüstet." Joasch blickte jetzt direkt Deborah an, als er mit harter Stimme fortfuhr: „Aber keine einzige junge Frau wurde unter den Erschlagenen gefunden. Sie hat man alle fortgeschleppt."

Deborah blieb fast der Atem stehen. Sie erinnerte sich an Mamre, den Ältesten von Not, an seine Frau und die Kinder. Warum hatte Sisera das getan?

„Wo ist deine Karawane?" fragte Joasch.

„In Damaskus. Als dein Bote kam, haben Hamid und ich uns sofort auf den Weg gemacht. Vielen Dank, Joasch. Ich weiß, welches Risiko du eingegangen bist, um meine Frau zu beschützen. Ich bin in deiner Schuld."

Ein Priester kam auf sie zu. Deborah erkannte Phurah, den jungen Leviten, den sie beim Fest der Erstlingsfrüchte kennengelernt hatte. „Hauptmann Joasch", flüsterte Phurah drängend, „die Bundeslade ..."

„Ja", nickte Joasch und blickte sich um. Mittlerweile waren viele Bewohner Schilohs zusammengelaufen. „Hört alle zu!" rief er. „Seit dem Überfall auf Not herrscht in Sichem große Spannung unter den Leuten. Gestern wurde ein Mann getötet, nur weil er Kanaaniter ist, obwohl er schon viele Jahre in Sichem wohnt. Die Priester und Ältesten in Sichem haben beschlossen, die Bundeslade nach Schiloh zu bringen, weil sie glauben, daß sie hier sicherer ist. Lapidoth, ich muß jetzt mit dir reden."

Joasch ergriff Lapidoth am Arm und zog ihn beiseite. Nun tauchten vier Priester auf, die die Bundeslade trugen und brachten sie in die Mitte des Marktplatzes.

Plötzlich stand Dorcas neben Deborah. „Was geht hier vor?" flüsterte sie. „Du bist ganz blaß."

Deborah ergriff ihre Hand und hielt sie ganz fest. Sie war überwältigt von dem, was hier geschah. Die Bundeslade war in Schiloh. In jener Nacht vor mehreren Jahren im Lager in Sichem hatte Jahwe zu ihr gesagt, wenn die Bundeslade in Schiloh sein würde, müsse sie vor der Versammlung der Vertreter aller Stämme Israels sprechen. Die Bundeslade war nun hier, aber es gab keine solche Versammlung. Doch die Israeliten würden sicher für die Zerstörung von Not Rache nehmen und gemeinsam kämpfen.

Warum hatte Sisera das getan? Hatte er sich in seiner Macht durch Deborahs Worte herausgefordert gefühlt? Nun hatte er Israel den Fehdehandschuh hingeworfen. Er hatte die Mahnung Jahwes, die Er durch Seine Dienerin Deborah ihm hatte sagen lassen, zurückgewiesen. „O Mutter meines Gatten“, stöhnte sie, „ich fürchte mich.“

„Wovor fürchtest du dich, Deborah? Wir sind hier sicher.“

„Niemand ist sicher, Mutter. Jetzt ist niemand mehr sicher.“

Lapidoth trat zu ihnen. Voller Zorn sagte er zu Deborah: „Im Namen Jahwes, Frau, was hast du über uns gebracht?“

„Nicht hier auf der Straße, Lapidoth“, mischte sich Dorcas ein. „Komm, wir gehen nach Hause zu deinem Vater. Joasch und seine Männer benötigen eine Erfrischung.“

„Gut“, nickte Lapidoth. „Du kümmerst dich um Joasch und ich rede mit meiner Frau. Deborah, komm!“ Mit schnellen Schritten ging Lapidoth davon, so daß Deborah hinter ihm zurückblieb. Sie wunderte sich, denn so hatte sie ihren Gatten noch nie kennengelernt.

In der Kühle ihres Hauses wartete Lapidoth auf sie. Als sie eintrat, fuhr er sie an: „Ich wußte, daß meine Frau anders ist als all die anderen, Deborah. Allerdings habe ich gehofft, du würdest dich durch die Heirat, und vielleicht durch Kinder, ändern. Doch man kann nicht von den Söhnen von Lapidoth reden, sondern man redet von Deborahs Mann, Lapidoth, dem Gatten der Prophetin. Und nun muß ich noch erleben, daß du wie eine Hure einem verrufenen Mann nachläufst und mit Sisera in seinem Streitwagen über die Ebenen fährst. Sage mir, soll das noch Jahwes Werk sein?"

Als sie antworten wollte, war ihr Hals wie zugeschnürt. Sie brachte keinen Ton heraus.

„Deborah?" Seine Stimme verriet seinen Kummer.

„Verstehe doch", flüsterte sie endlich, als sie ihren Mut zusammennahm. „Kannst du es nicht anders sehen? Sisera hat mir in seiner Torheit gezeigt, wie sehr er gerüstet ist. Er wollte damit vor mir prahlen. Hätte Sisera dir oder Joasch seine Waffen und die Ausbildung seiner Männer vorgeführt? Sicher nicht." Sie schwieg einen Augenblick. Als Lapidoth nicht antwortete, fuhr sie fort: „Ach Lapidoth, verstehe doch. Jahwe hat uns auf diese Weise gezeigt, womit wir rechnen müssen."

Lapidoth dachte nach und entspannte sich langsam. „Vergib mir, Deborah. Joasch sprach so zu mir, weil er dich nicht verstanden hat. Aber es war nicht Sisera der König, den ich fürchtete, sondern Sisera der Mann."

„Du bist der einzige Mann für mich!" rief sie erleichtert.

„Und du bist meine Frau", betonte er nachdrücklich. „Was geschehen ist, ist nicht mehr zu ändern. Wenn meine Karawane in Sichem ankommt, werde ich meine Soldaten von ihr abziehen. Joasch und seine Leute sind schon in Alarmbereitschaft."

Deborah schüttelte den Kopf. „Nein, lieber Gatte, so nicht. Jetzt ist die Bundeslade doch in Schiloh, siehst du das nicht?"

„Was ich sehe ist, daß wir uns wegen der Zerstörung Nots rächen müssen", sagte er grimmig.

„Aber die Bundeslade ist in Schiloh, Lapidoth, so wie Jahwe es vorhergesagt hat!“

„Deborah, jetzt ist nicht die Zeit, um ...“

Sie unterbrach ihn: „Sollen wir unsere Männer vergeuden, indem wir sie in kleinen Gruppen unter Siseras eisernen Rädern zermalmen lassen? Ich habe dir immer gut zugehört, Lapidoth, wenn du von den Überfällen Berittener auf eure Karawane sprachst, die so schnell wieder verschwunden waren wie sie kamen. Würdet ihr jetzt Siseras Männer verfolgen, führt ihr sie nur in einen Hinterhalt und opfert ihr Blut zu EL BAAL. Das ist jetzt eine Angelegenheit aller Stämme.“

Lapidoth betrachtete sie und mußte nun an jene Nacht auf dem Feld denken, als er sie allein vor Jahwe stehend fand. „Also gut, Deborah, ich verstehe es zwar nicht, aber ich muß Jahwe gehorchen, der durch dich spricht. Komm, wir wollen zu den anderen gehen.“

Sie fanden Joasch neben Dimon auf der Erde sitzen. Dorcas brachte gerade Wein und süßes Gebäck auf einem Tablett. Deborah wollte ihr helfen, doch Dorcas lehnte es ab und forderte sie auf, sich neben die Männer zu setzen.

Sie gehorchte und wandte sich an Joasch. „Warum bist du mir nach Taanach gefolgt, Joasch?“ fragte sie freundlich.

„Welche Wahl hatte ich denn? Kein vernünftiger Israelit steckt doch seinen Kopf direkt in den Rachen des Löwen. Lapidoth war nicht hier, wer würde dich dann beschützen?“

„Jahwe!“ antwortete sie schlicht.

Kopfschüttelnd wandte Joasch sich an Lapidoth: „Und du, was sagst du dazu, daß deine Frau mit dem König der Kanaaniter spazieren fährt?“

„Mache dir keine Gedanken über Dinge, die du nicht verstehst“, antwortete Lapidoth.

Joasch sprang ärgerlich auf. „Für mich ist die Angelegenheit erledigt“, sagte er. „Wir werden jetzt an den Kanaanitern Rache nehmen.“

„Du wirst sie nicht mehr finden.“

„Das spielt keine Rolle. Ein Dorf von ihren Leuten für ein Dorf von uns.“ Er ging davon.

„Lapidoth, laß ihn nicht gehen. Joasch“, rief Deborah hinter ihm her, „warte! Wir müssen auf Jahwe warten, denn jetzt ist die Bundeslade in Schiloh!“

Joasch drehte sich um und rief zurück: „Schon gut, Lapidoth, Not war ja ein Dorf des Stammes Manasse, da kann Ephraim ruhig daheim sitzen bleiben. Ich jedenfalls weiß ein kleines Dorf der Kanaaniter in der Nähe von Jesreel, da werden wir ihr Blut vergießen. Sage mir, wie dein Jahwe sonst mit den Problemen fertig wird? Gehab dich wohl, Prophetin.“

„Lapidoth!“ rief Deborah nochmals.

„Laß ihn gehen.“ Lapidoth zuckte hilflos mit den Achseln.

Dimon sagte ruhig: „Wenn Kanah ihm befohlen hat, sich an den Kanaanitern zu rächen, dann wird er es tun. Es ist nicht unsere Sache, für Not Rache zu nehmen, sondern die des Stammes Manasse.“

„Es ist unsere Sache, doch nur unter der Führung Jahwes“, antwortete Deborah überzeugt. Sie erhob sich. „Ich gehe in die Hügel“, erklärte sie.

Den ganzen Tag konnte man Deborah auf den Hügeln sehen. Gegen Abend erklärte Lapidoth, er wolle zu ihr gehen. Dorcas packte ihm zu essen für Deborah ein, und Lapidoth machte sich auf den Weg. Er fand Deborah auf einem Felsen sitzend und dem Sonnenuntergang zuschauen. Sie sprach nicht und verweigerte auch kopfschüttelnd die Nahrung. Er setzte sich ein wenig entfernt von ihr nieder und wartete.

Stunden vergingen. Deborah erhob sich und begann Loblieder zu Jahwe zu singen. Dann stand sie wieder lange Zeit regungslos. Irgendwie mußte Lapidoth eingeschlafen sein. Als er bei der Morgendämmerung erwachte, lag Deborah in ihren Umhang gehüllt neben dem Felsen und schlief. Die Nahrung war unberührt.

Als würde sie seinen Blick fühlen, öffnete sie die Augen. „Guten Morgen, mein Gatte."

„Guten Morgen, Deborah, hast du gut geschlafen?"

„O ja, sehr tief sogar." Deborah erhob sich und streckte ihre Glieder.

Lapidoth öffnete das Essenspaket und sprach ein kurzes Gebet. Gemeinsam aßen sie nun. Endlich fragte Lapidoth: „Hat Jahwe zu dir gesprochen, Deborah?"

„Ja, Herr. Es muß in Schiloh vor der Bundeslade eine Versammlung aller Stämme einberufen werden. Dort werde ich ihnen Jahwes Botschaft mitteilen." Ihr Gesicht strahlte Ruhe und Schönheit aus.

Lapidoth überlegte. Würden alle Stämme der Einladung folgen? Und wenn sie schon kamen, dann würde es sicher viele unter ihnen geben, die von einer Frau keinen Auftrag annahmen. In Sichem damals war es auch so gewesen. Endlich sagte er: „Es wird geschehen wie du sagst, Prophetin Jahwes."

28. Kapitel

In der folgenden Nacht schliefen Lapidoth und Deborah miteinander. Mit tiefer Liebe fühlten sie sich verbunden. Als Lapidoth am nächsten Morgen erwachte, tastete er, noch im Halbschlaf, nach seiner Frau. Doch sie lag nicht mehr neben ihm. Er hörte auch keinerlei Geräusche, daß vielleicht Frühstück zubereitet würde.

Deborah war zuerst wieder in die Hügel gegangen und dann zu Jahwes Zelt, das an einem ruhigen Platz unter Tamarisken stand. Sie hatte den Priestern eine Nachricht zukommen lassen und wartete nun im ersten Vorhof. Sie war zwar Jahwes Prophetin, unterlag aber trotzdem den Vorschriften des Gesetzes, das den Frauen verbot, den inneren Vorhof oder gar das Heiligtum zu betreten.

Phurah kam herbeigeeilt und begrüßte sie freudig. „Deborah, ich freue mich, dich zu sehen. Dein Ruf breitet sich immer weiter aus. In Sichem sprechen die Leute mit großer Achtung von dir."

„Vielen Dank, Phurah, doch jetzt benötige ich deine Hilfe."

„Meine Hilfe?" Phurah war überrascht. „Du lebst doch viel näher bei Jahwe als ich, der ich sogar ein Wächter Seines Bundes bin."

„Ich habe den Eid der Nasiräer geleistet."

„Du hast was?"

„Phurah, es wird Krieg geben. Ich muß mich für Jahwe absondern, bis wir den Krieg gewonnen haben."

„Einen solchen Eid darf man nicht leicht nehmen, Deborah."

„Das weiß ich." Deborah senkte den Kopf.

„Und du bist nun unglücklich deshalb?"

„Ja", flüsterte sie beschämt. „O Jahwe! Sein Fluch möge wegen meiner Schwäche über mich kommen. Lapidoth, mein armer Lapidoth, mein Lieber."

„Weiß er, was ein Nasiräereid bedeutet?" fragte Phurah.

„Ich weiß es nicht, nehme es aber an."

„Weiß er, daß du diesen Eid geleistet hast?"

„Noch nicht. Es war keine Sache, über die diskutiert werden kann. Ich befürchtete, er könnte mich überreden, es nicht zu tun." Phurah sah den Kummer in ihren Augen. „In den Armen von Lapidoth wäre ich vielleicht schwach geworden", gestand sie. „Aber jetzt darf mich nichts von Jahwe trennen. Ich muß zu jeder Zeit bereit sein, wenn Er zu mir spricht."

„Lapidoth wird es verstehen, denn er liebt und achtet dich. Aber du hättest vorher mit ihm darüber reden sollen, Deborah." In Phurahs Stimme klang ein ganz leiser Tadel mit. „Aber es wird vorübergehen. Ich werde mit dir in den Kampf ziehen. Und ich werde da sein, wenn die Zeit, da du unter dem Eid stehst, vorüber ist."

Schweigend saßen der Priester und die Prophetin nebeneinander. Viele Gedanken gingen Deborah durch den Kopf. Was würde alles noch geschehen, bis der Sieg errungen war? „O Phurah", seufzte sie, „manche Dinge sind nur sehr schwer zu ertragen."

„Aber du bist auch meine Frau", empörte sich Lapidoth am späten Nachmittag in ihrem Haus. „Wie konntest du den Nasiräereid leisten? Wie kann Jahwe von dir fordern, daß du meinem Bett fernbleibst und keinen Wein trinkst? Deborah!“ Sein Gesicht war rot vor Ärger. „Eine Prophetin zu heiraten ist ja fast ein Stück Hölle auf Erden.“ Er griff nach seinem Umhang und rannte hinaus in die Straßen von Schiloh.

Deborah seufzte tief und blickte mit Tränen in den Augen zum Himmel auf. „O Jahwe, es ist nicht immer leicht, all Deine Forderungen zu erfüllen.“

Lapidoth kehrte erst am nächsten Morgen zurück. Er starrte Deborah aus übermüdeten Augen an, und sein Atem roch nach Wein. „Ich wollte mir heute nacht eine Prostituierte suchen und mit ihr schlafen“, stöhnte er. „Aber ich konnte es nicht.“ Er taumelte an ihr vorbei und warf sich auf das Bett. In wenigen Augenblicken war er eingeschlafen.

„Wir haben ihn gefangen genommen, König Sisera, weil sein Ohr durchbohrt ist wie bei einem Sklaven.“

„Bringt ihn her, ich will ihn ansehen!“ befahl er und lehnte sich weit in dem Sessel zurück.

Zwei Soldaten schleiften den Unglücklichen in den Raum. Sein Gesicht war mit Blut bedeckt, und sein lederner Brustpanzer wies ein tiefes Loch auf, wo der Speer ihn getroffen hatte. Die Soldaten nahmen ihm den Helm ab und warfen ihn vor dem König auf den Fußboden.

Sisera lehnte sich vor und betrachtete den Gefangenen. Natürlich kannte er ihn. Beno hatte ihm auch gesagt, daß er nun der Führer der israelitischen Soldaten von Sichem war. „Ist das nicht mein Habiru-Schreiber?“ spottete er. „Wie konnte mir nur dein militärisches Talent entgehen, als du noch für mich gearbeitet hast, Joasch? Steh auf, ich mag Männer nicht, die mir nicht in die Augen sehen können.“

Die Soldaten zerrten ihn hoch, und Sisera betrachtete

ihn kopfschüttelnd. „Es wäre besser für dich gewesen, du hättest den Tod im Kampf gefunden, Joasch. Der Tod eines Soldaten ist besser und leichter als der eines entflohenen Sklaven. Sage mir, hat eure Prophetin dich geschickt, damit du gegen mich Krieg führst?"

Joasch mußte husten und spuckte dabei Blut. „Nein", stöhnte Joasch. „Alles, was ich tue, geschieht aus Haß gegen dich, Sisera."

Es war fast, als würde Sisera zu sich selbst reden, als er jetzt sagte: „Ich brachte dich zu meinem Palast und ließ dich ausbilden, so daß du ein guter Schreiber wurdest. Ich habe dich gut behandelt, Joasch."

„Ja, so lange, bis dir meine kaum dreizehnjährige junge Schwester in die Hände fiel, du Ungeheuer. Du hast sie mißbraucht und dann zu den anderen Prostituierten in den Astartetempel geschickt, wo sie bald gestorben ist. Bis zu diesem Zeitpunkt habe ich dir gut gedient. Doch als ich dich wegen meiner Schwester dann haßte, hast du mich zur Sklavenarbeit in die Steinbrüche geschickt."

„Genug jetzt!" Sisera winkte mit der Hand. „Schafft ihn fort und tötet ihn!"

„O nein!" Die Königin-Mutter Leah kam in den Raum geeilt. „Nein, mein Sohn, es gibt eine bessere Möglichkeit."

Sisera blickte seine Mutter überrascht an. „Was willst du, Mutter? Der Mann ist ein Verräter."

„Wenn du ihn tötest, nützt er dir nichts mehr. Der Mann kann dir doch dienen."

„Wie soll er mir denn ordentlich dienen, Mutter, wenn ich ihn fortwährend bewachen lassen muß? Soll ich ihm die Knie zertrümmern lassen, damit er nicht weglaufen kann? Oder vielleicht die Hände abhacken, damit er nicht mehr über Mauern klettert? Oder vielleicht seine Männlichkeit abschneiden, daß er ..."

„Hör auf, Sisera", antwortete Leah. „Laß ihm die Augen ausstechen, und dann gib ihn mir. Ich werde guten Gebrauch von ihm machen."

„Nein, Sisera!" schrie Joasch. „Töte mich lieber, so wie du meine Schwester umgebracht hast. Selbst der elendeste Sklave hat Gefühle. Überlaß mich nicht den Händen und Lüsten dieser Frau!"

Sisera schien unentschlossen zu sein. Seine Mutter trat zu ihm, legte ihm die Hand auf den Arm und sagte: „Sisera, du hast mir von jeder Kriegsbeute, die du machtest, etwas abgegeben. Laß diesmal diesen Mann hier mein Anteil an der Beute sein."

„Aber Mutter, du kannst genug junge Sklaven haben, wenn es dir beliebt."

„Ich will aber diesen hier", beharrte Leah.

„Also gut", sagte Sisera endlich. „Bringt ihn zum Metallschmied, der soll ihm die Augen ausstechen. Dann übergebt ihn meiner Mutter."

Sisera hörte noch lange die Schreie des Unglücklichen, als die Soldaten ihn jetzt davonschleppten.

❧

Phurah beeilte sich mit den Morgenwaschungen. Lapidoth hatte ihn zu einem Treffen mit den Ältesten von Schiloh rufen lassen. Deborah würde auch dort sein und zu ihnen sprechen. Seit sie ihn vor zwei Tagen besucht hatte, schien sich alles viel schneller zu entwickeln.

Nie hätte Phurah auch nur in seinen Träumen daran gedacht, daß die Bundeslade einmal in die armselige verschlafene Ortschaft Schiloh gebracht würde, in der nicht einmal die Karawanen halt machten. Und was den Tempel anbelangte, der war nur ein einfacher Altar aus unbehauenen Steinen, auf dem die Bundeslade stand. Dieser war abgetrennt durch einen Vorhang aus Ziegenhaar. Sicher viel einfacher als das Zelt, das Mose in der Wildnis bauen ließ.

Die Nacht war kühl gewesen, deshalb warf Phurah sich noch einen wollenen Umhang über, ehe er zu der Versammlung ging. Er erreichte das Stadttor gerade, als die Ältesten ihre Plätze einnahmen. Man konnte ihnen ansehen, daß auch sie Lapidoths Ruf so schnell wie möglich gefolgt waren.

„Sei gegrüßt, Phurah", sagte Schoschoma, der grauhaarige oberste Älteste von Schiloh.

„Der Herr sei mit euch", antwortete Phurah.

„Da kommt Deborah", sagte einer der Männer.

Seite an Seite kamen Deborah und Lapidoth auf die Versammelten zu. Deborahs Gesicht strahlte. Aus ihren Augen leuchtete eine tiefe innere Freude. Die Ältesten erhoben sich, und Schoschoma bot ihr seinen Platz an. Da er keiner der Stadtältesten war, blieb Lapidoth einen Schritt außerhalb des Kreises der Ältesten stehen. Voller Stolz blickte er auf seine Frau.

„Männer von Schiloh", begann Deborah ohne Vorrede, „Jahwe hat euch eine wichtige Aufgabe übertragen. Er hat seine heilige Bundeslade eurer Fürsorge übergeben. In den Tagen, die vor uns liegen, wird Er uns zum Krieg gegen die Kanaaniter führen. Er wird den mächtigen König Sisera in unsere Hände geben."

Schoschoma sprang überrascht auf. „Krieg? Sagtest du, es soll Krieg geben, Deborah?"

„So sagt Jahwe!" erkläre sie fest.

Die Männer blickten sich gegenseitig an, und ein erregtes Murmeln erhob sich unter ihnen.

„Männer von Schiloh, ihr sollt durch ganz Israel gehen und zu den Führern der Stämme und ihrer stärksten Sippen sprechen. Folgendes sollt ihr sagen: ‚Deborah, die Prophetin Israels, ruft euch zur Versammlung des Herrn nach Schiloh, in das Land des Stammes Ephraim.' Wenn ihr den führenden Männern der Stämme eure Nachricht ausgerichtet habt, sollen sie Boten in jede Stadt und jeden Ort senden, damit alle im Land erfahren, daß Jahwe einen heiligen Krieg ausgerufen hat. Wir werden gegen die Kanaaniter kämpfen."

Die Ältesten saßen in überraschtem Schweigen. Endlich faßten sie sich und drückten ihre Gedanken in Worten aus. „Seit den Tagen Josuas hat Jahwe Sein Volk nicht mehr zu einem heiligen Krieg gerufen", sagte einer. Ob wohl auch die Männer von Gilead, auf der anderen Seite des Jordans, zustimmen, mit uns gegen die Kanaaniter zu kämpfen?"

Deborah ergriff nochmals das Wort: „Dadurch soll Israel Treue und Gehorsam gegenüber Jahwe beweisen: In zehn Tagen sollen sich die Führer des Volkes vor der Bundeslade versammeln. Dort werde ich zu den Versammelten sprechen und ihnen den Willen Jahwes mitteilen. Groß ist Jahwe, der Verteidiger Israels gegen ihre Feinde."

Sie wandte sich Lapidoth zu. „Komm, mein Gatte, laß uns nach Hause gehen."

„Lapidoth", begann Schoschoma. Man hörte seiner Stimme den bittenden Unterton und die Unsicherheit an.

„Ich werde sofort zurückkehren, Schoschoma." Lapidoth ergriff Deborahs Hand.

Ein wenig später berieten die Ältesten von Schiloh unter Lapidoths erfahrenem Rat, wie sie den Auftrag Deborahs ausführen konnten. „Was ist mit Joasch, dem Führer der Soldaten Sichems?" fragte Schoschoma. „Er hat eine ganze Anzahl Pferde und etwa hundert Männer zur Verfügung."

„Joasch ist ein Habiru. Er ist nicht verpflichtet, für Jahwe zu kämpfen." Als Lapidoth an den Eifer dachte, mit dem Joasch die Zerstörung Nots rächen wollte, fügte er hinzu: „Ich kenne allerdings niemand, der Sisera mehr haßt als er."

„Dann können wir wohl mit ihm rechnen“, sagte Schoschoma zuversichtlich.

„Mittlerweile sollte auch Ira mit meiner Karawane in Sichem eingetroffen sein.“ Lapidoth sah den Ältesten zustimmend an. „Ich werde dort mit Joasch selbst reden.“

Schoschoma nickte. „Wenn du es erlaubst, werde ich dich begleiten. Ich werde mit Kanah sprechen.“

Einer nach dem anderen stimmten die Ältesten zu, sich auf den Weg zu machen nach Benjamin und Ascher, nach Naphtali und Dan, zu Issaschar, Sebulon und Juda, zu Ruben und zu den Stämmen von Gilead, jenseits des Jordans.

Lapidoth verabschiedete sich zärtlich von Deborah und machte sich mit Schoschoma auf den Weg nach Sichem. Er ging noch zu seinen Eltern in der Töpferei und sagte: „Gib bitte auf Deborah acht, Mutter. Die Last Jahwes liegt schwer auf ihr. Ich fürchte, sie wird vergessen, ein wenig Nahrung zu sich zu nehmen.“

„Jahwe hat sicher gewußt, was Er tat, als Er diese Frau gerade dir zur Gattin gab“, antwortete Dorcas. „Ich weiß nicht, wer sonst das alles ertragen hätte.“

Lapidoth runzelte die Stirn. „Glaubst du wirklich, eine andere Frau hätte dies alles bewältigen können? Du lebst nun seit mehr als drei Jahren mit Deborah zusammen. Kennst du eine andere wie sie? Welche andere Frau in unserem Ort würde nicht gern deinen Platz neben Deborah einnehmen, um so von Jahwe begünstigt zu sein.“

„Aber wieso, Lapidoth?“

„Vielleicht sind es deine Götter, die dir immer wieder einreden, in einer solchen Weise zu sprechen.“ Lapidoth blickte Dorcas an, bis sie ihren Blick senkte. Er umarmte noch seinen Vater und machte sich auf den Weg.

Dorcas starrte Lapidoth betrübt nach. Sie seufzte. Es mochte ja sein, daß Deborah die Botschafterin Jahwes war. Doch sie, Dorcas, hätte viel lieber eine ganz gewöhnliche Schwiegertochter gehabt. Nachdenklich blickte sie vor sich hin. Dann ging sie zu Lapidoths Haus und lauschte an der Tür. Als sich nichts rührte, schob sie den Vorhang ein wenig beiseite und blickte hinein. Deborah lag auf ihrem Bett und schlief. Sie machte einen erschöpften Eindruck. Tiefe Schatten lagen unter ihren Augen. Dorcas fühlte eine ungewöhnliche Sympathie für ihre Schwiegertochter.

Wie mußte es für Deborah sein, einem Herrn wie Jahwe zu dienen und immer für Ihn bereit zu stehen, der ihre Aufmerksamkeit oft ganze Nächte lang forderte, wenn andere schliefen, und der sie beauftragte, Botschaften weiterzugeben, die den Zorn Israels auf ihren Kopf brachten? Dorcas merkte, wie ein großes Mitgefühl ihr Herz ergriff. *Du bist eine gute Dienerin, Deborah, ich hoffe, Jahwe ist auch ein so guter Herr,* dachte sie.

Dann tat sie etwas ganz Seltsames. Sie ging zurück zu ihrem eigenen Haus und nahm dort einen nach dem anderen ihre Philistergötter von ihrem Platz an der Wand. „Es tut mir leid", murmelte sie dabei. „Doch das Leben der Frau meines Sohnes ist mir zu kostbar. Ich kann es nicht ertragen, daß ihr mit Deborahs Gott im Streit liegt." Dann wickelte sie die Götterfiguren sorgsam in ein Bündel und machte sich mit einer kleinen Schaufel auf den Weg. An einem einsamen Platz ein Stück außerhalb der Mauer von Schiloh schaufelte sie eine flache Grube aus. Da hinein begrub sie Dagon und die anderen Götter der Philister.

29. Kapitel

Sichem war in Aufruhr. Niemand schien genau zu wissen, was eigentlich geschehen war. Als Lapidoth und Schoschoma durch die Straßen ritten, wurden sie von allen Seiten mit unterschiedlichen Gerüchten bombardiert. Die Bundeslade war von den Ephraimiten gestohlen worden, weil sie eifersüchtig waren, daß sie so lange dem Stamm Manasse anvertraut war. Nein, sagten andere, sie ist versteckt worden, weil jeden Augenblick mit einem Angriff von König Sisera zu rechnen ist. Nein, sondern die israelitische Prophetin hat sich mit Sisera verbündet. Gemeinsam wollen sie ganz Kanaan erobern. Und im Hintergrund hörten sie aus manchen Häusern und Höfen das durch Mark und Bein gehende Geheul der Klageweiber.

Ira kam ihnen entgegen, als sie über den Marktplatz ritten. „Ich bin froh, dich zu treffen“, sagte er nach der Begrüßung. „Es ist wie bei einer Belagerung. Wir sind gestern hier angekommen. Aber wenn wir nicht bald wieder aufbrechen, dann werden die Ältesten uns auffordern, mit ihnen die Stadt zu verteidigen.“

„Hast du etwas von Joasch gesehen. Sie planten einen Überfall auf …“

Ira nickte. „Den ganzen Tag über sind einzelne Soldaten in die Stadt zurückgekommen.“

„Und Joasch?“

„Ihn habe ich nicht gesehen, Hauptmann.“

„Gut. Ich komme später zum Lager. Jetzt muß ich erst mit Schoschoma zu Kanahs Geschäft."

Mehrere Angehörige von Kanahs Sippe waren in seinem Geschäft versammelt. Kanahs altes Gesicht war voller Kummer. Haar und Bart waren ungeordnet. „Lapidoth, Schoschoma", begrüßte er sie, „Jahwe hat diesen Tag verflucht."

„Wir haben gehört, eure Soldaten sind ausgezogen, um für Not Rache zu nehmen", sagte Schoschoma.

„Das Unternehmen wurde nicht schnell genug durchgeführt, um unsere Feinde zu überraschen", antwortete ein jüngerer Mann. „Jemand muß die Kanaaniter gewarnt haben. Ich schwöre bei allen Göttern ..."

„Und Joasch?" unterbrach Lapidoth ihn mit schwindender Hoffnung.

Kanah schüttelte den Kopf. „Er sandte einen Boten zurück. Sie sind in eine Falle gelaufen."

„Der Narr. Es war ein schlecht vorbereitetes Unternehmen. Habt ihr ihm Verstärkung geschickt?"

„Der Bote wurde unterwegs zwischen den Felsen der Vorberge vom Pferd geworfen und lag für einige Stunden bewußtlos. Als er uns endlich erreichte, kamen nach und nach schon die Reste unserer Truppe zurück. Nein, Lapidoth, wir wissen nichts von unserem Anführer", sagte Kanah. „Niemand hat gesehen, daß er getötet worden wäre. Wir haben ungefähr fünfzig Mann verloren und alle Pferde."

„Wir würden euch unsere Hilfe anbieten, aber es ist jetzt keine Zeit dazu."

Kanah hob erstaunt die Hände. „Ein Ephraimite bietet Hilfe an?"

„Kanah", Lapidoth blickte in dem vollen Geschäft in die Runde, „Jahwe hat durch Seine Prophetin Deborah einen heiligen Krieg verkündigt. Alle unsere Stämme sind von heute an gerechnet in zehn Tagen zu einer Versammlung in Schiloh vor der Bundeslade eingeladen."

Kanah richtete sich kerzengerade auf. „Krieg?"

„Ja, und zwar gegen König Sisera selbst", erklärte Schoschoma ernst.

„Krieg!" rief Kanah nochmals und blickte seine Verwandten an. „Bei allem, was heilig ist, wir sind bereit dazu."

Lapidoth verließ die Ältesten und machte sich auf den Weg zum Lager der Karawane, um Heber und Jael zu treffen.

„Guten Morgen, Lapidoth", rief Jael laut, die mit der Bereitlegung der Werkzeuge für die Arbeit des Tages beschäftigt war. „Wie geht es Deborah, und wie deinen Eltern?"

Lapidoth stieg vom Pferd. „Es geht ihnen allen gut, Jael", antwortete er. „Heber, ich habe einen Auftrag, der euch beide angeht."

Jael legte einen Hammer neben eine Portion Nägel und kam dann zu den Männern am Feuer.

„Ist etwas nicht in Ordnung, Hauptmann?" fragte Heber.

„Hast du die Nachricht über Joasch gehört?"

„Nur, daß es bisher keine Nachrichten über ihn gibt", meinte Heber achselzuckend.

Lapidoth nickte. „Deborah sagt, es wird Krieg gegen Sisera geben. Es ist Jahwes Krieg. Es ist dazu ein Ruf an alle Stämme Israels ergangen."

„Dann werden auch wir mitkämpfen", antwortete Heber prompt.

Lapidoth lächelte. „Ich weiß, alter Freund. Doch ich habe eine Aufgabe, die zunächst getan werden muß. Ich kann aber nicht sagen, daß sie gefahrlos wäre."

Jael lehnte sich vor und sagte: „Wenn es hilft, das Monster Sisera zu verderben, dann werden wir es tun."

Lapidoth wußte, daß ihr getöteter Sohn Ehi ihr nie aus den Gedanken ging. „Dann hört: Deborahs Vater Schamer lebt in Taanach. Er ist Gerber in der inneren Stadt."

„Ja, ich erinnere mich", nickte Jael.

Heber bestätigte es: „Wir kennen Taanach. Wir haben dort schon gearbeitet."

Lapidoth senkte seine Stimme und lehnte sich vor: „Glaubt ihr, daß ihr mit ihm in Verbindung treten könnt, ohne daß Sisera es bemerkt?"

„Sisera würde sich wohl nichts dabei denken, wenn sich zwei reisende Metallarbeiter in Taanach Aufträge suchten", erklärte Heber.

„Was sollen wir tun, wenn wir mit Schamer in Verbindung treten können?" fragte Jael.

„Bringt ihn fort von Taanach. Wenn Sisera von dem Aufruf Deborahs hört, Krieg gegen ihn zu machen, mag er versuchen, sie zu verletzen durch ihren Vater. Sie wird sich allerdings durch nichts von Jahwes Willen abbringen lassen, das weiß ich." Lapidoth zuckte mit den Achseln. „Doch wenn wir ihr helfen können ..."

Heber nickte. „Wir werden versuchen, was du wünschst."

„Es wird kaum ein Problem sein, ihn aus Taanach herauszubekommen", prahlte Jael ein wenig.

„Aber nun wird Kriegszeit sein, und da ist es nicht mehr so leicht", überlegte Heber. Er erhob sich und fügte hinzu: „Wir werden uns noch heute auf den Weg machen."

Lapidoth erhob sich ebenfalls und umarmte beide. „Jahwe segne euch. Denkt aber daran: Ihr solltet in Taanach sagen, daß ihr aus der Stadt Pharaos in Ägypten kommt und nichts von Kriegsgerede gehört habt."

„Man wird uns unter diesen Umständen in Taanach vielleicht zur Arbeit für den Krieg verpflichten", bemerkte Heber. „Aber das ist nicht zu schlimm. Ich kann Wagenräder machen, die sehr stabil aussehen, die aber bei ernster Belastung auseinanderfallen."

Lapidoth lachte. „Vor allem solltet ihr hinein und wieder heraus kommen, ohne Schaden zu nehmen."

„Lapidoth!“ rief Hamid, der näher kam. Er zog Lapidoth mit sich zu den Händlern, die zur Karawane gehörten. Unter ihnen herrschte heftige Aufregung. Hamid sagte: „Erkläre diesen Leuten doch, daß es töricht wäre, wenn sie jetzt mit ihren Waren aus der Karawane ausscheiden würden. Jeder weiß, daß die Kanaaniter mit dem kommenden Krieg beschäftigt sind. Sie werden also die Karawanen im Augenblick in Ruhe lassen. Sage ihnen, das Geschäft wird laufen wie üblich.“

Lapidoth blickte in viele besorgte Gesichter, unter denen nur noch wenige Israeliten waren.

„Wir haben nichts mit dem Krieg der Israeliten zu tun“, sagte ein phönizischer Händler. „Es gibt Gerüchte, du würdest deine Soldaten von der Karawane abziehen um des Krieges willen. Wer wird unsere Waren beschützen, wenn deine Männer nicht mehr da sind, Hauptmann Lapidoth. Wir haben alle eine Menge Kapital in dieser Karawane. Du hast uns dein Wort gegeben, Hauptmann, daß unsere Waren sicher sind.“

Ein Händler aus Damaskus warf ein. „Glaubst du nicht, daß die Midianiter die günstige Gelegenheit nutzen werden und die Karawane überfallen, wenn deine Männer in den Krieg gegen die Kanaaniter ziehen?“

Ira kam mit einer Anzahl seiner eigenen Männer zu der Gruppe. Lapidoth antwortete: „Ein Ruf Jahwes ist wichtiger als der Vertrag für meinen Dienst an der Karawane.“

Rundum war auf diese Antwort ärgerliches Murren zu hören. Lapidoth fügte lauter hinzu: „Außerdem werden all meine Männer, die keine Israeliten sind, weiter bei der Karawane bleiben.“

„Ihr Israeliten kommt immer mit euren Gesetzen, die euch verbieten zu tun, was ihr ohnehin nicht tun wollt“, murrte der Phönizier. Er wandte sich den anderen zu. „Ich bin der Meinung, wir sollten vorläufig in Sichem bleiben.“

„Es ist in jedem Fall ein guter Platz“, fügte der Händler aus Damaskus hinzu.

„Wann wird es zum Krieg kommen, Lapidoth?“

„Sehr bald. Ihr werdet nicht sehr lange warten müssen. Verkleinert das Lager und rückt enger zusammen, so daß ihr mit meinen verbleibenden Männern und euren eigenen alles gut bewachen könnt. Auch die Tiere solltet ihr vorläufig innerhalb des Lagers halten.“

Einer der Händler, der bis jetzt geschwiegen hatte, fragte: „Werdet ihr Israeliten wirklich gegen Sisera ziehen?“

„So ist es“, nickte Lapidoth. „Jahwe hat es befohlen.“

Der Händler schüttelte den Kopf. „Ich glaube, ihr seid verrückt.“

Lapidoth lächelte ihn grimmig an. „Du sagst so, weil du Jahwe nicht kennst.“

„Wie geht es weiter, Lapidoth?“ fragte Ira.

„Du ziehst mit dem Rest der Karawane, also allen, die nicht in Sichem warten wollen, nach Ägypten weiter. Es wird da keine Schwierigkeiten geben.“

„Aber ich möchte auch mit gegen Sisera kämpfen“, entgegnete Ira.

„Vor der Versammlung der Führer unserer Stämme wird es keinen Kampf geben. Es ist also ausreichend Zeit für dich. Bestimme einen Führer für den Teil der Karawane, der in Sichem bleibt. Wann bist du bereit, mit den anderen nach Ägypten zu ziehen?“

„Das liegt an den Händlern, die mit uns ziehen wollen.“

„Wenn du ihnen erklärst, du würdest auch ohne sie ziehen, wenn sie zu lange zögern, werden sie ihre Geschäfte hier in spätestens zwei Tagen abwickeln.“

„In Ordnung.“ Die beiden Männer gaben sich die Hand. „Ich werde sie sicher nach Ägypten bringen und zurück sein, wenn es an der Zeit ist, Sisera die Kehle durchzuschneiden“, versprach Ira.

30. Kapitel

Knapp hundert Jahre waren vergangen, seit Mose von Jahwe die heiligen Gesetzestafeln erhalten hatte, und noch einige Jahrzehnte weniger, seit Josua das Volk Israel zusammengerufen und das Land Kanaan unter die zwölf Stämme verteilt hatte.

Seit jener Zeit hatten sich die Stämme in Dialekt und Gewohnheiten immer weiter auseinandergelebt. Wo Siedlungsräume der Kanaaniter übrigblieben, hatten die Stämme teilweise Wörter und Sitten von ihnen übernommen und auch ihre Götter. Einige waren mehr nomadisierende Hirten geblieben, andere hatten Städte und Dörfer gegründet und trieben Ackerbau.

Als der Tag der Versammlung anbrach, waren die Hügel rund um Schiloh mit Zelten bebaut, und man hörte die verschiedensten Dialekte. Schoschoma stieg, in ein neues Gewand gekleidet, den Hügel hinauf zum einfachen Zelt der Bundeslade. Unter der Baumgruppe vor ihm waren Phurah und einige andere Priester mit Arbeiten am Heiligtum Jahwes beschäftigt. Als er oben war und sich umdrehte, sah er, wie sich unter ihm die Israeliten versammelten. Ein Meer von Gesichtern blickte zu ihm auf.

„Wo ist Deborah?“ fragte er Phurah.

„Seit drei Tagen hat sie niemand gesehen. Als Lapidoth zu ihr ging, hat sie ihn wieder fortgeschickt.“

Seit der Aufruf zum heiligen Krieg an alle Stämme ergangen war, hatte Deborah ihr eigenes Haus nicht mehr betreten. Statt dessen lebte sie mit Nedra in einem Zelt, das sie auf einer leichten Erhöhung mitten unter den sich Versammelnden errichtet hatte. Während Schoschoma nun über die Tausende, die sich unter ihm versammelten, hinwegblickte, fragte er den Priester besorgt: „Glaubst du, daß sie davongegangen ist?“

Der junge Priester lächelte und schüttelte den Kopf.

Schoschoma hörte das immer mehr anschwellende Gemurmel, noch ehe er ein Wort verstehen konnte. „Deborah! Deborah! Deborah kommt! Die Prophetin kommt! Heil Deborah, der Prophetin Jahwes!“

Und da kamen sie, Deborah und einen Schritt hinter ihr Lapidoth. Sie bahnten sich einen Weg durch die Menge. Eine Welle von Ehrfurcht ging durch die Versammelten. Nur wenige unter den Tausenden waren alt genug, um sich noch an Josua zu erinnern. Die meisten anderen erlebten es zum ersten Mal, in der Gegenwart einer Prophetin Jahwes zu sein.

Als sie das Zelt der Bundeslade erreichten, traten die Priester ein wenig zurück. Deborah drehte sich um und blickte auf die versammelte Menge hinab. Sie erhob ihre Arme und rief: „Jahwe hat unsere Gebete erhört, o Volk von Israel!“ Ihre Augen schweiften über die große Menge der aufmerksam Lauschenden hinweg und sie begann:

„Das sagt der Herr, der Gott Israels: Eure Väter lebten vor langer Zeit jenseits des Euphrats, unter ihnen Tarah, der Vater Abrahams, und Nahor und Haran, und sie dienten anderen Göttern. Dann nahm Ich aus ihrer Mitte euren Vater Abraham und brachte ihn in dieses Land Kanaan. Seine Nachkommen habe Ich viele werden lassen. Ich gab ihm Isaak, und Isaak gab Ich Jakob und Esau. Ich gab Esau das Hügelland Seir zum Besitz, aber Jakob und seine Kinder zogen nach Ägypten. Die Ägypter machten Sklaven aus eurem Volk, und sie schrien um Hilfe zu Mir. Da gab Ich ihnen Mose und Aaron als Befreier und sandte viele und schwere Plagen über die Ägypter, damit sie euer Volk ziehen ließen. Dann brachte Ich euch in dieses Land Kanaan und in das Land Gilead jenseits des Jordans. Ich gab euch ein Land, das ihr nicht bearbeitet hattet, und Städte, die ihr nicht erbaut hattet, um die Früchte des Landes zu genießen."

Während sie sprach, beobachtete Lapidoth aufmerksam die Reaktion der Zuhörer, als sie die ihnen vertraute und oft gehörte und geliebte Geschichte wieder einmal hörten.

Deborahs Augen leuchteten, und sie lächelte plötzlich, als sie fortfuhr: „Nun, Mein geliebtes Volk, seht ihr den mächtigsten Feind vor euch, der sich in diesem Land je gegen euch erhoben hat. Ihr seht seine Karawanen auf breiten Straßen von Ägypten nach Damaskus ziehen, während die euren im Schutz der Dunkelheit auf engen und beschwerlichen Nebenstraßen dahinschleichen müssen. Ihr seht, wie er die großen und fruchtbaren Felder in den Ebenen bebauen läßt, während er euch immer weiter in die Hügel zurückdrängt, wo die Felder nur klein und steinig sind. Ihr glaubt deshalb, König Siseras Götter seien mächtiger als Ich, und viele von euch haben begonnen, zu den Göttern der Kanaaniter zu beten."

Viele ihrer Zuhörer wagten bei diesen Worten nicht mehr, zu ihr aufzublicken. „Ihr habt begonnen, Baal und den anderen Göttern des Landes zu dienen", rief Deborah nun. „Und eure Söhne und Töchter habt ihr mit den Kanaanitern verheiratet, wovor Jahwe euch ausdrücklich gewarnt hat. Deshalb hat Jahwe die Dürre über euch gesandt, die eure Felder verbrennt und eure Herden hungern läßt."

Unter ihr wurde zustimmendes Murmeln laut, und viele nickten mit den Köpfen.

„Viele von euch zahlen Tribut an König Sisera, und er zerstört nach Mutwillen eure Ortschaften, wie erst jetzt wieder Not. Doch nun ist die Zeit gekommen, da Jahwe die Götter Siseras auf die Probe stellen will. Jahwe hat mich nach Taanach gesandt, und ich habe dort die eisernen Streitwagen Siseras und seine ganze Macht gesehen. Ich bin selbst in einem davon über die Ebene Jesreel gefahren. Sie sind furchtbar genug, um Angst in das Herz jedes Kämpfers kommen zu lassen.

Doch hat nicht Josua schon von dieser Zeit prophezeit, daß wir im Tale Jesreel die Kanaaniter vertreiben und besiegen werden, obwohl sie eiserne Streitwagen haben und sehr stark sind. Doch Jahwe hat euch deshalb so mit Trockenheit geplagt, damit ihr euch wieder zu Ihm wendet, weil Er euch von der Unterdrückung durch Sisera befreien will."

„Aber Deborah", rief einer aus der vordersten Reihe der Zuhörer, „meine Familie wohnt in der Nähe von Jericho. Wir haben nie Probleme mit Sisera gehabt."

Deborah antwortete: „Es kann kein Friede sein, bis nicht jeder Israelit unbelästigt und in Frieden unter seinem Feigenbaum wohnen kann."

„Ja, ja", riefen viele. „Jahwe hat Sein Angesicht von uns abgewandt."

„Aber ihr seid immer noch Sein Volk, die wahren Kinder Jahwes", sagte Deborah. „Dieses fruchtbare Land Kanaan hat Er uns gegeben. Aber jetzt, da wir in Kanaan wohnen, habt ihr vergessen, was eure Väter zur Zeit Josuas versprochen haben. Ihr betet zu den Göttern der Kanaaniter und vergeßt Jahwe und Seine Gebote. Hat Josua uns nicht gewarnt, uns vor den Göttern und den üblen Sünden der Menschen, die in diesem Lande wohnen, zu hüten und uns davon fernzuhalten? Haltet euch an Jahwe und an Seine Wege und Seine Gebote, damit wir den Völkern um uns den Willen Jahwes durch unser Handeln klarmachen können."

Durch Deborahs Worte hatte sich ein bedrückendes

Schweigen über die Menge gelegt. Endlich begannen hier und da leise Diskussionen. Da drängten sich Führer des Stammes Ascher nach vorn, die im Norden zwischen Naphtali und dem großen Meer wohnten.

Sie verbeugten sich leicht. „Deborah von Ephraim“, begann ihr Wortführer, „wir in Ascher waren nie so zahlreich und stark wie die Stämme Ephraim und Manasse. Was ihr euch mit Gewalt genommen habt, gewannen wir durch kluge Verhandlungen. Wir haben keinen Streit mit König Sisera.“

„Er ist unser bester Kunde und nimmt viele unserer Waren ab“, fügte ein anderer hinzu.

„Wir haben Handelsverträge mit Sisera und mit Kaufleuten der Phönizier und Philister“, fuhr ihr Leiter fort. „Die Phönizier nehmen sogar unsere Waren auf ihren Schiffen mit und verkaufen sie in fremden Ländern. Es wäre nicht ratsam für uns, gegen Sisera zu kämpfen. Das wirst du doch sicher verstehen.“

Deborah betrachtete die Ascheriten nachdenklich. „Meine Söhne“, sagte sie freundlich, „Jahwe hat eure Unternehmungen gesegnet. Doch bedenkt, vor euren persönlichen Wünschen muß der Gehorsam gegenüber Jahwe kommen. Der Befehl, gegen die Kanaaniter in den Krieg zu ziehen, kommt nicht von mir, sondern unser Gott hat es befohlen. In diesem Krieg geht es nicht in erster Linie um unseren Nutzen oder Verlust, sondern um die Ehre Jahwes.“

Der Älteste der Ascheriten schlug seine Augen nieder. Er wandte sich an seine Begleiter. „Wir müssen einen Entschluß fassen“, murmelte er und führte seine Begleiter beiseite.

Der Führer eines anderen Stammes trat vor. „In wenigen Wochen ist Erntezeit. Wer wird unsere Felder abernten, wenn wir in den Krieg ziehen?" fragte der Mann, der vom Stamme Ruben kam. „Wenn es nicht Sisera und die Kanaaniter tun, dann werden es die Midianiter sein."

Zustimmende Rufe wurden hier und da laut. „Wir müssen nachts ernten und das Korn in der Verborgenheit unserer Weinkelter dreschen. Wir können auch unsere Felder nicht unbewacht lassen. Die Midianiter kommen wie Horden von Heuschrecken, fallen über uns her und stehlen unser Getreide, wenn es reif wird. Dann verbrennen sie unsere Felder und stehlen auch noch unser Vieh und lachen dabei über unsere Schwäche. Hilf uns zuerst, die Midianiter zu besiegen, Deborah, dann wollen wir gegen Sisera kämpfen."

Deborahs Herz war voller Mitleid. „Der Verlust auf euren Feldern und in euren Herden ist sehr schmerzlich", antwortete sie. „Doch er ist nichts im Vergleich zum Verlust unseres Glaubens an Jahwe. Vertraut auf Jahwe, Er wird zur rechten Zeit alle unsere Feinde besiegen. Doch jetzt ruft euch der Herr durch mich zum Kampf gegen Sisera. Wenn ihr gegenüber Seinem Ruf ungehorsam seid, dann verratet ihr Ihn."

„Ich habe die Legionen von Sisera gesehen." Ein Ältester des Stammes Naphtali trat nach vorn. Es war Busi, der Weinhändler aus ihrer Heimatstadt Hammath. „Seit Jahren unterdrückt er uns mit seinen Soldaten. Die Männer von Hammath werden kämpfen, Deborah. Aber wer wird uns anführen?"

„Jahwe hat befohlen, daß Barak uns führen soll", antwortete Deborah.

General Barak war ein berühmter Soldat. Seit Josua hatte es keinen militärischen Führer wieder gegeben, der so erfolgreich gegen die Feinde Israels gekämpft hätte wie Barak. Hier und da wurden wieder empörte Rufe laut, und Busi entgegnete: „General Barak ist nicht einmal zu dieser Versammlung gekommen, Deborah. Glaubst du, daß er uns führen wird?"

„Ich werde Boten zu ihm senden." Deborah hob eine Hand empor und rief: „Ich fordere euch jetzt heraus, wie es einst Josua tat. Werft die Götzenbilder der Ägypter und Kanaaniter fort, die ihr in euren Häusern habt, und dient Jahwe, unserem Gott, von ganzem Herzen. Wenn ihr aber nicht bereit seid, dem Herrn zu dienen, dann wählt heute, welchen Göttern ihr dienen wollt. Mein geliebtes Volk, die Zeit ist gekommen! Jahwe ruft uns zum Kampf gegen die Horden Siseras."

Das Murmeln und Murren unter der Menge verstummte. Die treu zu Jahwe standen und bereit waren zu kämpfen, riefen: „Wir wollen allein dem Herrn dienen und keinen anderen Göttern! Wir werden folgen, wenn Jahwe uns führt!"

„Hier vor dem Zelt der heiligen Bundeslade frage ich euch: Wollt ihr alle Zeugen sein, daß ihr beschlossen habt, Jahwe zu dienen?" rief Deborah.

„Wir sind Zeugen!" antworteten sie.

„Dann dient Ihm von ganzem Herzen und wandelt in Seinen Wegen", forderte Deborah sie auf. „Geht nun zu euren Zelten zurück und bereitet euch mit Opfern, Beten und Fasten auf den großen Kampf vor, der bald kommen wird."

Während die Versammelten langsam und heftig diskutierend auseinandergingen, begaben sich auch Deborah und Lapidoth zu ihrem Zelt zurück. Als sie dort angelangt waren und sich gesetzt hatten, seufzte Deborah: „Mein Lieber, ich muß dich schon wieder einmal fortschicken. General Barak muß kommen, so will es Jahwe. Nur du kannst ihn dazu überreden. Sage ihm, der Herr hat beschlossen, Sisera in seine Hand zu geben."

„Ich werde dir General Barak bringen, Deborah." Lapidoth ergriff ihre Hände und wollte sie küssen. Doch Deborah schüttelte den Kopf. „Gehe bitte schnell und kehre bald mit Barak zurück, damit der Krieg bald vorüber geht und ich wieder in deinen Armen liegen kann. Ich möchte so gern wieder Lapidoths Frau sein."

Zwei Tage später ritt Lapidoth in das im Norden Naphtalis gelegene Kedesch ein. Er selbst und auch sein Pferd waren schweißbedeckt. Das Haus von General Barak dominierte die Ortsmitte von Kedesch wie eine kleine Festung. Soldaten standen überall und wandten sich interessiert dem schwer bewaffneten Reiter zu.

Barak saß im Hof unter einem Granatapfelbaum, als ein Diener Lapidoth zu ihm brachte. „Barak, Sohn Abinoams", sagte Lapidoth, nachdem sie sich begrüßt hatten, „ich bringe dir Grüße von Deborah, der Prophetin Israels."

Barak war groß und breitschultrig. Haupt- und Barthaar war schon angegraut. Er nickte dankend und antwortete: „Ich habe dich erwartet."

Lapidoth zog überrascht die Augenbrauen hoch.

„Wer ist die Frau, die zu einem heiligen Krieg aufruft?" fragte Barak. „Ich hörte den Ruf, bin aber nicht gekommen." Die beiden Soldaten musterten sich gegenseitig, während ein Diener Erfrischungen und süßes Gebäck auftrug.

Lapidoth konnte Barak verstehen. Ein Soldat, der ein Leben lang erfolgreich gekämpft hatte, würde nicht ohne weiteres einer Frau vertrauen, die sagte, es sei jetzt der beste Zeitpunkt zum Krieg. Lapidoth holte tief Atem und trug Deborahs Botschaft vor und erzählte dann auch von der Versammlung.

„So, so", nickte Barak endlich nachdenklich. „Jahwe will also Sisera in meine Hand geben? Ist das so?"

„Barak, als ich Schiloh verließ, zogen viele wieder nach Hause. Manche fürchteten, ihre Ernte zu versäumen.

Andere wollen nicht kämpfen, weil sie Handel mit den Kanaanitern treiben. Ich bin kein Diplomat, Barak, sondern ein Soldat wie auch du. Ohne einen anerkannten nationalen Führer, der uns alle zusammenhält, werden unsere Leute dem Ruf nicht folgen, fürchte ich."

„Nur ein König könnte das bewerkstelligen", sagte Barak.

Lapidoth zögerte einige Augenblicke. Doch dann sagte er: „Jahwe ist König."

„Trotzdem braucht unser Volk einen König, den sie sehen und hören können." Barak schien mehr zu sich selbst als zu Lapidoth zu sprechen.

Lapidoth lauschte dem Gesang eines Vogels, der über ihnen in dem Granatapfelbaum saß. „Es ist sehr friedvoll hier, wie?" fragte Barak.

„So ist es", nickte Lapidoth. „Und ich hätte mir die Ruhe durch die vielen Kämpfe für Israel auch verdient. Doch ich kann den Ruf, der an uns alle ergeht, nicht überhören. Deborah redet die Worte Jahwes zu unserem Volk."

Um Baraks Lippen spielte ein leises Lächeln. „Redest du jetzt als Deborahs Gatte?"

Lapidoth lehnte sich zurück. „Als ein Soldat, Barak. Hat das Alter dir deine sonst immer so klare Sicht der Dinge und vielleicht auch deinen Glauben geschwächt? Erkennst nicht auch du die Drohungen für uns alle, die von Sisera und seiner militärischen Macht ausgehen? Ich bin ein Mann, der immer versucht hat, Jahwe gegenüber gehorsam zu sein. Glaube mir, man hat es nicht leicht, wenn man der Gatte einer Prophetin ist. Doch Jahwe hat die Fürsorge für sie in meine Hand gegeben."

„Also gut", seufzte Barak zögernd. „Ich werde mit dir nach Schiloh reisen. Aber mehr als das kann ich jetzt nicht versprechen."

Die im Lager zu Schiloh zurückgebliebenen Israeliten begannen sich selbst eine neue Ordnung aufzuerlegen. Deborah hatte sie zu Opfern, Gebet und rituellen Reinigungen aufgefordert. Kein Mann sollte zu seiner Frau oder einer Konkubine gehen oder Wein trinken, bis Jahwes heiliger Krieg vorüber war. Ungesäuertes Brot mit bitteren Kräutern sollte bei jeder Mahlzeit mit auf dem Tisch stehen, um sie daran zu erinnern, daß sie jeden Augenblick bereit sein mußten, Jahwes Ruf zu folgen, wie ihre Vorfahren mehr als hundert Jahre zurück in Ägypten auf den Aufbruch warteten.

Wenn Deborah langsam durch das Lager ging, spürte sie die Veränderung der Atmosphäre. Die Untreuen und Unzufriedenen hatten heimlich ihre Zelte abgebrochen und sich davongeschlichen. Die Zurückgebliebenen waren entschlossen, Jahwe gehorsam zu sein und Seinem Ruf zu folgen. Da es Männer aus verschiedenen Stämmen waren, verspürten sie wieder einmal, wie in den letzten Jahrzehnten sonst eher selten, daß sie ein Volk waren, das von Jahwe berufen worden war. Dieses neu entfachte Wissen um ihre Berufung und ihre Zusammengehörigkeit machte sie stolz.

Gegen Abend des fünften Tages verbreitete sich die Nachricht im Lager, daß Lapidoth in Begleitung von General Barak zurückgekommen war. Sie verließen ihre Zelte und abendlichen Feuerstellen und drängten sich zum Zelt von Deborah. Es dauerte nicht lange, da traten Deborah, Lapidoth und Barak aus dem Zelt. Mit strahlendem Gesicht rief Deborah: „Volk von Israel, durch Lapidoth hat Jahwe uns unseren Führer für den kommenden Krieg ins Lager gebracht!“

Die Leute jubelten. Barak blickte Lapidoth von der Seite an und öffnete schon den Mund zum Protest. Doch Deborah wandte sich ihm zu und sagte: „Barak, Sohn Abinoams, mächtiger Sieger von Naphtali, als Josua mit den Streitern Israels gegen Bethel, Debir und Eglon zog, zerstörte er die kanaanitischen Befestigungen und noch viele andere. Doch Josua starb, ehe alle Stämme das ihnen als Erbteil zugeteilte Land völlig eingenommen hatten. Für den Stamm Naphtali rief Jahwe dich, Barak, als Führer, um das restliche Land einzunehmen." Die Leute klatschten dem General Beifall.

Deborah wartete einen Augenblick, dann fuhr sie fort: „Du warst es, Barak, der für den Stamm Naphtali die Städte Ramah, Rakkath, Kedesch, Hammath, Kinnereth und die dazugehörigen Dörfer erobertest. Jahwe hat deine Unternehmungen gesegnet, wie Er es versprochen hat. Der Segen, den Mose über den Stamm Naphtali aussprach, ist mit Jahwes Hilfe durch dich Wirklichkeit geworden."

Die Menge begann zu singen und zu tanzen, wie sie es früher oft getan hatten. Jahwe hatte ihnen einen Führer erwählt. „Gesegnet seien Deborah, die Prophetin Israels, und General Barak, unser Befreier!" sangen sie.

Barak warf Deborah einen ärgerlichen Blick zu und ging in das Zelt zurück. Deborah und Lapidoth folgten ihm. Er blickte Deborah an und sagte kalt: „Ich habe noch nicht zugestimmt, das Volk gegen Sisera in den Krieg zu führen."

„Wende Jahwe nicht deinen Rücken zu, wenn Er dich berufen hat", antwortete Deborah.

„Es ist leicht für dich, so zu reden, Deborah von Ephraim. Was verstehst du schon vom Krieg. Wir sind wie eine Mücke in Siseras Genick. Glaubst du, er benötigte diese Hügel so sehr, wie wir seine Ebene benötigen? Glaubst du, wir wären für ihn eine so reiche Beute wie, nun sagen wir, Philistäa? Was haben wir, wonach er Verlangen haben könnte? Hügel zu steinig, um darauf etwas anzubauen, und so wenig Gras für unsere Herden. Es mag durchaus stimmen, daß Sisera einen Krieg vorbereitet, aber es ist lächerlich zu glauben, er will gegen Israel ziehen."

„Es steht mir nicht zu, Jahwe nach den Gründen zu fragen, weshalb Er will, daß wir jetzt gegen Sisera in den Krieg ziehen." Deborah hielt mit ihrem Blick die Augen des Generals fest.

„Barak, den ganzen Weg von Naphtali nach hier hast du immer wieder gehört, wie unsere Leute unter den Unterdrückungen Siseras leiden", sagte Lapidoth. „Wir lassen dich einige Zeit allein, damit du dich entscheiden kannst. Komm, Deborah."

Als sie vor das Zelt traten, waren die Leute gerade dabei, auseinanderzugehen und zu ihren Zelten zurückzukehren. Während sie in der Abenddämmerung einige Schritte gingen, sagte Deborah plötzlich: „O mein Lieber, was soll werden, wenn Barak sich weigert, dem Ruf Jahwes zu folgen?"

Lapidoth zuckte mit den Achseln. „Wir wollen Jahwe vertrauen", sagte er. „Doch höre, wir haben endlich Nachricht über Joasch erhalten. Er wurde gefangen genommen."

„Oh, armer Joasch, was wird nun mit ihm werden?"

„Man wird ihn höchstwahrscheinlich vor Sisera bringen." Man konnte aus dem Ton seiner Worte die Sorge heraushören.

Deborah biß sich auf die Lippe. Tränen traten in ihre Augen. Aber sie stellte keine weiteren Fragen.

Lapidoth blickte zum Zelt zurück. „Da ist Barak", sagte er. Sie kehrten um und gingen zu ihm.

Als sie vor dem General standen, blickte Barak Deborah überlegend an. „Ich habe gesehen, mit wieviel Hoffnung unsere Leute auf dich schauen, Deborah. Ich habe deinen Namen von Hunderten von Lippen gehört. Jahwe hat nicht zu mir gesprochen, doch ich glaube, daß Er durch dich spricht. Ich weiß auch nicht, an welchem Tag der Engel Jahwes mir den großen Sieg schenken will“, sagte er langsam. „Aber wenn du mit mir gehen willst, dann werde ich gehen. Wenn du aber nicht mitgehen willst, dann werde ich auch nicht gehen.“

Fest antwortete sie: „Ich werde ganz sicher mit dir gehen, Barak.“

„Nein!“ rief Lapidoth.

Deborah blickte ihn an. „Es muß so sein.“ Dann wandte sie sich wieder Barak zu: „Ja, ich gehe mit dir, aber der Ruhm bei dem Unternehmen, zu dem du ausziehst, wird dann nicht dir zuteil; denn der Herr wird Sisera der Hand einer Frau ausliefern.“

Barak nickte erstaunlich nachgiebig. „Nach der Anzahl der Kämpfe, die ich schon überstanden habe, bin ich ein alter Mann, Deborah. Sage mir, was Jahwe möchte, daß ich tun soll.“

„Im Augenblick ruhe zunächst aus. Die Frauen Schilohs haben für dich ein Zelt vorbereitet, in dem du Früchte, Gemüse, süßes Gebäck und Milch findest. Morgen wollen wir uns dann beraten.“

Barak studierte Deborahs Gesicht mit gequältem Lächeln. „Warst du so sicher, daß ich kommen würde?“

Deborah lächelte mit ein wenig von dem alten Schalk in den Augen. „So sagt Jahwe!“

Er blickte hilflos zu Lapidoth. „Sag, ist es gestattet, einen Mann zu bemitleiden, der mit einer Prophetin verheiratet ist?“

Lapidoth lachte laut.

„Für Humor ist wieder Zeit, nachdem wir Sisera besiegt haben“, bemerkte Deborah kurz.

Lapidoth hörte, wie Barak noch kicherte, als Helfer ihn zu seinem Zelt führten.

Eine ruhige Nacht mit gutem Schlaf brachte General Baraks Kampfeslust zurück. Als er am nächsten Morgen Deborah und den Führern der verschiedenen Abteilungen begegnete, war er wieder voll in Form.

„Also gut“, begann er seine Ansprache. „Da Jahwe mich zum Führer dieses Krieges bestimmt hat, will ich annehmen, daß die Gedanken, die mir kamen, von Ihm sind. Hier ist also mein Plan: Der einzige Weg, den Löwen zu besiegen, ist der, ihn in seiner Höhle aufzusuchen. Wir müssen Taanach belagern. Wenn wir es Sisera gestatten, mit seinen Streitwagen auf die Ebene herauszukommen, wird er uns damit in Stücke hacken. Alle Leute im ganzen Land sollen Seile und Leitern herstellen, mit denen wir die Mauern überwinden können. Die Kämpfer, die in der Nähe der großen Zedernwälder bleiben, sollen Rammböcke für die Tore bauen. Das gesamte Material werden wir am Berg Tabor verstecken. Da ist es nahe genug an Taanach, daß wir den Angriff unter der Deckung einer einzigen Nacht vortragen können.“

„Nein, Barak!“ Deborah wandte sich dem General zu. „Es soll nur so aussehen, als würden wir es auf diese Weise versuchen.“

Barak antwortete mit einem Sprichwort: „Halte den Ochsen nicht auf, wenn er das Getreide drischt.“

Sie lächelte. „Aber auch ein Ochse braucht Leitung, guter Barak. Wir werden während des Tages in vielen Städten und Orten Belagerungsgerät herstellen, wie Barak es vorschlägt. Und an vielen Orten, aber vor allem in Sichem, wo Sisera viele Freunde hat, sollen unsere Männer dabei mit diesem Kriegsplan prahlen und ihn überall erzählen, so daß Sisera davon hört. Aber in Wirklichkeit werden wir es ganz anders machen.

Aber dir, Barak, gibt Jahwe, der Herr und Gott Israels, folgenden Befehl: Geh und versammle deine zehntausend Streiter auf dem Berg Tabor. Und Ich werde Sisera, den König der Kämpfer Kanaans, mit seinen Streitwagen und Soldaten herauslocken, daß er dir am Fluß Kischon mit seinen Truppen begegnen wird. Und dort werde Ich ihn in deine Hand geben!“

Lapidoths Gesicht konnte man seine große Sorge ansehen. Siseras Soldaten würden alles tun, was ihnen möglich war, um Deborah zu fangen und zu töten. Er wandte sich ab, um seinen Schmerz nicht zu sehr zu zeigen.

31. Kapitel

Durch das ganze Land erging der Ruf zum heiligen Krieg. Überall machten sich Arbeiter fleißig daran, Belagerungsgerät herzustellen. Vor allem in Sichem prahlten Männer offen damit, Jahwe selbst würde die Mauern und Tore von Taanach zerstören. Innerhalb der nächsten zwei Tage hatten sich Gaius und Sacar wieder eine große Belohnung verdient, weil sie diese Neuigkeit wieder zu Sisera nach Taanach brachten.

Zur selben Zeit zog eine Karawane, die von Ägypten kam, in Taanach ein. Mit ihr reisten auch zwei kenitische Metallschmiede, die bald mehr Aufträge bekamen, als sie bewältigen konnten. Während die Einwohner von Taanach auf die Reparatur ihrer Werkzeuge und Haushaltsgegenstände warteten, erzählten sie den Kenitern die Neuigkeiten.

Heber und Jael erfuhren, daß Siseras Truppen ein israelitisches Dorf zerstört hatten. Und eine fremde Prophetin war nach Taanach gekommen und hatte versucht Sisera Angst einzujagen. Er hatte so getan, als würde er ihre Drohungen glauben. Doch nun würden diese Emporkömmlinge, die israelitischen Stämme, die in den Hügeln wohnten, erfahren müssen, was wahre Macht bedeutete. Was war schon dieser Wüstengott von Deborah gegen EL BAAL. Hatte Sisera den Sieg nicht jetzt schon sicher?

Doch Heber und Jael erfuhren noch eine andere Geschichte, die ihnen mehr Kummer machte. Ein Trupp israelitischer Soldaten hatte versucht, für den Überfall der Kanaaniter auf Not Rache zu nehmen und ein kanaanitisches Dorf zu zerstören. Die Kanaaniter waren irgendwie gewarnt worden, und man hatte den Israeliten eine Falle gestellt, in die sie prompt hineingelaufen waren. Dabei war auch der israelitische Anführer, der bekannte Habiru Joasch gefangen worden.

Joasch! Heber warf Jael einen bestürzten Blick zu. „Und nun fressen ohne Zweifel die Geier den Körper dieses Joasch auf", bemerkte Heber wie nebenbei.

Lautes Lachen der Dabeistehenden war die Antwort auf diese Bemerkung. „Ja, so etwas Ähnliches wie ein Geier!" rief einer belustigt.

„Sei leise! Sisera könnten deine Worte zu Ohren kommen", warnte ein anderer.

Heber machte ein verständnisloses Gesicht und meinte: „Ihr wollt mich zum Narren halten."

„Nein, nein", beteuerten sie. „Dieser Joasch ist hier in der Stadt. Er lebt."

„Im Gefängnis?"

„O nein, er lebt im Palast. Wie ein König."

„Bei Leah, der Königin-Mutter allerdings", fügte einer leise hinzu.

„Sisera hat den Mann nicht getötet?" staunte Jael. „Er ist aber sehr großzügig."

„Er ließ ihm die Augen ausstechen und schenkte ihn dann seiner Mutter als Spielzeug für ihr Vergnügen."

Jael stockte fast der Atem. Obwohl sie den König nie gesehen hatte, stellte sie sich einen schrecklichen Mann mit bestialischem Gesicht vor. Wer würde sonst so etwas tun?

„Nehmt die Reaktion meiner Frau nicht ernst." Heber gab sich Mühe, kein Mißtrauen aufkommen zu lassen. „Aber meine Frau ist nicht an Krieg gewöhnt." Er reichte einem Mann sein Werkzeug zurück. „Hier, mein Freund, jetzt ist es wieder so scharf, als wäre es neu. Aber sagt mir, gibt es in der Nähe einen Gerber? Ich muß mein Tragegestell erneuern lassen. Dieses hier wurde von einem Gerber in Naphtali hergestellt. Es hat fünfzehn Jahre gehalten. Wäre ich in der Nähe von Naphtali, würde ich wieder zu ihm gehen."

„Wir haben einen Gerber aus Naphtali bei uns. Sein Name ist Schamer."

„Schamer? Er ist es! Wo ist seine Werkstatt?"

„In der inneren Stadt." Einer zeigte in die Richtung. „Immer die Straße der Streitwagen entlang."

„Ist es erlaubt, die innere Stadt zu betreten?" fragte Heber höflich.

Die Leute blickten sich an. „Es wäre vielleicht besser, der Gerber käme zu dir."

„Das ist ein guter Gedanke. Würde einer von euch ihm Bescheid sagen?"

„Ich kann das tun."

Nach etwa einer Stunde betrat Schamer das Lager der Karawane. Der laute Klang des Hammers zeigte ihm den Platz des Metallschmieds. „Heber! Jael!" rief er freudig. Sie umarmten sich. „Was tut ihr hier? Hat Deborah euch gesandt?"

Heber sah sich vorsichtig um. „Ehe ich dich mit meinem Problem belästige", sagte er laut, „nimm einige Erfrischungen mit uns." Die drei verschwanden im Zelt.

„Es ist fast vier Jahre her, seit wir uns in Hammath sahen", meinte Jael. „Ich glaube, du hast es in Taanach zu etwas gebracht."

Schamer griff nach dem Becher mit Wein. „Es ging mir gut, bis Deborah kam. Sie hat hier ziemliche Unruhe verursacht. Seitdem beobachtet man mich mit Mißtrauen." Plötzlich fragte er: „Übrigens, kennt ihr Joasch?"

„Ja, wir hörten gerade von ihm."

Schamer meinte bedauernd: „Es wäre besser gewesen, man hätte ihn getötet."

„Wo ist er jetzt?“

„Der König hat ihn im Palast untergebracht, und zwar gleich neben der Königin-Mutter.“

„Seltsam“, murmelte Heber.

„Nicht für jemand, der auch das Leben eines unschuldigen Jungen nicht schont. Hast du das schon vergessen, alter Mann?“ mischte sich Jael ein.

„Natürlich nicht.“ Heber wandte sich wieder Schamer zu. „Mein Sohn starb gemeinsam mit deinem, als Siseras Soldaten versuchten, Deborah zu entführen.“

„Das wußte ich nicht“, beteuerte Schamer. „Dann bin ich ja in deiner Schuld. Was kann ich also für dich tun?“

„Um deinetwillen hat uns Lapidoth gesandt.“

„Was?“ rief Schamer erstaunt.

„Deborah hat einen heiligen Krieg gegen Sisera ausgerufen. Lapidoth fürchtet nun, wenn Sisera hört, daß Deborah die Urheberin ist, würde er vielleicht ihren Vater töten lassen.“

Trotz des Ernstes der Angelegenheit mußte Schamer lachen. „Habt ihr es denn nicht gehört, dieser Krieg ist schon vorüber. Dabei hat man ja Joasch gefangen.“

„Nein, Schamer, dieses Mal wird ganz Israel kämpfen.“

„Aber wann? Und wie? Sisera hat ...“

„Wir wissen es nicht“, unterbrach ihn Heber. „Wir sind nach hier gekommen sofort nachdem Deborah den Aufruf erlassen hat. Lapidoth weiß, wie schnell Sisera erfährt, was in Israel geschieht. Komme jetzt mit uns und gehe gar nicht erst wieder zurück.“

„Aber – meine Gerberei. Wißt ihr, wie schwer es ist, gutes Werkzeug zu bekommen?“

„Wir reden von deinem **Leben,** Schamer, das ist wichtiger als Werkzeuge. Du mußt sofort mit uns kommen“, drängte Jael.

Schamer runzelte die Stirn und schwieg einige Augenblicke. „Es mag euch seltsam vorkommen, Freunde, nachdem ihr selbst soviel gewagt habt. Aber ich möchte nicht gehen. Was ist ein Mann ohne seinen Beruf? Was habe ich noch in Hammath? Deborah gehört zur Familie ihres Gatten, und mein Sohn ist tot. Hier habe ich meine Arbeit und fand neue Freunde. Zwar ist kein Priester Jahwes in Taanach, aber Jahwe ist auch so mit mir."

„Dann meinst du also, der Ruf Jahwes, gegen unsere Feinde in den Krieg zu ziehen, gilt dir nicht? Möchtest du den Tod deines Sohnes nicht rächen?" fragte Jael.

„Ich bin ein alter Mann und wäre nur ein Hindernis."

„Du kannst Lederrüstungen für deine eigenen Leute machen, aber nicht für deine Feinde", tadelte Jael.

Heber erhob sich. „Es ist Jahwes Wille. Er hat zum heiligen Krieg gerufen, Schamer. Du kannst dich als Israelit nicht weigern."

Schamer kratzte sich am Kopf. „Vor vier Jahren war es Jahwes Wille, daß ich nach Taanach gehen sollte, um einen Krieg zwischen Taanach und Hammath zu vermeiden. Ich habe meinen einzigen Sohn verloren. Und nun sagt ihr mir, es sei Jahwes Wille, daß ich die beste Werkstatt verlasse, die ich je besaß, um mit euch in diesem seltsamen Krieg zu kämpfen."

„Du kannst ja nach dem Krieg nach hier zurückkehren."

Schamer schwieg so lange, daß Heber endlich drängte: „Nun?"

„Aber Joasch muß auch mitkommen", erklärte Schamer.

Heber und Jael blickten sich an. „Wir können nicht einmal in die innere Stadt gehen, wie sollen wir da Joasch erreichen?"

„Wann wird Israel angreifen?" wollte Schamer wissen.

„Deborah hat das noch nicht gesagt."

„Also gut." Schamer erhob sich ebenfalls. „Arbeitet einfach weiter, um keinen Verdacht zu erregen. Ich will sehen, was ich tun kann. Wenn ich wenigstens meine Werkzeuge mitnehmen könnte. Ah ja, du hattest etwas zu reparieren? Ein gebrochenes Tragegestell."

Heber lächelte. „So ist es. Aber es ist ein großes und sperriges Ding."

„Das macht nichts. Gib es mir."

Schamer eilte durch die Straßen von Taanach. Das Tragegestell hatte er über den Rücken gehängt. Was war los mit ihm, überlegte er. Warum konnte er Sisera nicht hassen, der indirekt am Tod seines Sohnes die Schuld trug. Auch die schreckliche Szene stand ihm immer vor Augen, wie die Metallarbeiter Joaschs Augen ausbrannten. Nun, er wollte jedenfalls versuchen, den Willen Jahwes zu tun.

❧

Als Schamer in die innere Stadt zurückkehrte, stand die Königin-Mutter Leah auf dem Balkon ihrer Räume und beobachtete den Betrieb auf den Straßen. Sie rief: „Joasch, mein Lieber, komme doch auf den Balkon, es ist ein so schöner Tag." Als sie keine Antwort bekam, blickte sie in das Zimmer hinein und sagte: „Joasch, komm doch. Du bist nun schon mehr als eine Woche mein Gast und hast noch kein einziges Wort gesagt. Hat mein ungezogener Sohn dir neben den Augen auch die Zunge herausschneiden lassen?"

Joasch lag auf einem Berg von Kissen. Hinter ihm stand gleichgültig der Eunuch Rab Saris und bewachte ihn. Joasch wandte den Kopf ab, als Leah jetzt zu ihm trat und ihn streichelte.

„Du wurdest blind gemacht, weil du dich geweigert hast, richtig zu sehen, Joasch. Ich wollte ja schon damals, daß du in Taanach bleibst. Nun wirst du das vielleicht einsehen." Sie strich ihm mit rhythmischen Bewegungen immer wieder über den ganzen Körper hin. „Es wird dir bei mir nicht schlecht gehen. Ich werde für dich sorgen."

Joasch stöhnte nur.

Während sich Leah ihrem Vergnügen hingab, traf sich Sisera mit seinen Beratern und militärischen Befehlshabern. Auch Führer von Geser, Jokneam und Jerusalem sowie die kleineren kanaanitischen Könige, die Sisera zu einem Bündnis gezwungen hatte, waren gerufen worden. Zu Benos Ärger war auch Darkon anwesend.

„Es ist lachhaft", erklärte Sisera, „daß diese israelitischen Barbaren, die in armseligen Hütten und Zelten leben und sich in Ziegenfelle kleiden, mir den Krieg erklärt haben. Und ausgerechnet zu dieser Zeit. Gerade als wir kurz vor unserem Kriegszug gegen Phönizien standen." Er wandte sich an Beno. „Und was ist mit ihrem Anführer? Was hatten die beiden Spione aus Sichem über ihn zu berichten?"

„Dieser General Barak plant, unsere Stadt zu belagern, Herr."

Sisera lachte laut. „Das ist leicht zu durchschauen. Er will uns hindern, unsere Streitwagen zum Einsatz zu bringen."

„Du bezahlst nun dafür, daß du dieser sogenannten Prophetin erlaubt hast, unsere Stadt wieder lebendig zu verlassen", warf Darkon ein.

Sisera blickte ihn kalt an. „Bist du dir unserer Götter so sicher, Darkon, daß du es riskierst, ihren Gott zu erzürnen?"

Finster antwortete Darkon: „Nimm dich in acht! Man könnte fast meinen, du glaubst, Deborahs Gott sei mächtiger als unser großer EL BAAL."

Sisera entgegnete scharf: „Man könnte alle Götter nehmen und in das große Meer werfen, es würde sich doch nichts ändern. Wir werden uns jedenfalls nicht wie Schafe im Stall von den Israeliten abschlachten lassen.

Wenn sie uns angreifen wollen, werden wir eben unsere anderen Pläne zurückstellen und ihnen zunächst im offenen Feld begegnen." Er blickte Sem an. „Wann können wir fertig sein, auszuziehen?"

„In einer Woche, Majestät."

„Dann werden wir die Ebene Jesreel überqueren und sie am Berg Tabor unter den Rädern unserer Streitwagen zerquetschen wie Läuse im Hundefell."

„Majestät", fragte Beno, „was geschieht mit dem Gerber?"

„Ich habe nicht die Absicht, einen guten Gerber zu verlieren", murrte Sisera. „Es ist vielleicht besser, wir sperren ihn ein, bis alles vorbei ist. Kümmere dich darum, Beno."

Während Siseras Beratung noch nicht zu Ende war, ging der Mann, dessen Einsperrung gerade beschlossen worden war, direkt in den Palast. Während der letzten Jahre hatte Schamer viele angenehme Stunden im Palasthof direkt vor der Küche zusammen mit den Köchen und ihren Helferinnen verbracht. Schamer hatte ihnen Geschichten aus Israels Vergangenheit erzählt und ihre Ledersachen repariert, und sie hatten ihn immer mit guten Mahlzeiten versorgt.

Auch jetzt tauchte er wieder bei der Küche auf, setzte sich auf einen Stuhl und legte das schwere Tragegestell Hebers neben sich. Er hoffte, hier vielleicht etwas über Joasch zu erfahren.

„Schamer ist gekommen", rief eine der Dienerinnen. „Wirst du uns wieder eine Geschichte erzählen?"

„Wie kann ich Geschichten erzählen, wenn meine Kehle so trocken ist wie die Wüste?" gab Schamer zurück.

„Nicht mehr lange“, lachte die Dienerin und setzte einen Weinschlauch und einen Becher vor Schamer hin.

„Vielen Dank“, sagte Schamer. „Ihr wollt immer von mir Geschichten hören, wie wäre es denn, wenn ihr mir einmal eine erzählt?“

„Was sollen wir dir denn erzählen. Wir wissen doch nichts?“ antwortete die Dienerin.

„Nun, ihr könntet mir zum Beispiel einmal erzählen, wie es Joasch geht. Er ist doch hier im Palast, so wie ihr. Da müßtet ihr doch einiges über ihn wissen.“

Eine ältere Dienerin war mittlerweile noch hinzugekommen, die nun das Wort ergriff. „Ach, das ist eine traurige Geschichte. Wir alle bedauern den armen Habiru. Er muß sich in den Räumen der Königin-Mutter aufhalten, und sie läßt ihn so gut wie nie heraus.“

„Aber er muß doch ab und zu an die frische Luft. Und außerdem muß er doch gehen dürfen, sonst werden seine Beine bald lahm.“ Schamer schüttelte den Kopf.

„Jeden Abend, wenn es beginnt dunkel zu werden, darf er eine Zeitlang in den Hof und hier umhergehen. Der Eunuch der Königin-Mutter bringt ihn dann herunter und holt ihn auch wieder“, sagte die Dienerin.

Schamer überlegte. Es würde bald dunkel werden. Wenn es ihm gelang, so lange hier zu bleiben, bis Joasch in den Hof gebracht wurde, bekam er vielleicht Gelegenheit, mit ihm zu reden. Also erklärte er: „Der Habiru ist ein armer Kerl. Na, er hat es sich selbst eingebrockt. Da ihr mir nun von ihm berichtet habt, bin ich wohl an der Reihe, euch wieder eine Geschichte zu erzählen. Aber es ist nahezu Abend, und ich habe seit dem Frühstück nichts gegessen. Mein armer Magen.“

„Warte, Schamer, ich bring dir gleich einen ordentlichen Teller voll zu essen“, lachte die Jüngere. „Du bist wie ein alter Löwe, struppig und müde, und du wartest darauf, daß man dir etwas zu essen bringt.“ Bald setzte sie ihm eine große Portion auf den Tisch. Schamer aß in aller Ruhe und begann dann zu erzählen.

Eine knappe Stunde später, als Schamer seine Geschichte schon beendet hatte, war der Hof leer. Da hörte er Schritte auf der Treppe von oben. Schamer saß in einer dunklen Ecke und sah unbemerkt zu, wie der Eunuch Rab Saris den blinden Joasch vorsichtig in den Hof führte. Er hörte den Eunuch sagen: „Du kennst dich ja hier schon aus. Gehe immer im Hof herum, aber nicht weiter, sonst verläufst du dich. Ich hole dich dann wieder."

Joasch hatte einen langen Stock in der Hand, mit dem er hin und her tastete, um nicht anzuecken. Unsicher ging er im Hof hin und her. Schamer wartete, bis der Eunuch verschwunden war, und trat dann zu ihm. „Joasch", sagte er leise.

Der Blinde lauschte. „Schamer?" fragte er dann.

Schamer legte ihm die Hand auf die Schulter. „Wie geht es dir?"

„Gut", antwortete Joasch spöttisch. „Ich bin Leahs Schmusekatze. Siehst du diesen Stock? Das ist mein Spielzeug. Aber eine Schmusekatze braucht wohl auch nicht mehr. Schamer?"

„Ja."

„Sie wollen dich auch einsperren."

„Mich? Warum?"

„Weil du der Vater von Deborah bist."

Schamers Herz schlug schneller. „Joasch, vertraust du mir?"

Joasch nickte. Er tastete nach Schamers Arm und klammerte sich daran fest.

„Dann hör mir zu: Du und ich, wir werden jetzt verschwinden, und zwar sofort. Erinnerst du dich noch an Heber und Jael, die beiden Keniter in Lapidoths Karawane? Sie sind gekommen, um uns herauszubringen."

Joasch seufzte. „Sisera wird uns überall finden."

„Reiß dich zusammen, Joasch“, machte Schamer ihm Mut. „Jahwe ist stärker, Er wird uns helfen. Kommst du jetzt mit mir? Wir müssen uns aber beeilen, ehe der Eunuch wieder kommt und die Tore geschlossen werden.“

„Ich komme mit dir“, nickte Joasch entschlossen.

Schamer überlegte. Er war nicht durch den Haupteingang, sondern durch den Weingarten in den Hof gekommen. Dort würden sie nun auch wieder hinausgehen. Er sagte: „Warte hier einen Augenblick, ich will nur Hebers Tragegestell holen.“

Schnell ging er zum Tisch, wo er es abgestellt hatte. Dann nahm er Joaschs Stock, schob ihn durch die Riemen und legte das hintere Stockende auf Joaschs Schulter, das vordere auf seine eigene. „Halte dich daran fest, Joasch, so kann ich dich führen. Ich gehe vor dir her, da kannst du nicht stolpern.“

Joasch nickte, und die beiden gingen los. Gerade als Schamer die Pforte zum Weingarten öffnete, hörten sie hinter sich Rab Saris nach Joasch rufen. Schnell schlüpften sie durch die Pforte und Schamer schloß sie leise. Es dauerte nur noch einige Schritte, dann hatte Joasch sich daran gewöhnt, sich durch die Bewegungen des Stockes führen zu lassen.

Schamer erkannte, daß das Tor zur inneren Stadt noch geöffnet war. Er flüsterte: „Ziehe die Kapuze etwas tiefer über den Kopf, Joasch, und gehe aufrecht. Wir müssen jetzt an der Wache vorbei.“

Sie passierten die Wache, ohne daß der Soldat sie anhielt. Nun führte Schamer den Blinden durch die dunklen Straßen zum Lagerplatz der Karawane, wo viele Lagerfeuer brannten. Bald hatten sie die beiden Zelte der Keniter erreicht. Heber und Jael, die vor den Zelten an einem Feuer saßen, blickten überrascht auf.

„Schamer, Joasch!“ rief Jael und klatschte in die Hände.

„Pssst, nicht so laut“, mahnte Heber. „Schnell ins Zelt,

damit euch niemand weiter sieht. Dann könnt ihr erzählen."

Schamer berichtete, wie sie entkommen waren, und fügte hinzu: „Ich war nicht mehr in meiner Werkstatt. Vielleicht warten dort schon Siseras Soldaten auf mich. Joasch sagte mir, daß man auch mich einsperren will."

Heber nickte. „Ihr müßt im Zelt bleiben. Niemand darf euch sehen. Heute kommen wir nicht mehr fort, das äußere Tor ist schon geschlossen."

Am nächsten Morgen machte sich Jael auf den Weg, Gemüse einzukaufen und gleichzeitig Erkundigungen einzuholen. Als sie zurückkam, berichtete sie: „Das äußere Tor ist noch geschlossen. Niemand darf die Stadt verlassen, bevor nicht Sisera mit seiner Armee ausgezogen ist, damit kein Spion die Israeliten noch rechtzeitig warnen kann."

Zwei Tage mußten sie noch warten, dann waren Siseras Truppen fertig zum Abmarsch. Die ganze Stadt war auf den Beinen, um ihren Auszug zu beobachten. Das große Stadttor öffnete sich, und in langen Reihen rollten die Streitwagen hindurch. Vorn der Lenker, und ein wenig hinter ihm, stolz aufgerichtet, jeweils ein Bogenschütze. Den Streitwagen folgten mehr als tausend Fußsoldaten.

Von der Stadtmauer aus konnte man sehen, daß durch den Paß von Megiddo und auch von anderen Seiten ebenfalls Soldaten marschiert kamen. Es waren die Truppen der anderen kanaanitischen Könige, die sich Siseras Armee anschlossen.

Im Laufe des frühen Nachmittags zog die Karawane davon, die aus Ägypten gekommen war, und zwar nach Nordwesten, in Richtung der phönizischen Städte. Niemand kümmerte sich näher um sie. Und so wurde auch nicht bemerkt, daß in ihrer Mitte auch Schamer und Joasch mitzogen."

32. Kapitel

Die Führer von Israel ließen den Ruf Jahwes durch alle Stämme gehen. Bewaffnet mit Speer und Kurzschwert, mit Bogen und Schleuder, Lederschilden und Keulen und mit Nahrung für einige Wochen verließen die Männer Israels ihre Häuser und folgten ihren Ältesten.

Barak kam mit zehntausend Mann aus den Stämmen Naphtali, Sebulon und Issaschar. Lapidoth, der Führer der Ephraimiten, zog mit seinen Kämpfern von Schiloh heran. An seiner Seite war Deborah; und hinter ihnen, noch vor den Kämpfern, die Priester, die die Bundeslade trugen.

Den ganzen Tag und auch noch den nächsten strömten die Streiter Israels zusammen. Das ganze Heer zog westwärts zum Berg Tabor, die Hänge hinauf, die sie besetzten, bis zur Spitze des Berges. „Ich dachte nicht, daß ein so großes Heer zusammenkommen würde", sagte Barak lächelnd zu Deborah und Lapidoth, als diese mit ihren Streitern eintrafen. „Kommt, ich will euch etwas zeigen."

Barak ging mit den Führern zu seinem eigenen Platz auf der Spitze des Tabor. Von hier aus konnten sie weit über die Ebene von Jesreel schauen. Auf der Ebene zogen von mehreren Seiten bewaffnete Scharen zu Fuß und Reiter und eine große Anzahl Streitwagen heran. „Meine Männer haben bis jetzt fünfhundert Streitwagen gezählt, und es kommen immer noch mehr", sagte Barak.

Jenseits, auf der südlichen Seite der Ebene, erhob sich die Festungsstadt Taanach, etwa 25 Kilometer entfernt am südlichen Paß. Davor konnte man das trockene Flußbett des Kischon erkennen, das sich ostwärts nach Ephraim hinzog.

„Und nun?“ Baraks kluge Augen blickten zu Deborah. „Sie können mit ihren Streitwagen und Pferden die Hänge des Tabor nicht erklimmen, aber wir können es nicht riskieren, uns dieser Streitwagenarmee unten auf der Ebene zu stellen.“

„Wir lagern“, lächelte Deborah, „und warten auf das Wort des Herrn.“

Als alle Streiter Jahwes aus allen Stämmen auf den Hängen des Tabor versammelt waren, zählte die Streitmacht rund vierzigtausend Kämpfer. Deborah ging durch ihre Reihen und fragte sich, warum nicht alle Stämme ihrem Ruf gefolgt waren. Die Ältesten aus Ruben waren zwar zur Versammlung gekommen, aber ihre Männer waren nicht zum Kampf ausgezogen. Die Stämme von Gilead waren jenseits des Jordans geblieben. Auch die aus dem Stamme Dan waren Jahwes Ruf nicht gefolgt. Und Ascher? Waren seine Söhne so mit ihren Schiffen beschäftigt, daß sie Jahwe vergaßen?

Jeden Abend versammelte Barak die Anführer von Benjamin, Ephraim, Manasse, Sebulon, Issaschar und Naphtali um sich. Deborah war stolz auf die Männer, die treu und mutig Jahwes Ruf gefolgt waren. Und jeden Abend wartete Deborah auf Jahwes Befehl zum Aufbruch.

Sisera trat aus seinem Zelt und blickte zu dem hochragenden Berg empor. Er konnte nur wenige Israeliten sehen, da die meisten unter Bäumen und Unterholz verborgen waren, doch er konnte ihren Gesang hören und ihre gemeinsamen Gebete.

Seine Truppen hatten das trockene Bett des Kischon überquert und waren bis auf 1500 Meter an den Berg herangerückt. Sie formten einen Halbkreis um den südlichen Teil des Berges. Hinter dieser Linie stand sein Zelt auf einer leichten Erhöhung. Und rechts und links davon die Zelte seiner Ratgeber, der anderen Könige und Anführer. Ein wenig zurück hatten Darkon und die anderen Priester für sich und die Tempelprostituierten ihre Zelte aufgeschlagen.

„Was glaubt ihr, worauf die Israeliten warten?“ fragte Sisera seine Begleiter. Er drehte sich zu Hauptmann Sem um. „Ich glaube, sie wundern sich, daß wir unten auf der Ebene vor ihrer Nase stehen, statt uns in Taanach einschließen zu lassen.“

Barak ging erregt hin und her. Nach drei Tagen begannen seine Männer auf dem Berg unruhig zu werden. Waren ihre Herden noch sicher und ihre Felder, fragten sie sich. Endlich ging er zu Lapidoth, der vor seinem Zelt stand und ihn beobachtete. „Ich möchte mit Deborah sprechen.“

„Sie schläft“, antwortete Lapidoth.

„Wie lange wollen wir noch wie Leute, die keinen Ausweg wissen, hier auf dem Berg sitzen?“ knurrte Barak.

Deborah trat aus dem Zelt und sah den General lächelnd an. „Gefällt dir ewas nicht, General“, fragte sie.

„Ich verstehe das nicht, Deborah.“ Barak schüttelte den Kopf. „Was tun wir hier. Unten sitzt Sisera, und jeden Tag stoßen mehr Kanaaniter zu ihm. Er veranstaltet Wagenrennen, bei denen wir von hier aus zusehen dürfen. Was sagt Jahwe zu dir?“

„Er hat noch nicht gesprochen.“

„Dann meint Er vielleicht, daß wir von uns aus die Sache in die Hand nehmen sollen.“

„Nein, denn dann wüßte ich es.“

„Aber", Barak machte eine ausholende Armbewegung, „so kann man keinen Krieg führen."

„Vertraue Jahwe, General Barak. Er hat uns nach hier gebracht, nun wird Er uns sicherlich auch den Sieg schenken."

„Wann ist es für uns sicher, unseren eigenen Weg zu gehen?" fragte Schamer, während sie immer noch mit der ägyptischen Karawane in Richtung Phönizien zogen.

„Es wäre töricht, quer durch die Ebene zu ziehen, denn da sind überall Siseras Soldaten", sagte Heber. „Wenn wir die westliche Ecke der Ebene erreichen, verlassen wir die Karawane, ziehen in einem Bogen durch die Vorberge von Sebulon und erreichen so den galiläischen See. Dort sind wir dann sicher."

„Unsere Streiter mögen schon beim Berg Tabor stehen", bemerkte Schamer.

So gingen die Stunden dahin. Gegen Abend erreichte die Karawane den Rand des Tales. Vor ihnen erhoben sich die immer höher werdenden Hügel von Mittelgaliläa. Hier lagerten sie mit der Karawane das letzte Mal.

Am folgenden Abend schlugen Heber und Jael, Schamer und Joasch ihr Lager schon etliche Kilometer nordwestlich vom Tabor auf. Hinter ihnen, in Richtung des großen Meeres, ging die Sonne unter.

„Der Himmel hat eine ganz seltsame Farbe." Jael zeigte nach Westen. „Sieh, wie gelb er ist."

Am Tag nachdem die Israeliten den Sabbath gefeiert hatten, sieben Tage nach ihrer Ankunft auf dem Tabor, erhob sich Deborah beim ersten Morgenlicht und ging zu Baraks Zelt. Vor dem Zelt stehend rief sie: „General, wach auf! Heute ist der Tag, an dem Jahwe Sisera in deine Hand gibt. Der Herr ist schon vor dir her ausgegangen!“

Im Lager wurde es schnell lebendig. Deborah forderte die Priester auf, als Opfer zwei Widder ohne Tadel auf den Altar vor der Bundeslade zu bringen. Der Morgenhimmel begann sich zu verfinstern, während sie noch Loblieder sangen. Bald hörte man vom Südwesten her die ersten Donner grollen. Die Erde begann zu beben, und die Wolken hingen bis auf den Berg herunter.

„Der Herr ist ausgezogen“, riefen die Israeliten.

„Sage deinen Männern, sie sollen sich unter den Bäumen zum Kampf aufstellen“, rief Deborah Barak zu.

Weiter unten sahen die Kanaaniter, was bei den Israeliten vorging. Ihr Kampfgeschrei drang bis an die Ohren der israelitischen Streiter. Während sie die Pferde an ihre Streitwagen spannten, fielen die ersten Regentropfen. Doch es dauerte nur Minuten, da wurde aus den Tropfen eine regelrechte Sintflut.

„Bringt die Bundeslade!“ befahl Deborah den Priestern. „Die Stunde ist gekommen!“ Sie stand auf einem Felsen und hob die Arme empor. Dann rief sie: „Jahwe! Jahwe! Vorwärts!“

Tief unten sprang Sisera auf seinen Streitwagen. „Bei allen Göttern“, schrie er, „es ist ein Wolkenbruch! Dreht die Streitwagen um und fahrt in Richtung des Kischon. Wir müssen die Ebene durchqueren, ehe die Flut kommt!“

Darkon hörte Siseras Worte und sprang ebenfalls auf einen Streitwagen. Während der Fahrer sich noch bemühte, die Pferde in die andere Richtung zu drehen, ergriff Darkon die Peitsche und hieb erbarmunslos auf die Tiere ein, so daß diese mit dem Wagen wie wild davonrasten, den Vorbergen zu.

Die kanaanitischen Reiter und Fußsoldaten flohen ebenfalls. Sie warfen dabei ihre Speere und Schwerter fort, die von den sie verfolgenden Israeliten aufgehoben wurden. Die Israeliten blieben den fliehenden Kanaanitern hart auf den Fersen. Hier und da stürzten die ersten Streitwagen um, andere blieben mit den Rädern in dem sich schnell aufweichenden Boden stecken. Die Besatzungen der Streitwagen wurden von den Israeliten ohne Erbarmen niedergemacht.

Als die Streitwagen der Kanaaniter des Bett des Kischon erreichten, war daraus schon ein reißender Fluß geworden. Darkons Wagen erreichte als erster das Ufer. Er sprang herab und durchquerte den Fluß. Gerade als er das andere Ufer erreichte, schreckte er durch ein lautes Getöse auf. Als er in die Richtung blickte, sah er eine riesige Wasserflut heranbrausen. Er konnte sich nicht mehr in Sicherheit bringen, sondern wurde von den Fluten verschlungen.

Den ganzen Tag tobte der Kampf. Die Kanaaniter wurden immer mehr in die Fluten des Kischon, in denen es kein Entrinnen gab, hineingetrieben.

Sisera hatte seinen Helm und auch die Orientierung in dem rasenden Unwetter verloren. Einmal meinte er, er sei schon von Israeliten umgeben. Ich muß meine Soldaten sammeln, dachte er. Aber wo waren seine Befehlshaber? Er hörte das Schreien von Pferden und sah umgestürzte Streitwagen, deren Räder sich wie wild in der Luft drehten. Dann hörte er einen fremdartigen Gesang und sah vier Priester, die auf ihrem Rücken so etwas wie einen großen Kasten trugen, als wäre rundum keine Schlacht im Gange.

Da tauchte Sem neben Sisera auf. „Es ist eine Katastrophe, Herr!“ rief er. „Unsere Männer sind nur noch auf der Flucht und werden buchstäblich abgeschlachtet.“

Da tauchte ein riesiger Mann aus dem strömenden Regen auf. Es war Lapidoth. Sisera schlug mit dem Schwert nach ihm, und Sem griff ihn mit Schwert und Dolch von der Seite an. Lapidoth versetzte Sisera einen Schlag mit dem schweren Streitkolben und parierte gleichzeitig das Schwert von Sem. Als Sisera zurücktaumelte, setzte Lapidoth ihm nach. Dadurch bekam Sem Gelegenheit, mit seinem Dolch den Lederpanzer von Lapidoth zu durchstoßen und ihn in die Brust zu treffen.

Mit einem wütenden Schrei stürzte sich Lapidoth auf Sem und tötete ihn. Dann verließ den schwer Verwundeten die Kraft und er sank zu Boden.

Sisera taumelte davon. Wo ihn der Streitkolben getroffen hatte, lief ihm das Blut von der Stirn über das Gesicht. „Fort, nur fort nach Taanach", stöhnte er. Hinter sich hörte er immer noch Rufe und Schreie und das Geräusch von aufeinanderschlagendem Metall.

❧

Dunst stieg vom nassen Boden auf und legte einen grauen Schleier über die weite Ebene. Das Unwetter war kurz vor Sonnenaufgang zu Ende gegangen, und nun versuchten die ersten Sonnenstrahlen das Grau des Morgennebels zu durchbrechen.

Überall auf der Ebene lagen umgestürzte Streitwagen, tote Männer und Pferde. Im grauen Morgenlicht gingen Barak, Ira und Kanah durch die Reihen der gefallenen Kanaaniter. Sie suchten nach eigenen Männern, die tot oder verwundet waren. Nirgends wurde von den Siegern geplündert, denn dies war ein von Jahwe ausgerufener heiliger Krieg. Da gehörte alle Kriegsbeute Jahwe und mußte zum Tempel gebracht werden.

Israelitische Kämpfer mit Schwertern in den Händen suchten das Schlachtfeld ab und töteten alle verwundeten Kanaaniter und alle Pferde, die den Kanaanitern gehört hatten. Deborah wandte sich von dem grausigen Bild ab. Ihr Blick begegnete Phurah, der ihr unauffällig gefolgt war. „Wir machen zwar keine Beute, aber können wir nicht wenigstens die Verwundeten und die Pferde schonen?" sagte sie händeringend.

„Es wäre gegen Jahwes Gebote, denn dies ist ein heiliger Krieg", erklärte der Priester.

Noch ehe Deborah antworten konnte, wurde sie von Barak gerufen, der ihnen entgegenging und dabei winkte. „General Barak", rief sie, „Jahwe hat dir den Sieg gegeben!" Sie ging Barak entgegen.

Der General blieb mit betrübtem Gesicht vor ihr stehen und sagte: „Lapidoth ist sehr schwer verwundet, Deborah. Willst du mit mir kommen, wir wagen es nicht, ihn zu transportieren."

Deborahs Hände ballten sich zu Fäusten. „Wo ist er? Ich will zu ihm. Schnell, bringe mich hin!"

Da fühlte sie plötzlich, wie eine Hand ihren Arm festhielt. „Nein, Deborah", sagte Phurah, „du kannst nicht zu ihm gehen. Du bist immer noch unter dem Nasiräereid."

„Aber Lapidoth ist doch nicht tot, Phurah. Laß mich gehen. Führe mich zu ihm, Barak."

Mit großen Schritten liefen sie über das Feld. „Beeile dich, Barak!" rief sie. Nach etwa zehn Minuten erkannte sie eine größere Gruppe von Männern. Schweigend öffnete sich eine Lücke für sie. Lapidoth lag auf einem Umhang und war mit einem zweiten zugedeckt. Seine Augen waren geschlossen. Man hatte sein Gesicht vom Schmutz gesäubert.

Deborah schnaufte. Sie mußte sich große Mühe geben, um sich nicht auf ihn zu werfen. Sie blickte fragend zu Barak. „Hat er etwas gesagt?" fragte Barak.

„Er hat sich nicht bewegt und nicht gesprochen", antwortete Ira. Er kam von der anderen Seite des Kreises und nahm Deborahs Arm.

Hinter sich vernahm Deborah jetzt Phurahs Stimme, der ihnen gefolgt war. „Seht nach, ob er noch am Leben ist."

Kanah kniete neben dem gefallenen Helden nieder. Deborah schlug ihre Hände vor das Gesicht und bat Jahwe um das Leben ihres Gatten. Wie konnte dies nur geschehen sein? Kanah erhob sich. „Er ist von uns gegangen", sagte er traurig.

Ein tiefes Stöhnen entrang sich Deborahs Brust. Sie warf sich nach vorn. Doch Phurah und Ira hielten sie fest, ehe sie Lapidoth berühren konnte. „Du darfst das nicht tun!" rief Phurah. „Du stehst noch immer unter dem heiligen Eid und darfst keinen Toten berühren."

„Dann nimm den Eid jetzt von mir."

„Du weißt, daß ich das nicht kann. Du mußt dazu vor das Zelt Jahwes kommen. Und was du jetzt tun willst, ist gefährlich, Deborah. Du darfst mit keinem Toten in Berührung kommen. Selbst als Prophetin darfst du das nicht. Jahwe würde uns alle strafen, obwohl Er uns jetzt diesen Sieg gegeben hat. Fordere jetzt, im Augenblick dieses großen Sieges, nicht Seinen Zorn heraus."

Mit gequälter Stimme stieß sie hervor. „Wie könnt ihr nur vom Sieg reden, wenn mein Lapidoth tot ist? Könnte Jahwe mich denn noch mehr strafen?"

„Laßt mich zu ihr", vernahm sie plötzlich eine bekannte Stimme. „Ich bin ihr Vater."

„Vater!" Deborah warf sich in seine Arme und spürte die ruhige Kraft, die von ihm ausging.

„Mache dir keine Sorgen um Lapidoth, wir werden ihn ins Lager zurückbringen", versprach Ira.

„Bist du Schamer der Gerber, der in Taanach war?" fragte Barak. „Und wer sind diese Leute?"

„Das ist Heber der Keniter, ein Freund von Lapidoth. Wir haben uns gestern nachmittag an dem Kampf beteiligt.

Deborah hatte die Hände vor das Gesicht geschlagen und schluchzte laut. Schamer war besorgt, sie könnte ihren Verstand verlieren. „Deborah, komm mit mir", sagte er sanft und führte sie vom Schlachtfeld.

Ira und Kanah blickten ihr nach. Ira rief plötzlich: „Heber, hast du etwas von Joasch gehört?"

Heber kam zu ihm zurück und antwortete: „Er ist mit uns aus Taanach entkommen, Ira. Sisera ließ ihm die Augen ausstechen."

Ein Fluch entfuhr Ira. „Sisera!" rief er. „Wer hat etwas von Sisera gesehen an diesem schlimmen Tag?"

Die Stunden vergingen, und es regnete ohne Aufhören. Jael molk die Ziege und brachte sie und die beiden Esel dann an einen anderen Platz, wo noch gutes Gras wuchs. Dann ging sie in den Schutz des Zeltes zurück. Waren es Rufe von Männern, die sie von Ferne hörte, oder die Schreie von Tieren? Oder waren es nur die Geräusche des Sturmes?

Im Zelt zündete sie ein kleines Feuer an und wärmte darauf die Milch. Wenn Heber zurückkam, würde er bei diesem Wetter gern etwas Warmes trinken wollen. Plötzlich sprach eine Stimme sie an: „Wer bist du?"

Sie drehte sich um und sah einen Soldaten unter dem Eingang des Zeltes stehen. „Ich bin Jael, die Frau Hebers, des Keniters."

„Zwischen den Kenitern und Kanaan herrscht Friede. Ich nehme die Gastfreundschaft deines Zeltes in Anspruch." Der Mann blickte sich aufmerksam im Zelt um. Seine Augen lagen tief in den Höhlen, und von der Stirn lief ihm Blut über das Gesicht. „Habe keine Angst, ich will dir nichts tun", sagte er. „Darf ich etwas Wasser haben?"

„Ist der Kampf ...?"

„Ich weiß es nicht. Aber wer kann bei diesem Wetter kämpfen?"

„Komm zum Feuer." Jael reichte ihm einen Becher mit warmer Milch, die der Fremde dankbar trank. „Ist das immer noch der Tag, an dem der Regen begann?" fragte er.

„Ja, er hat an diesem Morgen begonnen", antwortete Jael verwundert. Sie sah, daß der Fremde sehr müde war. Sie breitete eine Decke aus und sagte: „Komm, lege dich nieder und schlafe ein wenig."

Er gab den Becher zurück, legte sich und war in wenigen Minuten eingeschlafen.

Jael ging leise aus dem Zelt und sah draußen Joasch vor sich stehen, der im Nachbarzelt geschlafen hatte. „Was tust du hier draußen? Da ist ein Kanaaniter im Zelt", flüsterte Jael.

„Ich hörte Siseras Stimme", sagte Joasch.

„Es ist ein Soldat. Er ist müde und ziemlich durcheinander. Jetzt schläft er."

„Es war Siseras Stimme. Beschreibe mir, wie er aussieht", drängte Joasch.

„Er trägt keinen Bart. Sein Haar ist kurz geschnitten und blond. Er ist recht hübsch."

„Ich glaube fast, Jahwe hat ihn in dein Zelt gesandt." Joasch hob eine Faust hoch.

„Also ist es Sisera?" fragte Jael.

„Ja."

Sisera! Sisera! ging es Jael durch den Kopf. Er ist der Mann, der für den Tod meines lieben Sohnes Ehi verantwortlich ist. „Warte hier", flüsterte sie Joasch zu. „Und sei leise, damit er nicht aufwacht."

Jael holte sich einen Hammer und einen langen neugeschärften Zeltnagel. Leise trat sie neben den erschöpft schlafenden König. Dann hielt sie den spitzen Zeltnagel wenige Millimeter über die Schläfe Siseras, hob den Hammer und schlug mit aller Kraft zu. Der Zeltnagel fuhr durch Siseras Kopf bis in den Boden hinein.

33. Kapitel

Die Körper von Lapidoth und der anderen im Kampf gefallenen Israeliten wurden geweiht und auf der Ebene Jesreel begraben. Deborah blieb in ihrem Zelt. Sie empfing weder Trauernde noch Nahrung, ja nicht einmal ihren Vater. Jahwe hatte getan, was Er versprochen hatte, nun war es an Deborah, ihren Teil des Eides ebenfalls zum Ende zu bringen. Sie hatte den Verlust von Lapidoth noch nicht überwunden und fragte sich, warum Jahwes Handeln so hart war.

Doch dann wurde ihr der gewaltige Sieg Israels größer als ihr eigener Verlust. Waren doch durch diesen Sieg so viele Menschen ihres Volkes von der Unterdrückung der Feinde befreit. Sie begann leise zu singen: „Gelobt sei Jahwe, der Sein Volk Israel wiederum befreit hat. Gelobt sei Jahwe!“

„Deborah, bist du bereit?“ rief jetzt Phurah von draußen.

Sie legte ihr Übergewand ab und öffnete ihr Haar. Nur mit einem dunklen Untergewand bekleidet trat sie vor das Zelt zu dem Priester, der auf sie wartete.

Plötzlich erhob sich an einer anderen Stelle des Lagers ziemlicher Lärm. Als er näherkam, konnte man über allen anderen deutlich Hebers Stimme heraushören. „Heil! Heil!“ rief er. „Kommt alle und seht, was Jahwe getan hat!“

Heber und Jael, begleitet von vielen Israeliten, kamen

auf Deborahs Zelt zu. Sie führten einen Esel mit sich, auf dem ein menschlicher Körper festgebunden war. Hinter ihnen ging ein Mann, der sein Gesicht verhüllt hatte.

Schamer wandte sich an die Ankommenden. Als der Mann Schamers Stimme hörte, schlug er die Kapuze zurück. Deborah rief überrascht: „Joasch!" Da fügte sie entsetzt hinzu: „Oh Phurah, sieh doch, seine Augen!"

„Ja", nickte er, „das hat Sisera getan."

„Seht, es ist ein Wunder!" rief Heber laut. Jaels Gesicht strahlte vor Freude. Nun hielten sie mit dem Esel vor Deborah und Phurah. Mittlerweile war auch Barak noch gekommen.

„Laßt uns nun das Wunder sehen, das Gott getan hat", forderte Barak.

„Ich bringe euch", Heber pausierte einen Augenblick, um die Spannung noch zu steigern, und fuhr dann fort: „König Sisera! Meine Frau hat ihn getötet!" Damit schlug er das Tuch zurück, mit dem der Kopf des Toten bisher verhüllt war.

Aufgeregtes Murmeln erhob sich unter den Israeliten. Jahwe hatte so gehandelt, wie Deborah vorausgesagt hatte. Sisera würde in die Hände einer Frau fallen, hatte die Prophetin gesagt.

General Barak verbeugte sich tief vor Deborah. „Alles ist so gekommen, wie du es gesagt hast, Prophetin Israels. Gelobt sei Jahwe!" Barak nahm Deborahs Hände und führte sie an seine Lippen.

Deborah schüttelte für den Augenblick alle Trauer um Lapidoth ab. Sie hob die Hände und rief: „Laßt uns den Sieg Jahwes feiern!"

Unter lautem Jubel zogen alle zu dem Felsen, auf dem die Bundeslade stand. Die Priester entzündeten das Opferfeuer auf dem davor errichteten Altar. Vierzehn tadellose Widder und zwei tadellose Lämmer wurden geschlachtet und auf dem Altar geopfert. Die Priester warfen auch noch Räucherwerk in das Feuer. Und als der Rauch zum Himmel aufstieg, begannen sie ihr Loblied zu singen:

„Die Führer Israels führten,
und das Volk zeigte sich bereit.
Dafür preist den Herrn!
Hört, ihr Könige, horcht auf, ihr Fürsten!
Ich will dem Herrn zu Ehren singen,
ich will zu Ehren des Herrn,
des Gottes Israel, spielen!“

Deborah erhob ihre Arme:
„Herr, als Du auszogst von Seir,
als Du vom Grünland Edoms heranschrittest,
da bebte die Erde, die Himmel ergossen sich,
ja aus den Wolken ergoß sich das Wasser.
Die Berge wankten vor dem Blick des Herrn,
vor dem Blick des Herrn, des Gottes Israels!“

Phurah sprang vor:
„In den Tagen Schamgars,
des Sohnes des Anat,
in den Tagen Jaels
lagen die Wege verlassen da;
wer unterwegs war, mußte Umwege machen.
Bewohner des offenen Landes
gab es nicht mehr in Israel,
bis du dich erhobst, Deborah,
bis du dich erhobst, Mutter in Israel!“

Barak sang weiter:
„Man hatte sich neue Götter erwählt,
es gab kein Brot an den Toren.
Schild und Speer waren nicht mehr zu sehen
bei den Vierzigtausend in Israel.“

Laut erklang Deborahs Stimme:

„Mein Herz gehört Israels Führern,
ihr, die ihr bereit seid im Volk,
preist den Herrn!
Ihr, die ihr auf weißen Eselinnen reitet,
die ihr auf Teppichen sitzt,
die ihr auf Straßen dahinzieht, singt!
Horch, sie jubeln zwischen den Tränken;
dort besingt man die
rettenden Taten des Herrn,
Seine hilfreiche Tat an den Bauern Israels."

Nun hörte man wieder Barak:

„Könige kamen und kämpften,
damals kämpften Kanaans Könige in Taanach,
an den Wassern Megiddos,
doch Beute an Silber machten sie nicht."

Wieder sang Deborah:

„Vom Himmel her kämpften die Sterne,
von ihren Bahnen aus kämpften sie
gegen Sisera.
Der Bach Kischon schwemmte sie fort,
der altberühmte Bach, der Bach Kischon.
Meine Seele soll auftreten mit Macht."

Barak fiel ein:

„Damals stampften die Hufe der Pferde
im Jagen, im Dahinjagen der Hengste."

Da trat Heber neben sie:

„Gepriesen sei Jael unter den Frauen,
die Frau des Keniters Heber,
gepriesen unter den Frauen im Zelt.
Er hat Wasser verlangt, sie gab ihm Milch,

in einer prächtigen Schale reichte sie Sahne.
Ihre Hand streckte sie aus nach dem Pflock,
ihre Rechte nach dem Hammer des Schmieds.
Sie erschlug Sisera, zermalmte sein Haupt,
zerschlug, durchbohrte seine Schläfe."

Deborah trat einen Schritt vor und erhob ihre Hände:
„So gehen alle Deine Feinde zugrunde, o Herr!
Doch die, die Ihn lieben, sind wie die Sonne,
wenn sie aufgeht in ihrer Kraft!"

Laut ertönten nun die Gebete der Versammelten. Da erhob sich plötzlich Joasch und trat einen Schritt vor. Auf seinem augenlosen Gesicht lag Staunen. „Als ich noch sehen konnte, war ich blind", rief er. „Doch dein Gott ist mit dir. Er läßt dich nicht ohne einen Führer. Er hat sich mit mächtigen Wundern an Seinem Volk erwiesen. Ihr seid wirklich das Volk des einzig wahren Gottes. Ich, Joasch, der Habiru, werde von nun an auch Jahwe dienen!"

Während Deborah Joasch zuhörte, stieg eine Erinnerung an eine Frau in ihr auf, die lange verschüttet gewesen war. Sie mußte an Hanna denken – an Hanna von Haroscheth. „Joasch?" sagte sie.

Er drehte sich zu ihr um. „Ja, Deborah?"

„Joasch, sage mir etwas von deiner Mutter. Heißt sie Hannah und wohnt sie in Haroscheth?"

„Ja, das ist meine Mutter."

„Sie sehnt sich nach dir, Joasch. Sie verlangt danach, dich in ihre Arme schließen zu können."

„Aber ich kann doch nicht als blinder Mann zu ihr gehen."

„Wenn jemand verloren war und zurückkehrt, freut man sich trotz aller Gebrechen über ihn", sagte Deborah.

„Ich – ich werde darüber nachdenken", antwortete Joasch zögernd.

Phurah trat zu Deborah. „Es ist Zeit", sagte er. Er hob einen Arm, und rundum kehrte Schweigen ein. Es war Zeit für Deborah, auch noch den Rest ihres Eides zu erfüllen, damit sie davon gelöst werden konnte.

Deborah kniete am Altar vor der Bundeslade nieder. In ihrer Hand hielt sie einen scharfgeschliffenen Dolch, den sie jetzt Phurah übergab, der neben sie getreten war. Unter den Versammelten herrschte atemlose Stille.

Phurah ergriff einen Strang von Deborahs leuchtend rotem Haar, schnitt ihn ab und warf ihn in das Opferfeuer. Er sagte: „Dein langes Haar, Deborah, ist das sichtbare Zeichen deines Eides für Jahwe." Er schnitt eine weitere Strähne ab. „Es ist die Herrlichkeit deines Hauptes und das Produkt deines Körpers, das du Jahwe geweiht hast."

Eine Strähne nach der anderen warf Phurah ins Feuer, und der Geruch verbrannten Haares stieg vom Altar auf. Endlich war er fertig. Deborah erhob sich und wandte sich der Menge zu. Ihr kahlgeschorener Kopf leuchtete weiß, nur hier und da gab es noch einige kleine rote Tupfen. Viele aus der Menge schlugen ihre Augen nieder.

Was war eine Frau ohne ihr Haar? Aber wieso kam es jetzt noch darauf an? Ihr war verboten worden, den toten Körper ihres Gatten zu salben, der letzte und heiligste Dienst, den eine Frau tun konnte. Sie stand mitten unter einer großen Menge und fühlte sich doch völlig getrennt von allem, was sie auf dieser Erde geliebt hatte.

Phurah brachte ihr einen Becher mit Wein zum Zeichen, daß die Zeit des Eides nun vorüber war. Barak trat mit ihrer Robe zu ihr und legte sie vorsichtig um ihre Schultern. Jael trat vor und sagte: „Ich werde mich um sie kümmern, Herr Barak." Sie legte einen Arm um Deborah und führte sie zu ihrem Zelt.

Die Versammelten waren sich des Ernstes der Stunde bewußt. Sie gingen nur zögernd auseinander. Doch in ihren Zelten wurden sie wieder fröhlich, tranken Wein und feierten den Sieg, den Jahwe ihnen geschenkt hatte.

„Was wird mit Taanach werden ohne Sisera?“ überlegte Schamer. Den ganzen Tag über waren einzelne Gruppen aufgebrochen, um nach Hause zurückzukehren. Unter denen, die beschlossen hatten, noch einen Tag länger zu bleiben, waren Schamer, Joasch, Ira und Kanah. Sie saßen zusammen mit Barak am Lagerfeuer.

„Es wird eine einfache kanaanitische Stadt werden wie die anderen auch“, sagte Barak. „Aber was wirst du tun ohne Sisera, Schamer?“

„Hmm, ich würde mir gern meine Werkzeuge und die Ledersachen holen, wenn ich sie bekommen kann“, sagte der praktische Gerber. „Dann werde ich meine alte Gerberei in Naphtali wieder eröffnen.“

„Wir werden eine bewaffnete Abteilung mit dir nach Taanach schicken“, versprach Barak. „Das ist das Mindeste, was wir für den Vater unserer Prophetin tun sollten.“ Er blickte Ira an. „Und was wird ohne Lapidoth aus der Karawane und deinen Männern, Ira?“

„Ich habe mit meinen Männern und den Kaufleuten darüber gesprochen, und wir haben beschlossen, weiterzumachen. Die anderen haben mich an Lapidoths Stelle zum Führer gewählt.“ Ira zuckte wie hilflos mit den Achseln. „Ich weiß nur noch nicht, wie ich es seinem Freund Hamid beibringen soll, daß er tot ist.“

Kanah seufzte erleichtert. „Was mich angeht, ich bin dankbar, daß ich in mein Geschäft nach Sichem zurückkehren kann. Meine Arbeiter sind zu lange ohne ihren Herrn gewesen.“

„Ein guter Arbeiter ist fleißig, ob sein Herr anwesend ist oder nicht“, bemerkte Schamer.

Kanahs Blick wanderte zu Joasch. „Und Joasch soll mit mir kommen. Er hat uns gute Dienste geleistet, und nun werde ich dasselbe für ihn tun.“

„Gut gesprochen“, lobte Barak.

Joasch sagte: „Ich könnte keinen Banditen mehr Angst einjagen, Kanah.“ Entschlossen fügte er hinzu: „Schamer hat mir Arbeit in seiner Gerberei angeboten. Das Bearbeiten der Lederhäute braucht mehr Gefühl als Sehkraft.“

„Was wird mit der Ebene Jesreel, General Barak?“ fragte Ira.

„Das weite Tal darf nicht leer bleiben“, erklärte Barak. „Wir müssen unsere Leute ermutigen, dort Dörfer zu gründen und das Land zu bearbeiten, damit es im nächsten Jahr schon reiche Ernte trägt. Was wir nicht in Gebrauch nehmen, geht bald wieder verloren.“

„Jetzt können wir vielleicht sogar Heber überreden, sich niederzulassen“, sagte Ira ein wenig scherzhaft.

„Ich, ein Bauer!“ fuhr Heber auf. „Niemals! Außerdem wird meine Frau uns jetzt reich machen. Wer möchte nicht von den Händen einen Topf repariert haben, die Sisera töteten.“

Allgemeines Gelächter erhob sich. Jael im Zelt hörte das Lachen und sagte zu Deborah: „Männer sind wie Kinder. Wenn sie nach einem Sieg Wein trinken, reden sie auch lauter Unsinn.“ Als sie Deborahs ernstes Gesicht bemerkte, fragte sie: „Worüber denkst du nach, Deborah?“

„Wohin ich gehen soll, nachdem Jahwe mich nicht mehr benötigt.“

Jael war schockiert. „Jahwe benötigt dich nicht mehr? Hat Er dir das gesagt?“

„Er hat mich doch wegen des Sieges über die Kanaaniter gerufen“, sagte Deborah bedrückt.

„Dafür und für viele andere Dinge. Er hat sicher noch Aufgaben für dich“, ermunterte Jael sie.

Deborah zögerte. „Ich habe Seine Stimme seit dem Tag des Kampfes nicht mehr gehört.“

Als Jael am nächsten Morgen erwachte, war Deborahs Lager leer. Die Männer erwachten durch Jaels Geschrei: „Schamer! Heber! Wacht auf!“

Die Männer kamen mit fragenden Gesichtern gelaufen. „Deborah ist fort!“ rief Jael. Niemand wußte zu sagen, wohin sie gegangen war.

„Was wird sie essen und wo wird sie schlafen? Sie hat nur ihr Gewand und Nahrung für einige Tage. Und denkt an ihren geschorenen Kopf!“ Jael begann zu weinen. „O Jahwe, Jahwe, hilf uns, sie zu finden!“

Phurah war unauffällig zu ihnen gekommen. „O Phurah“, stöhnte Jael, „weißt du, wohin Deborah gegangen sein kann? Da draußen sind Wölfe und Löwen …“

„Und Männer“, fügte Barak ernst hinzu.

Phurah hob die Hände ein wenig. „Wir müssen in dieser Sache der Hand Jahwes vertrauen. Sucht sie nicht, sondern überlaßt sie unserem Herrn und Gott.“

34. Kapitel

Ob es Jahwe war, der ihre Füße leitete, darauf kam es nicht an. Als Deborah leise das Lager verließ, waren die Stämme Israels wieder vereinigt und vertrauten Jahwe. Für eine Zeit würden sie auch die falschen Götter aus ihren Häusern verbannen. Nur für eine Zeit?

Sie ging in nordöstliche Richtung, denn dort lag Hamath, ihre kleine Heimatstadt am galiläischen See. Sie begegnete keinem Menschen. Gegen Mittag rastete sie in einem kleinen Hain, in dem es auch eine Quelle gab. Sie wusch sich Hände, Füße und das Gesicht und schlief dann bis zum hohen Nachmittag.

Sie hatte eine Sehnsucht nach ihrer Heimatstadt, dem Ort ihrer Kindheit. Vielleicht würde sie dort sterben. Lapidoth – Lapidoth! In ihrem Herzen fühlte sie eine große Leere. In der Nacht schlief sie auf einem Bett von Unkraut und blickte hinauf zu den Sternen. Auch am nächsten Tag begegnete ihr niemand. Erst am dritten, als sie auf die Straße traf, die von Jericho bis zum See in Galiläa und dann weiter nach Damaskus ging, begegnete ihr bald eine erste Gruppe von Menschen.

Deborah zog sich die Kapuze tiefer ins Gesicht, doch die Leute machten jedesmal respektvoll Platz und sie hörte, wie sie sich gegenseitigen zuflüsterten: „Die Prophetin! Die Prophetin!“

Am späten Nachmittag tauchten vor ihr die weißen Häuser von Hammath auf, und alte Kindheitserinnerungen kamen ihr ins Gedächtnis. Sie ging in die alte verlassene Gerberei ihres Vaters draußen vor dem Tor und schlief dort. Am nächsten Morgen fand sie vor der Tür Päckchen mit Nahrung. Und dann kamen die Leute im Laufe des Tages. Die eine kam mit einem kranken Kind und bat Deborah, für das Kind zu beten. Ein anderer kam und fragte um Rat in einer wichtigen Angelegenheit, und so ging es weiter. Man wollte sie einfach nicht allein lassen.

Am nächsten Morgen hatte sie, noch bevor es zu dämmern begann, ihr Bündel gepackt und ging davon. Die Lebensmittel, die sie wieder vor der Tür fand, packte sie sorgfältig zu ihren noch vorhandenen in das Bündel.

Sie ging südwärts, zunächst dem See und dann dem Jordan folgend. Einige Tage später kam sie an den Ruinen von Jericho vorüber. Nicht weit davon entfernt war eine neue Stadt entstanden. Hier kam sie am Lager einer Karawane vorüber. Da ihr mittlerweile die Nahrung ausgegangen war, setzte sie sich zu den Bettlern am Stadttor und bettelte ebenfalls. Dabei zog sie wieder die Kapuze ihrer Robe tief vor das Gesicht.

Sie saß noch keine Stunde dort, als sie ihren Namen hörte. Eine Hand legte sich auf ihre Schulter. Es war Hamid, der sie mit tiefer Sympathie anblickte. „Deborah“, sagte er bekümmert, „obwohl Jahwe nicht mein Gott ist, habe ich für dich gebetet. Wir hörten, daß du durchs Land wanderst. Aber mußt du betteln?“

„Ich möchte allein sein“, antwortete sie.

„Aber wohin willst du gehen? Komm mit uns!“ drängte er sie. „Ira ist auch hier. Wir haben Lapidoths Eltern in Schiloh besucht. Sie machen sich Sorgen um dich, Deborah, und möchten, daß du zu ihnen kommst.“

Deborah blickte ihn nur an und wartete darauf, daß er gehen würde. Doch er sagte: „Willst du nicht wenigstens einen Becher Wein mit mir trinken?“ Hamid führte sie in den Schatten einiger Palmen innerhalb der Mauer, breitete seinen Umhang aus und schenkte Wein ein. „Darf ich mich zu dir setzen?“ fragte er.

Sie nickte.

„Erinnerst du dich an Naomi und Elimelech von Bethlehem, die Verwandten von Boas, dem Getreidehändler? Sie sind während der Trockenheit nach Moab gegangen. Dort starben Elimelech und seine beiden Söhne. Naomi ist mit ihrer Schwiegertochter nun nach Bethlehem zurückgekehrt“, erzählte er.

Deborah hörte zu, zeigte aber durch nichts, daß sie an diesen Neuigkeiten irgendwie Interesse fände. „Vielen Dank für den Wein“, sagte sie endlich. „Ich muß jetzt gehen.“

„Aber wohin willst du gehen?“ fragte Hamid besorgt.

Deborah zeigte durch das Stadttor nach Westen zu den zerklüfteten Bergen. „Nach dort.“

Hamid blickte auf die Felsen, die meisten davon waren ohne Vegetation. „Wohin?“ fragte er nochmals zweifelnd.

„Nach dort.“ Sie nahm ihren Stock und wollte gehen.

„Warte doch, Deborah, ich möchte dir wenigstens noch ausreichend Lebensmittel besorgen. Versprich mir, daß du wartest?“

Deborah nickte, und Hamid eilte davon. Nach kurzer Zeit erschien er mit einem großen Paket, das in Leinen eingewickelt war.

„Vielen Dank.“ Deborah nahm das Paket entgegen. „Jahwe sei mit dir“, sagte sie noch und ging davon.

„Deborah – warte!“

Doch sie antwortete nicht mehr und blickte auch nicht zurück. Den ganzen Tag ging sie westwärts und stieg hinauf in die Sandsteinfelsen. *Ich werde es Jahwe überlassen, ob ich lebe oder sterbe,* dachte sie.

Wind und Wetter hatten unzählige Höhlen in den Sandstein gegraben. Deborah untersuchte eine nach der anderen und entdeckte endlich eine, in der es eine kleine Quelle und im ausgehöhlten Stein eine Art von Wassertümpel mit klarem Quellwasser gab. Das Wasser schmeckte gut, und sie beschloß, hier zu bleiben.

Am dritten Tag sah sie weiter unten einen Hirten mit einem Stab in der Hand und einem größeren Paket den Berg heraufkommen. Hinter einem Felsen verborgen beobachtete sie ihn aufmerksam. Der Mann kam nicht zu ihr herauf, sondern legte in etwa zweihundert Meter Entfernung das Paket nieder und ging dann wieder zurück. Nach einiger Zeit holte sie das Paket und entdeckte, das es voller Lebensmittel war.

Einige Monate gingen vorüber. Der Hirte kam jeden zweiten oder dritten Tag und brachte ein neues Paket. Sie verbrachte lange Stunden im Gebet, doch Jahwe redete nicht zu ihr. Oft mußte sie an Lapidoth denken und auch an Joasch, der zuletzt noch bezeugt hatte, Jahwe als seinen Gott angenommen zu haben. Wie konnte das sein, wo Jahwe doch gesagt hatte, alle Heiden sollten aus dem Land ausgerottet oder vertrieben werden? Wenn Heiden ihre alten Götter vergaßen und sich zu Jahwe wandten und Seine Gebote erfüllten, nahm Jahwe sie dann als Seine Kinder an?

Eines Tages kam ein anderer Mann den Berg herauf. Er schien älter zu sein als der Hirte. Er ging langsamer und machte ab und zu eine Pause. Doch er hielt nicht an dem üblichen Platz, um das Paket abzulegen, sondern stieg zu ihr herauf. Deborah blickte ihm mit einer Mischung aus Furcht und Interesse entgegen. Sie beschloß, mit dem Fremden zu reden. Also setzte sie sich vor den Eingang ihrer Höhle.

Als der Mann endlich nahe genug war und seine Kapuze zurückschlug, erkannte sie Boas, den Getreidehändler von Bethlehem. Er trat zu ihr und verbeugte sich. „Jahwe segne dich, Deborah!“

„Und dich auch, Boas“, antwortete sie. „Bitte, setz dich.“ Sie wies auf einen zweiten Felsblock. Ohne zu fragen erhob sie sich, füllte ihren Bescher mit dem klaren Quellwasser und reichte ihn ihrem Besucher.

Boas nahm den Becher dankbar entgegen und trank. Endlich fragte er: „Geht es dir gut, Prophetin?“

Sie lächelte. „Das weiß nur Jahwe.“

„Jahwe hat mich zu dir gesandt“, sagte Boas.

Deborahs Herz begann heftiger zu klopfen. Doch sie sagte: „Nein, Jahwe braucht mich nicht mehr.“

Boas blickte sie freundlich an. „Ich will dir berichten, was in den letzten Monaten geschehen ist“, begann er. „Hamid folgte dir an dem Tag, als er dich am Stadttor traf. Preis sei Jahwe, ich war auch gerade dort. Als Hamid zurückkehrte, erzählte er mir von dir. Die Karawane mußte weiterziehen, aber ich bat ihn, mir vorher noch zu zeigen, wohin du gegangen warst. Das tat er. In den letzten zwei Jahren hat Jahwe mich auch mit äußeren Gütern über die Maßen gesegnet. So war es mir eine Freude, dir durch den Hirten immer wieder die benötigte Nahrung zu senden.“

Boas wischte ihren Dank mit einer Handbewegung beiseite und fuhr fort. „Im letzten Jahr kam Naomi von Moab nach Bethlehem zurück. Ihr Mann und ihre beiden Söhne waren in Moab gestorben. Sie brachte aber eine junge Moabiterin namens Ruth mit. Sie hatte einen ihrer Söhne geheiratet. Vielleicht weißt du, daß Elimelech mein Verwandter war. Nach dem Gesetz Jahwes muß sein nächster Verwandter die Ehefrau eines Verstorbenen heiraten, damit dessen Familie nicht ausstirbt.

Naomi kam also zu mir, und so lernte ich Ruth, ihre Schwiegertochter, kennen. Ich gewann Ruth lieb und habe sie nach dem Gesetz Jahwes geheiratet. Ruth hatte ihre moabitischen Götter schon lange verworfen und dient ebenfalls Jahwe. Und deshalb bin ich gekommen, Deborah.“

Er schwieg einige Augenblicke und erklärte dann: „Schau, Ruth hat mir zu meiner großen Freude einen Sohn geboren. Gestern nacht nun sagte mir Jahwe in einem Traum, du solltest kommen und das Baby segnen."

Deborah schüttelte den Kopf. „Ich kann nicht, guter Boas. Jahwe hat in dieser ganzen Zeit nicht wieder zu mir geredet."

„Vielleicht hat Jahwe dir nur diese Zeit zum Trauern gegeben, damit deine Seele wieder heil wird."

Deborah saß lange Zeit schweigend und blickte über das Land hinweg. Hätte Jahwe gewollt, daß sie hier sterben sollte, dann wäre dies wohl schon längst geschehen, überlegte sie. Endlich sagte sie: „Ich komme mit dir."

Boas und Deborah stiegen den Berg hinunter. Unten wartete ein Diener mit Eseln. So erreichten sie am späten Nachmittag den kleinen verschlafenen Ort Bethlehem und ritten in den Hof eines stattlichen Anwesens ein.

Naomi kam mit weit ausgebreiteten Armen aus dem Haus gerannt. „Deborah! Gesegnet ist dieses Haus, da du hier eingekehrt bist."

„Bist du es wirklich, Naomi?" staunte Deborah. Die scharfzüngige Frau, der sie damals am Fest der Erstlingsfrüchte in Sichem begegnet war, schien sich völlig verändert zu haben.

„O ja, Deborah, ich bin es. Oft habe ich mir gewünscht, dich wiederzusehen. Jahwe hat meinen Ungehorsam schwer bestraft, indem Er mir meinen Gatten und meine Söhne nahm. Doch dann hat Er sich wieder über mich erbarmt. Er gab mir meine Schwiegertochter Ruth, die für mich sorgt. Und nun hat Er mein Herz voller Freude gemacht, denn Boas ..."

„Mutter, hör auf!" lachte Boas. „Bitte erlaube Deborah zunächst, daß sie sich erfrischen kann."

Boas versorgte die Prophetin großzügig mit neuer Kleidung und neuen Sandalen. Als Deborah nach einiger

Zeit wieder im Hof erschien, warteten dort neben Naomi auch Boas und eine junge Frau; die Moabiterin Ruth, die ein Baby in den Armen hielt.

Boas blickte auf und strahlte vor Freude. Er sagte: „Ruth, hier ist Deborah."

Ruth erhob sich und legte das Baby in Deborahs ausgestreckte Arme. „Sein Name ist Obed", fügte sie hinzu.

„Warum bist du nach Bethlehem gekommen, Ruth?" fragte sie.

„Ich habe durch meine Schwiegermutter Jahwes Liebe kennengelernt und diene Ihm nun auch. Deshalb kam ich mit ihr", antwortete Ruth freudig.

Deborah blickte auf das Baby in ihren Armen und freute sich an dem Wunder des neuen Lebens, das aus den kleinen strahlenden Augen zu ihr aufblickte. In diesem Augenblick spürte sie, daß Ruth keine Fremde und Heidin für sie war, da sie ja Jahwe angenommen hatte. Da begann in ihrem Herzen das Eis zu schmelzen und der Schmerz wich aus ihrer Brust.

Und dann fühlte sie plötzlich wieder die Nähe Jahwes und spürte, wie Er sie neu mit Seiner Kraft erfüllte. Sie schloß die Augen und richtete ihr Gesicht zum Himmel empor. Als sie die Augen wieder öffnete, sagte sie: „Boas und Ruth, euer Baby ist gesegnet, denn unter seinen Nachkommen wird der größte König Israels sein."

Boas starrte sie staunend an. „Ist das wirklich wahr?" fragte er und schnappte nach Luft.

„So sagt Jahwe!" antwortete Deborah mit tiefster Gewißheit. So sagt Jahwe, wie gut, daß sie wieder so sprechen konnte. Und plötzlich hatte sie das Gefühl drängender Eile.

„Wo steht die Bundeslade jetzt?" fragte sie Boas.

„Immer noch in Schiloh. Man hat ihr dort einen kleinen Tempel gebaut."

„Dann muß ich nach dort gehen."

„Aber nicht jetzt", protestierte Naomi.

„Na gut, aber dann morgen. Guter Boas, ich komme zurück, um mich von euch zu verabschieden. Aber jetzt muß ich euch verlassen." Sie drehte sich um, verließ den Hof und auch den Ort. Vor dem Tor fiel ihr ein Hügel auf, der mit großen Oleanderbüschen bewachsen war. Dorthin ging sie, setzte sich unter diese Büsche und schaute auf Bethlehem hinab.

Während sie dort saß und betete, wurde ihr die Gegenwart Jahwes immer stärker bewußt. Und dann hörte sie Seine Stimme:

„Meinen Frieden gebe Ich dir, Deborah, denn du hast Mir treu gedient. Du brauchst nicht mehr zu kämpfen, sondern Friede, Weisheit und großes Verständnis werden dein Teil sein. In Meinem Namen sollst du von nun an Mein Volk richten und ihnen Meinen Willen kundtun. Ich bin Jahwe, euer Gott!"

Deborah fiel in das Gras und weinte vor Freude.

Epilog

Über Deborah, die Prophetin des alten Israels, weiß man wenig, nur daß sie in einer Zeit großer Krisen zur Leiterin und Richterin wurde und das Volk ihr in den Kampf gegen König Sisera und die Kanaaniter folgte.

Richter 5 berichtet uns, wie sie zur Mutter in Israel wurde, und zwar in poetischer Form. Richter 4 wird uns in einfachen Worten die gleiche Geschichte erzählt, ergänzt dadurch, daß sie mit einem Mann namens Lapidoth verheiratet war und vor dem Ruf zum heiligen Krieg in den Hügeln Ephraims lebte und richtete.

In Richter 5 wird uns berichtet, daß die Könige von Kanaan bei Taanach kämpften, bei den Wassern Megiddos. Das Gebiet, in der der Kampf stattfand, wird als Megiddo bezeichnet oder als Harmagedon, auch als Ebene von Jesreel oder Ebene von Esdralon oder Kischon. Die Gelehrten sind sich einig über den Ort des Kampfes, aber nicht so genau über den Zeitpunkt desselben. Die von den meisten Forschern angenommene Zeit ist 1125 v. Chr.

Zu diesem Zeitpunkt war nach Richter 4 Jabin König von Kanaan und regierte in Hasor. Sisera war sein kommandierender General. Doch ein früherer Bericht, Josua 11,1-10, sagt, daß Jabin, König von Hasor, mit Pferden und Streitwagen gegen Josua kämpfte und von ihm besiegt und getötet wurde. Archäologische Funde, die darauf hindeuten, daß Hasor circa 1300 v. Chr. zerstört wurde, unterstützen den Bericht im Buch Josua. Außerdem ist außer Sisera kein anderer Kanaaniter in Richter 5 erwähnt. Sisera war also oberster König von Kanaan, und wohl durchaus auch oberster Heerführer.

Daß ich Siseras Festungsstadt Taanach näher an das Schlachtfeld bringe als Megiddo, hat seinen Grund darin, daß man das Datum von etwa 1300 v. Chr. als Zeit der Zerstörung von Megiddo annimmt, während die Ruinen von Taanach jünger sind. Taanach existierte zur Zeit des Kampfes unter Führung von Deborah noch.

Ein anderer Punkt, der erwähnt werden sollte, ist der, daß zu jener Zeit die Bundeslade oft von einer Stadt zur anderen gebracht wurde. Die Bibel zeigt uns die Bundeslade in Schiloh (1. Samuel 4,3), in Kiriath Jearim (1. Chronik 13,5), in Jerusalem (1. Chronik 15,3), in Gilgal (Josua 4,11-19) und in Gibeah (Richter 20,26-29).

Da sich die meisten Gelehrten über den Zeitpunkt der Schlacht bei Megiddo einig sind, eben 1125 v. Chr., ist es durchaus möglich, daß Deborah Boas, Naomi und Ruth, die Moabiterin, gekannt hat. Davids Geburt wird für etwa 1042 v. Chr. angenommen, also nur rund 80 Jahre nach der Schlacht von Jesreel; und Obed, der Großvater von David, war der Sohn von Boas und Ruth.